y-knot

はじめよう！

経営学入門

軽部 大・古瀬公博・内田大輔 著

Kakeru

有斐閣

デザイン　高野美緒子

はしがき

本書は，経営学という言葉さえも聞いたことがない初学者の皆さんに向けて書かれた入門書です。耳慣れない学問分野をより身近に考える機会として設けられるゼミナールや勉強会，そして経営学の基礎を学ぶ導入講義科目における基本テキスト（あるいは副読本）として使っていただくことを想定しています。もっとも若い学生のみならず，経営学を学んでみたい，経営の基本的な考え方を学び直してみたい，というあらゆる世代の多様な職業に就く社会人の皆さんにも広く読んでいただきたい本です。

世の中には，数多くの経営学の本，そして初学者向けの入門書と銘打った本が溢れています。本書もまた，経営学ではレッドオーシャンと呼ばれる競争の激しい世界に参入を試みる本です。あえて激しい市場競争に後発者として参入するからには，他者との違いを明確にする必要があります。いわゆる経営学で重視される「差別性」です。

本書は，他の一般的な経営学の本と大きく異なる差別性を，本書のユニークな構成に求めています。その構成とは，経営学の基本的な役割や機能を，世の中に存在する課題発見とその解決に注目して説明している，という点です。

一般的な教科書では，協働という現象や会社組織という制度については触れられていますが，なぜ人は他者と協働し，企業という制度が誕生するかについてはまったく説明がありません。他者と人が協働するのは，自分ひとりでは解決できない社会の課題を解決するためであり，それを会社組織として解決を試みるのは，社会的課題を営利事業として持続可能な事業課題として取り組むためにあります。

そのような本書の立場は，経営学をすでにどこかで学ばれたことがある方から見れば馴染みがないという点で最初は違和感を感じるかもしれません。しかし，社会の課題を見つけ，課題解決の方法を模索し，協働を通じて社会課題を営利課題に転換して解決を試みることが経営の基本機能と捉える見方は，現実世界を自然に切り取って，さらにそれに説明を加えるという点でも，身の周りの課題を具体的に解決していく際にも，重要な視点だと我々は考えています。

これは言い換えれば，社会は不完全で十分ではないゆえに，さまざまな形で「ヤスクする」余地が残されている，という見方です。働きヤスクする社会には何が必要でしょうか。売りヤスクする社会には何が必要でしょうか。あるいは作りヤスクするためには何をすべきでしょうか。

このように経営学を身につけることは，共通の目的の下にあらゆる人が集い，解決すべき課題に協働で取り組む時に直面する難題を解決するための知恵袋や考える武器，解決につながる道具となるはずです。その意味で，経営学はきわめて実利的で，実践的な学問分野のひとつと言えるでしょう。

料理の世界にたとえれば，あなたがシェフで，あなた自身やあなたの組織が直面している経営上の悩みや課題が食材で，本書はシェフが時として参照する料理本にあたります。初学者は新米シェフのように最初は書かれた通りにしか料理を作れないものの，自身の経験を通じて基本から離れたより創造的でおいしい料理が作れるようになります。しかし，そのような経験豊富なシェフでも，時として基本に立ち返る必要が出てくるでしょう。本書は，そのような時に新たな道しるべとなる入門書としても書かれています。そのため，本書はきわめて一般的な事象を可能な限り基本に忠実に，原理原則に基づいてかみ砕いて表現・記述することに配慮しました。

また，このような視点からユニークな構成をとりつつも，経営学における特定の領域にフォーカスするのではなく，さまざまな領域を網羅的に取り上げ，入門書として経営学という学問分野を鳥瞰できるようにしています。加えて，各章の導入にあるクイズや本編中の事例も，可能な限り読者の皆さんの現代的な関心に沿いつつ，他方で時代を超えて通用するような興味深いモノやコトを選択することに腐心しました。

本書は，互いに異なる職場に勤務する，研究の関心や手法も大きく異なる３名の研究者によってその執筆が進められました。それは，章ごとの機械的な分業ではなく，アイデアの出発にまで遡れば，おおよそ７年にわたる議論の結果として誕生したユニークな構成から成り立っています。どんな企業も創業から企業成長プロセスが始まるはずなのに，多くの教科書の冒頭では，創業プロセスが全く触れられず，後半部分で補足的に新規事業の立ち上げの問題と共に議論されることが一般的であることに違和感を感じるところから本書の企画が始まりました。経営学はすでに世の中に存在する既存の事業と企業の「操業者のための経営学」であるだけでなく，新たな事業と企業を世の中に生み出す「創業者のための経営学」でもあるべきなのです。

もっとも，経営学に初めて触れる方には，そんな舞台裏の話は蛇足かもしれません。違和感を感じず，自然と経営学の役割を理解する導入となっていると読者の皆さんが感じるのであれば，本書の試みは部分的にでも成功していることとなるはずです。

本書の執筆においては，有斐閣書籍編集第二部藤田裕子さんに大変お世話になりました。この場を借りて御礼を申し上げます。彼女の，背後からさりげなく配慮いただく支援なくしては，我々の時として縦横無尽な無計画な議論は本書として結実しなかったはずです。

また，本書の装丁には，やまなみ工房所属の西橋直樹さんの「カメ（Turtle）」という作品を利用させていただきました。快くご承諾くださった西橋さんと山下完和施設長に御礼を申し上げます。進行方向の逆方向を向きつつも，子カメは親カメに乗って満面の笑みをたたえています。行きつ戻りつ一歩一歩着実に，しかも楽しく学んで欲しいという我々の思いをまさに形にしている作品です。

我々は，必ずしも明るい方向には進んでいるとは言い切れない混迷の時代に生きています。どんな時代も新しい時代を切り開くのは，若者であることには間違いありません。肉体的にだけでなく，精神的にも新たな気持ちで経営学を学ぶ，学び直してみたいと思う「あらゆる世代の」若者にとって，本書が少しでも新たな発見と挑戦の機会となれば，我々にとって望外の喜びです。

2025 年 1 月

軽部大・古瀬公博・内田大輔

著者紹介

軽部　大（かるべ　まさる）　序章，第1，2，3，4（共同執筆）章

現在，一橋大学大学院経営管理研究科・商学部・イノベーション研究センター教授

1993年一橋大学商学部卒業，1998年一橋大学大学院商学研究科博士課程修了，博士（商学）。東京経済大学経営学部専任講師，一橋大学イノベーション研究センター助教授，商学研究科・イノベーション研究センター教授を経て，2018年より現職。

主要著作

『関与と越境：日本企業再生の論理』有斐閣，2017年。『イノベーション・マネジメント入門（第2版）』（共編著）日本経済新聞出版社 2017年。ほか

古瀬　公博（ふるせ　きみひろ）　第5，6，7，8章

現在，武蔵大学国際教養学部教授

2000年一橋大学商学部卒業，2005年一橋大学大学院商学研究科博士課程修了，博士（商学）。武蔵大学経済学部講師，同准教授，同教授を経て，2022年より現職。

主要著作

『贈与と売買の混在する交換：中小企業M&Aにおける経営者の葛藤とその解消プロセス』白桃書房，2011年（組織学会高宮賞，商工総合研究所中小企業研究奨励賞受賞）。「明治・大正期における競売会社の普及過程」『一橋商学論叢』8（2），2013, 35-47．ほか

内田　大輔（うちだ　だいすけ）　第4（共同執筆），9，10，11，12，13章

現在，慶應義塾大学商学部教授

2010年慶應義塾大学商学部卒業，2015年一橋大学大学院商学研究科博士課程修了，博士（商学）。九州大学大学院経済学研究院講師，同准教授，慶應義塾大学商学部准教授を経て，2025年より現職。

主要著作

"The Wheel Comes Full Circle? An Integrated View of Organizational Responses to Institutional Pressures," *Journal of Management*, 49 (2), 2023. "Female CHRO Appointments: A Crack in the Glass Ceiling?" *The Leadership Quarterly*, 35 (4), 2024（共著）．ほか

目　次

第 II 部　組織のマネジメント

第 IV 部 ステークホルダーの関与

Column 一覧

ケース 一覧

序章 Chapter

ビジネスで社会の課題を解決する

1　ビジネスと社会の課題

経営学とは何か

経営学とは，社会の課題解決や需要（ニーズ）に応えるという組織の目標を，効率的に達成するために必要となる個人間の協働と組織運営（マネジメント）のあり方を明らかにする学問である。社会の課題解決や需要（ニーズ）に応えるためには，どのような新たな事業（ビジネス）が必要か。その実現のためには，どのような組織運営が必要とされるのか。これらの問題に具体的に答えようとするのが，経営学という学問である。

協働や組織運営のあるべき姿を考えることは，企業と呼ばれる営利組織のみならず，学校組織や地方自治体，宗教団体やスポーツ団体などの非営利組織においても必要となる。それゆえ，これから本書で紹介する経営学に関するさまざまな議論は，人と人とが共に働く協働のあらゆる場において必要となるものである。まずはその重要性を理解するために，新しいビジネスをこの世に創り出すことから確認しよう。

社会に散在する課題

私たちが暮らす社会は，技術進歩のおかげで便利で豊かになってきた。しかしその一方で，私たちの社会はさまざまな解決すべき課題も同時に抱えている。たとえば，世界ではいまだに多くの子供が飢えに苦しんでいる。学校に行きたいにもかかわらず，学校に行くのを諦め，やむを得ず働く子供も数多く存在する。貧困や食糧不足で困る地域や国が存在する一方で，私たちは日々多くの食べ残しをゴミとして捨てている。食品プラスチックは衛生面や運びやすさ（可搬性）という点で優れているが，それが海洋プラスチックゴミを生み出す一因ともなっている。

丹念に身のまわりを観察すると，実は解決されずに眠っている数多くの課題が存在する。たとえば，世の中の多くの商品は，右利きの人を念頭において作られている。そのため，左利きの人は日々の生活で不便を感じることも少なくないはずである。解決すべき不便や不満は，その重要性や優先順位に違いこそあれ，すべては社会課題である。身近にある不便や不満，困りごとを発見することは，新しいビジネスを始める出発点になる。

課題解決としてのビジネス

ビジネスの役割は，新製品や新サービスの提供を通じて，この世の中でいまだ解決されていない課題を解決することにある。たとえば，ネットスーパーや食材の宅配サービスは，共働きの家庭の増加に伴い，忙しい人々の料理時間や買い物時間の節約という課題解決を目的に急速に普及したものである。「10分1000円カット」のような短時間・低額の理髪サービスもまた，時間やお金を節約したいという人の課題解決を目的に誕生したものである。専門職からアルバイトまで多様な人材マッチングサービスの出現と台頭は，少子化に伴う労働力人口の減少という社会課題の解決を意図したものである。社会の課題は，ビジネスの機会でもあるのだ。

もっとも，社会の課題は新たなビジネスの誕生を通じて，その解決が必ず実現されるわけではない。その一例が，左右の靴のサイズである。多くの人は，厳密に言えば右足と左足で大きさが異なる。

したがって，多くの人は，結果的により大きい片方の足のサイズに合わせて靴を購入しているはずである。本来はそれぞれの足のサイズに合わせて靴を購入することができてもいいはずである。しかし，現実にはそのような左右別々のサイズの靴を提供してくれる企業はほとんど存在しない。なぜなら，左右のサイズの異なる靴を片方ずつ生産し，その在庫を管理することは，さまざまな左右のサイズの売れ残りにつながり，結果として経済的な効率性が低くなるからである。

ビジネスの創造を通じて課題を便益に変える

新しいビジネスを社会に生み出す活動をビジネスの創造（もしくは事業創造）と呼び，ビジネスの創造から出発して，結果的に社会にさまざまな形で存在する課題の解決を試みる一連の活動は，事業化と呼ばれる。新しいビジネスの創造やその事業化は，利益を生み出す営利活動であると同時に，結果的に社会をより良くすることにつながる活動である。

それゆえ，事業化とは，継続のための原資を生み出すことが難しかった社会課題を，利益を生み出し持続可能なビジネスへと転換する活動，すなわち「昨日までの社会課題」を「今日の便益」へと変換する活動のことである。

既存の市場取引では解決できなかった問題を，新しい商品の社会への提案を通じて，営利活動として持続的に解決することこそ，ビジネスの創造の本質である。ビジネスの創造については序章に続く第1章で詳しく触れる。

ビジネスとは何か

ビジネスという言葉には実にさまざまな側面が含まれるが，大別するとそれは3つに分類される。ビジネスという言葉の第1の側面は，売り手が提供する商品に対して買い手側が受け取る価値（経済的対価）という側面である。そこで強調されるのは，寄付や贈与などの慈善行為と違って，金銭の授受を伴う交換行為であるという点である。

第2の側面は，個人が従事する仕事や職業，あるいは業務とその内容そのものである，という側面である。そこでは仕事や職業，あるいは携わる業務自体がビジネスということになる。

第3の側面は，価値ある商品やサービスを世の中に生み出し，顧客に提供する際に必要な一連の活動である，という側面である。ビジネスとはそれを営む一連の活動であると言い換えることが可能である。

このようなビジネスという言葉が持つ多様な側面を踏まえ，本書ではビジネスを次のように定義することとする。

「顧客が抱える課題を発見し，商品の提供を通じて顧客の課題を解決し，収益の獲得を通じて，顧客の目的や欲求を持続的に満たす一連の活動」

「あくまでもビジネスライクに」という言葉には，相手の気持ちは考慮せずに利得だけを考える，という意味が含まれている。あるいは，ビジネスは金儲けを一義的に考えた拝金的な活動であるという見方が存在する。しかしそれは，一面的な見方である。なぜなら，社会の課題の解決やニーズの充足には，お金も時間も努力も必要で，その活動存続のためには経済的原資の裏づけが必要だからである。

社会の課題の解決やニーズの充足のために，多くの人が無償で協働することは短期的には可能である。しかし，利益という対価の獲得可能性が小さければ，その活動を長期的に継続することはやはり困難である。利益はビジネスという活動を持続させる原資としても，長期的に活動を継続する動機づけとしても不可欠なものなのである。

マネジメントとは何か

ビジネスにおいて欠かせないのがマネジメントである。経営学においてビジネスとマネジメントはいわば車の両輪であり，新たなビジネスは新たなマネジメントを必要とする。それでは，マネジメントとは一体何だろうか。「他者を通じて事をなす（Getting things done through others）」という表現があるように，世の中はさまざまな人の日々の協働ゆえに成立しており，マネジメントという活動もまた例外ではない。本書では，マネジメントを以下のように定義する。

「協働を通じて能力や動機が異なる人々を結びつけ，一人ではなし得ないことを実現するための目標やその実現方法を考え実行すること」

個人と社会をさまざまな人々の協働という形で結びつけるのが組織である。それは，学校や地方自治体かもしれないし，企業かもしれない。いずれの組織を想定するにしても，連結ピンとしての組織運営のあり方を考えるのがマネジメントなのである。マネジメントとは，目標を設定し，目標達成のための効率的な方策を考え実行することで，目標実現のために協力してくれる人を募り，互いの協働を促進および支援し，協働する集団を方向づける活動である。

2　ビジネスの創造

企業家による革新活動

新しいビジネスを創造するきっかけとなる社会の課題やニーズは，多くの人々にとっては解決が難しいと認識される課題か，課題やニーズとして意識されることなく潜在的に存在する，いわば「眠っている課題」である。その解決を新しいビジネスとして実現するには，多くの人が当たり前と感じている既存の見方や考え方とは異なる新たな見方や考え方，そしてそれを実現する具体的なアイデアが不可欠である。

新しいビジネスの創造を通じて，社会で当たり前の制度や慣習，そして前提や価値観を改める活動を革新活動と言い，その担い手を企業家（もしくは起業家）と呼ぶ。新たな事業を興す人を起業家と呼ぶのに対して，本書では，より幅広く新たな企てを興す人という意味で企業家という表現を使用する。さらに，新しいビジネスの創造が，社会のさまざまな制度や慣行そして価値観の変化を通じて新たな経済的価値をもたらすことをイノベーションと呼ぶ。

新しいビジネスを創造するプロセスは，大別して次の３つの段階から構成される。

第１の段階とは，隠れた課題やニーズを発見し，新製品や新サービスと呼べる試作品を完成させる個人的活動を中心とした段階である（課題やニーズの発見段階）。

第２の段階とは，周囲の人々を説得し支援者や協力者を巻き込み他者が持つ資源を活用し，組織化することで試作品の量産化にこぎつける段階である（他者が持つ資源の動員段階）。

第3の段階とは，社会の顧客に新製品や新サービスの有用性を訴え，その価値を認めてもらう段階である（社会における正当性の確立段階）。

企業家精神と企業家活動

新たな企てを新商品や新しいビジネスという形で，この世にもたらす原動力となるのが企業家精神である。企業家精神とは，ビジネスの創造やイノベーションの実現の担い手となる企業家が有する気質や能力，行動様式を一般的に指している。不確実な世界で変化を主導するのが企業家精神であり，リスクや挑戦を愛好する精神である。変化を脅威と考えるのではなく，自らが主体的に利用できる機会と捉える姿勢でもある。

企業家精神に基づく活動は，社会を構成する多くの人から見れば，既存の制度やルール，そして価値観から逸脱した行動であるという点で，企業家精神はアニマル・スピリットと表現されることもある。それは変化を避ける，あるいは変化を積極的に愛好しない人から見れば，無謀で非合理的な企てに見える活動である。新しいビジネスの創造やその結果として起こるイノベーションと呼ばれる現象が，その実現当初には「バカげた」と思えることからも確認できるはずである。固定電話が一般的な時代に，手のひらに乗る大きさの携帯電話の存在はだれもがバカげた夢物語と考えていたはずである。「バカげた」企てと，社会で「なるほど」と当たり前に受容されることをつなぐのが，新しいビジネスの創造でありイノベーションの実現なのである。

ビジネス創造の障壁：個人・組織・社会の慣性

新たな事業創造やイノベーションの出発点となる企業家活動は，その過程においてさまざまな障壁に直面する。新たなビジネスを実現する過程で，さまざまな予期せぬ障壁に直面することは日常茶飯事である。人間も社会も，基本的に安定性を好み変化を嫌う。このように，既存の状態やあり方を維持しようと力が働くことを慣性と呼ぶ。個人にも，個人が所属する組織にも，個人や組織によって構成される社会にも，慣性が存在する。慣性が，自然界だけでなく人間社会にも存在するのは，法律やルールなどの規則や組織慣行や慣習，そして文化規範などの制度に則って，われわれが日々の意思決定を下し，行動しているからである。意思決定が立脚する規則や制度が変わらない限り，人間の行動には一定の慣性が生まれることになる。

そのような慣性は，個人の慣性，組織の慣性，そして社会の慣性に大別することができる。個人の慣性とは，特段理由のない「なんとなく」行う習慣や，それに基づく行為である。組織や社会の慣性とは，必要や必然性がないにもかかわらず組織や社会で共有されるルールや規則，そして前例に則って組織や社会がやるべきことを決定する傾向である。このような個人や組織，そして社会全体で存在している慣性は，新しいビジネスの創造の障壁となりうる。

新しいビジネスの創造は，既存の規則や制度の修正や変更を必要とするため，それに伴い摩擦や対立が生まれることとなる。摩擦や対立は時として人々の不安や苦痛を伴うため，新たなビジネスの創造に対して積極的に反対する人も生まれてくる。したがって，新しいビジネスの創造やイノベーションの成否は，その担い手である企業家が，新ビジネスの創造に伴う摩擦や対立，それに付随する不安や苦痛を可能な限り小さくし，それを上回る便益を社会に提示し，実現できるかにかかっている。

新しいビジネスの創造には，新しいビジネスがもたらす便益と同様，既存のルールや規則，そして価値観と折り合いをつけ，その正しさや適切さを顧客や社会に説明することも必要となる。

変化を成長機会に変える

社会には，さまざまなビジネスが存在する。ビジネスは顧客の潜在的な課題解決もしくはニーズを満たすために存在するので，顧客が抱える課題やニーズの数だけそれに応じたビジネスがあるといえる。社会の変化とともに，新たに解決するべき課題やニーズが生まれ，新しいビジネスが生まれる機会ともなる。その意味で，日本で進展する少子高齢化や，世界的に問題となっている環境問題やエネルギー問題，あるいは食料問題などの社会的課題は，結果としてその解決を目指す新しいビジネスの創造の機会となっている。

また，規制緩和や政府・自治体の政策変更，技術進歩，そして顧客の嗜好変化も，全く新しいビジネスが生まれる機会となる。グローバル化の進展によって，物や人そして情報がより低コストかつ迅速に国境を越え，日本と世界の顧客を繋ぐ全く新しいビジネス誕生の機会となっている。コロナ感染症の世界的流行によってリモート講義や会議が一般的となり，多様な学び方や働き方が誕生したのもその一例である。生成系人工知能（AI）サービスの本格的事業化によって，人間にしかできないと考えられてきた創造的活動の意味や意義は，大きく変化しつつある。そのような変化は，新たなビジネスが誕生する契機となるだろう。

本書を通じて，経営学を学ぶ読者の皆さんは，顧客が抱える新たな課題やニーズを発見し，その解決策として新たなビジネスをこの世に生み出すことが期待されているのである。

Bibliography 参考文献

Crane, A., Palazzo, G., Spence, L. J., and Matten, D. (2014) "Contesting the Value of 'Creating Shared Value'," *California Management Review*, 56 (2), 130-153.

Ferraro, F., Etzion, D., and Gehman, J. (2015) "Tackling Grand Challenges Pragmatically: Robust Action Revisited," *Organization Studies*, 36 (3), 363-390.

Moon, j., Crane, A., and Matten, D. (2005) "Can Corporations be Citizens? Corporate Citizenship as a Metaphor for Business Participation in Society," *Business Ethics Quarterly*, 15 (3), 429-453.

Pache, A.-C., and Santos, F. (2010) "When Worlds Collide: The Internal Dynamics of Organizational Responses to Conflicting Institutional Demands," *Academy of Management Review*, 35 (3), 455-476.

Part

第 I 部

新しいビジネスの創造

Chapter

イントロダクション

序章では，事業（以下ではビジネスと呼ぶ）の存在意義や役割について基本的な事柄について議論した。続く第Ⅰ部は，4つの章から構成されている。

まず，3つの章で，世の中にない新商品（新製品や新サービス）がどのように創造され（第1章），生産され（第2章），そして販売される（第3章）かについて議論する。具体的に第1章では，どのように企業成長の原動力となる新しいビジネスを企業家（起業家）が創造し，新しいビジネスが新商品や新事業という形で社会に誕生するのかについて説明する。次の第2章では，そのような新商品がどのように生産されるかについて議論する。さらに，生産された商品がどのように顧客に販売され，顧客の手元に届けられるかについて議論するのが第3章である。商品を創り出し，生産し，販売するという活動はそれぞれ，新たなビジネスの誕生・維持・拡大成長にはなくてはならない基本となる活動である。

第Ⅰ部の最後となる第4章では，経済性を通じた成長を実現するための経営資源のマネジメントについて説明する。経済性とは，節約の実現である。限りある経営資源を，他社よりも上手く活用し，節約できる企業こそが，事業拡大を通じた企業成長を実現できることを議論する。

序章と第Ⅰ部の全体像

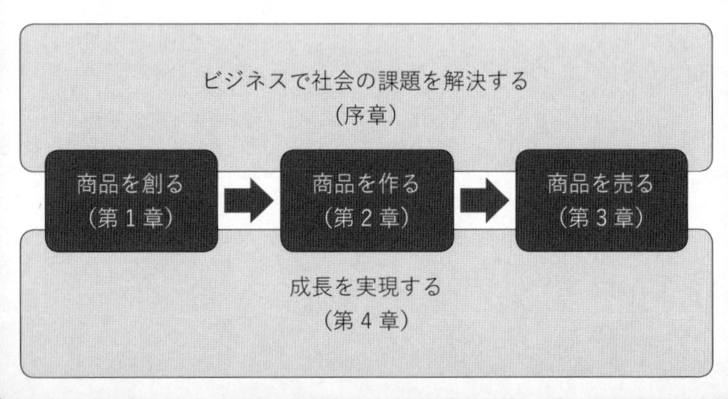

商品を創る

Chapter

第1章

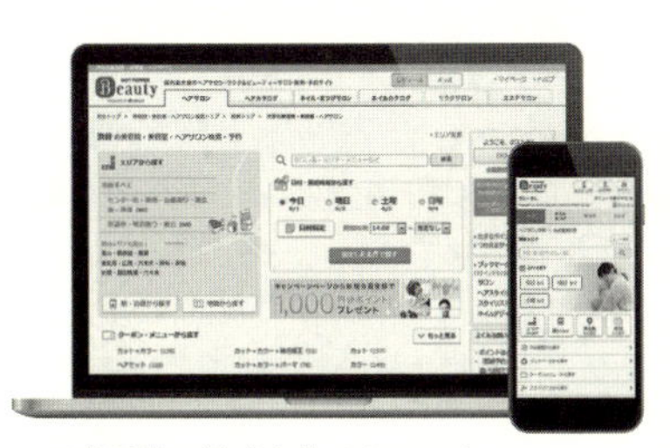

写真提供　株式会社リクルート

Quiz クイズ

リクルートが運営する「HOT PEPPER Beauty」は，全国の美容院などのサロンの検索・予約サービスである。このサービスは，誰の不便の解消を目的に誕生したものか。

a. 美容師
b. 利用者
c. 美容師と利用者の双方

Answer クイズの答え

c. 美容師と利用者の双方

2007 年当時，レストランやホテルのネット検索・予約サービスは広く浸透しつつあった。しかし，ヘアサロンなど美容業界では複雑なメニューの指定や担当者の稼働，時間配分を考慮する必要があり，システム化が遅れていた。利用者は，お店の看板やチラシなどの情報を頼りにサロンを探し，サロンの営業時間内で店に立ち寄るか，電話をかけて予約をしていた。一方，サロン側は，美容師は技術職であるにもかかわらず，技術を磨くこと以外に，予約や売上げの管理，業務のほとんどを手書きの台帳で管理しながら，新規顧客の獲得方法に頭を悩ませていた。「HOT PEPPER Beauty」は，サロンの検索や予約のプロセスを改善しただけでなく，美容師と利用者の双方が抱えていた「不便」の解消に役立っている。

https://www.recruit.co.jp/employment/mid-career/projectstory/hotpepperbeauty/

Chapter structure 本章の構成

本章では，新たにビジネスを創造するために必要となる，基本的な前提や考え方を学ぶ。第 1 節では，ビジネス創造の意義と重要性について学ぶ。続く第 2 節では，ビジネス創造の前提となる基本的な考え方を説明する。また第 3 節では，新たな事業機会をどのように発見すべきかについて学ぶ。最後の第 4 節では，新規事業を立ち上げるために必要な考え方を学ぶ。新たなビジネスを創造するために必要となるのが，不完全な社会をなるべくヤスクする，という変革を実現することである。社会に存在する課題はビジネスの創造を通じてはじめて便益に変えることができるのである。

1 ビジネス創造の意義と重要性

課題を便益に変える

新しいビジネスを社会に創出する活動は，事業創造もしくはビジネス創造と呼ばれる。ビジネス創造を通じて社会の課題解決を試みる一連の活動は，事業化と呼ばれる。新規事業の立ち上げを通じた新たなビジネスの創造は，社会の課題解決を通じて，社会をより良くする活動である。その活動は，持続可能な収益事業という形で，顧客のニーズを満たし，顧客の不便を軽減し，社会や顧客の抱える課題を社会や顧客が享受する便益に変える活動である。

その活動は，経済活動に基づく市場取引を通じて，社会的課題を事業課題として解決を試みる活動といえる。新しいビジネスを創造する活動は，課題を便益に変えることで不完全な社会をより望ましい形に近づける活動なのである。

不完全な社会を「ヤスクする」で変革する

課題解決のきっかけは，実はわれわれの周囲に存在している。世の中は，不完全で完璧からほど遠い状態にあり，社会は学校で習う「平等」からはほど遠い状況にある。社会の課題は，不便・不満・不公平・非（不）合理・非効率・不条理など，否定語に声なき声という形で存在している。世の中は，不完全で障壁があって使いにくいモノやコトで溢れているのである。

したがって，障壁や不完全な状況を乗り越え，人や情報，知識や感情，努力や協働の流れをより良くすれば，世の中はもっといい形に変えていくことができるはずである。たとえば，「使いヤスクする」，「売りヤスクする」，「作りヤスクする」には，われわれのどこを改善すればいいだろうか。どのような商品を提供すればいいだろうか。あらゆる人が「働きヤスクなる」社会のために何をすべきかを具体的に考えれば，もっと世の中の多くの人に共感され，その実現のために支援されるアイデアが生まれてくるはずである。

ビジネス創造の必要性

新たなビジネスの創造は，社会を構成する個人や組織が持続的に存続するための原資の確保という点でも不可欠である。私たち個人が生きていくためには生業が必要なように，どの組織も本業という個人の生業に相当する組織の存続を支える事業を持っている必要がある。どの組織の本業も創業時点では新規事業であるが，時代の変化に伴い社会がその事業に必要とするニーズは変化するため，何もしなければその事業の社会での存在意義は低下して必然的に成熟事業となる。成熟事業に依存しているだけでは，組織は存続できない。

したがって，新規ビジネスを創造する活動は，まったく新たに事業を始める個人や個人の集合としての組織だけでなく，すでに何らかの既存事業を本業としている企業が長期的に存続するためにも重要な活動である。その場合の新規ビジネス創造は，多角化とも呼ばれる。

2　ビジネス創造の前提となる考え方

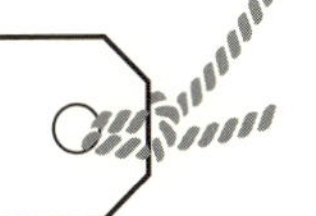

革新活動の担い手としての企業家

社会の課題は，多くの人々にとって解決が難しいと認識されているか，課題として認識されずに潜在的に存在している。その解決策を実現するには，既存のものの見方や考え方とは大きく異なる新しいアイデアが不可欠である。社会の制度や慣習そして文化をより改める活動を革新活動といい，その担い手を企業家と呼ぶ。

新しい事業の創造は，企業家による革新活動の結果として誕生する。その出発点となるのが新しいアイデアを体現し，顧客の抱える課題を解決しニーズを満たす，企業家による挑戦的な革新活動である。

経営理念

挑戦的な革新活動は，多くの人から見て非合理的で，野心的で，失敗する確率が高くも見える「バカげた」と思える活動である。そのような革新の実現を目指す活動が社会で多様な支援を得ることは，当然のことながら容易ではない。企業家によるビジネス創造に関する多くの活動が失敗に終わる原因もそこにある。それを避けるためには，一見して非合理的にも見える企業家の挑戦的な革新活動に対して，さまざまな経営資源（支援者自身の時間や人脈，おカネや土地建物，機械設備や技術ノウハウ，そして信頼や信用）を提供してくれる支援者の信頼と共感を獲得するための何かが必要となる。そのひとつが，企業家が掲げる経営理念である。

経営理念とは，企業家が社会に対して発信する，企業家自身の基本的な方針やその基になる前提および価値観を言葉で示したものである。経営理念とは，企業家の個人的な「夢」や「志」を表現したものであると同時に，新たなビジネスの創造を通じて自身の企業や事業に経営資源の提供という支援をしてくれる外部利害関係者との理想的な関係を表現したものである。

経営理念は，新たなビジネス創造の「作り手（供給者）」にとって，共通の目標を達成するための道標となるという点で不可欠なものである。それは顧客や社会のために自社が何を作るべきか，を意思決定する際の原則としての役割を果たすものである。他方で，経営理念は，新たなビジネス創造を通じて提供される商品の「使い手（顧客）」にとっても，企業や企業が提供する商品に対する信頼や共感，そして期待の基礎となるものである。顧客は企業の商品を愛好するだけでなく，時としてその商品を提供する企業の経営理念も愛好する。

これに対して，近年注目されるパーパス（purpose）とは，企業の存在意義や大義，言い換えれば何のために企業や事業が存在するかを明文化したものである。経営理念やパーパスがあれば，社会や顧客の信頼を必ず獲得できるわけではないものの，顧客をはじめとした多様な主体から協力を得るには，実現したい理念や社会に対する大義が明確にある方が望ましいことは明らかだろう。

ビジネス創造とイノベーション

特定の顧客にしか受け入れられていない新たな商品が，より広く社会で受け入れられ普及するにつれて，さまざまな制度や慣行，価値観の変化が社会にもたらされることになる。経済的な成果を伴っ

ケース　NVIDIA Corporation

パナソニック（旧・松下電器産業）を創業した松下幸之助，ホンダを創業した本田宗一郎をはじめとして，誰もが知る大企業や世界を変える新しいビジネスを創造した企業家には，ユニークな経営理念が存在する。アメリカ合衆国カリフォルニア州サンタクララに本社を構える NVIDIA Corporation もそのひとつである。同社は，ゲーム用画像処理プロセッサ（GPU）の開発事業から出発し，現在は世界最先端の生成 AI（Artificial Intelligence）用半導体開発を手掛けるメーカーである。

同社の創業者である台湾系アメリカ人のジェンスン・ファンが掲げる経営理念にもまた，同社の急成長を支える高い志と価値観を見出すことができる。同氏は，同社の経営理念を「従業員が取り組む事業に喜びを感じられること」，そして「仕事は社会への貢献と結びついていること」に据え，以下のような経営行動指針を掲げている。

第 1 の行動指針は「学び続ける機械であれ」というものである。この行動指針には，競争の激しい市場では次々に主戦場が移り変わるため，常にアンテナを張り巡らせる重要性が示唆されている。

第 2 の行動指針は「知的で誠実であれ」というものである。そこには，自社の戦略を絶えず見直し，他者からの批判を受け入れ，挑戦する重要性が示唆されている。「失敗」も新たな挑戦に必要なものとして受け入れることが奨励されている。

第 3 の行動指針は「光速と自分を比較せよ」というものである。他社との相対的な比較ではなく，究極という基準で自分を相対化することの重要性が含意されている。

て社会に大きな変化が起きる現象をイノベーションという。

イノベーションが最初に起きる契機は，新商品を社会に提案する個人的活動にある。個人的活動をより組織として体系化するのが，新製品開発活動，もしくは事業化活動と呼ばれる活動である。全ての新規事業がイノベーションの実現に必ずしもつながるものではないものの，イノベーションの実現はその当初において，新製品開発

コラム1　イノベーションのタイプ

下記のシュンペーターの定義のほかにも，イノベーションを異なる視点から分類することが可能である。そのひとつが，イノベーションによってもたらされる変化の大きさに注目したものである。漸進的イノベーション（incremental innovation）とは，累積的で漸進的な変化をもたらすイノベーションと定義されるのに対して，急進的（画期的）イノベーション（radical innovation）とは，過去とは断絶した大きな変化をもたらすイノベーションと定義される。

また，エンジンという内燃機関を持つ自動車からモータによって駆動する電気自動車への技術的変化は，製品の基本構造自体の変化をもたらすイノベーションという意味で，アーキテクチュラル・イノベーション（architectural innovation）と定義される。アーキテクチャーとは製品の「基本構造」を指し，基本構造上の革新をアーキテクチュラル・イノベーションと言う。これに対して，パソコンの演算機能を支えるCPUなどの中核部品が進歩することでパソコンの全体性能の進歩が起きるような革新は，モジュラー・イノベーション（modular innovation）と言う。

Column 1

とそれを基にした新規事業開発から出発している。

新結合とイノベーション

イノベーションは技術革新と日本語に訳されることもあるが，それは正しくない。あくまでも技術革新はイノベーションのひとつであり，その他にもさまざまなイノベーションがある。資本主義経済に画期的な影響を与えた複式簿記や，株式会社制度の確立のような制度上の革新もまた，イノベーションの一例である。

イノベーションという言葉は，オーストリア出身の経済学者であるジョセフ・シュンペーターによって初めて定義された。彼は，イ

表 1-1 シュンペーターの定義に基づくイノベーションのタイプ

タイプ	特 徴
(1) プロダクト・イノベーション	製品機能・品質上の新結合であり，新しい商品の機能や新しい品質をもたらす革新
(2) プロセス・イノベーション	生産工程上の新結合であり，新しい生産方法をもたらす革新
(3) マーケット・イノベーション	販路上の新結合であり，新しい販路をもたらす革新
(4) サプライチェーン・イノベーション	供給源の新結合であり，原材料や半製品に関する新しい供給源をもたらす革新
(5) 組織イノベーション	組織運営上の新結合であり，新しい組織形態や組織化の方法をもたらす革新

ノベーションの実現過程で，既存の労働や資本そして生産手段がそれまでの使われ方とは異なる新たな「組み合わせ」を通じて活用される点に注目し，イノベーションを新結合と定義した。新結合には，(1)プロダクト・イノベーション，(2)プロセス・イノベーション，(3)マーケット・イノベーション，(4)サプライチェーン・イノベーション，そして(5)組織イノベーションという主として 5 つのタイプがある。それぞれを整理すると表 1-1 のようになる。

革新（イノベーション）実現活動の壁

新たなビジネス創造やイノベーションの出発点となる企業家活動は，その過程において，さまざまな障壁に直面する。企業家は，予期せぬ事象が起きても，それに動揺することなく，その場その場で試行錯誤を繰り返すことでさまざまな障壁を乗り越える必要がある。その中でも革新実現活動に内在する乗り越えるべき壁とは，外部環境の不確実性という壁であり，その原因となるのはわれわれの認知能力の限界である。

革新実現活動を阻む障壁の種類

(1) 不確実性の高さ

私たちは，何が起こるかわからない世界で生きているため，すべての物事を計画どおりに進めることはできない。不確実な状態の程度を不確実性という。不確実性は，その高さに応じて，確実，リスク，不確実，無知と分類される。確実とは文字通り，何が起きるかを事象が起きる前に把握できる状況である。リスクとは，起きるかも知れない事象はわかっており，かつ事象が起きる確率もわかっている状態である。不確実とは，起きるかもしれない事象は事前に把握できるが，その確率はわからない状態である。無知とは起きる事象がまったく予見できない状態である。

したがって，確実，リスク，不確実，無知という順序で不確実性は高くなり，より頻繁に予期せぬ事象に直面する。新規事業を興しイノベーションを実現するという活動は，確実からはほど遠い，リスクや不確実，あるいは無知と呼ばれる状況で新たなコトに取り組む活動である。

(2) 認識能力の限界

不確実な状況下で，実際予期せぬ事象が起きるかどうかは，環境の不確実性に加えて，不確実性に対処する人間の能力にも依存している。人間は合理的に行動しようと意図しているが，認識能力には限界があり，人間が限られた合理性しか持ち得ない状況を限定合理性と呼ぶ。この限定合理性があるため，私たちは不確実な状況に直面する。

私たちは，自然界に対する理解も不十分であり，社会に対しても確実には理解することができない。新規事業を興し，イノベーションを実現する活動とは，自身の認知能力の限界を挑戦を通じて克服することで，未知のニーズや課題を探索し，発見し，顧客が求めるものを新製品という形でこの世の中に送り出す活動である。

挑戦は失敗から出発する

新規事業を興し，イノベーションとして実現するには，挑戦が不可欠である。もし誰もが簡単に解決できるのであれば，あえて課題への挑戦活動と呼ぶ必要さえもない。挑戦はしばしば失敗につながるので，失敗しないように挑戦しなさいという矛盾した指導を行うことが一般的である。多くの個人や組織で挑戦がなかなか起きないのは，失敗を事前に最小化しようとするからである。結果として，失敗も起きないものの，それと同時に挑戦も起きなくなるのである。

挑戦とは，現状の自身や自分が所属する組織の能力水準を超えた目標設定である。だからこそ，挑戦には失敗がつきものとなる。むしろ，失敗からいかに学ぶかが，挑戦機会を自身や自組織の能力構築の機会とできるかの分かれ目である。挑戦も大事ではあるが，もっと重要なのは，挑戦の結果しばしば起きる失敗からいかに学ぶかという姿勢である。

失敗は無能の象徴ではなく，能力を超えた目標設定の象徴である。それは，持続的能力構築を目指す限り，必然的に生まれる事象である。誰もが立ったことのない課題解決の前線に立つからこそ，誰もが経験したことのない失敗の経験を得る機会にも恵まれる。他者に先駆けて新しい製品を開発し，新規事業として立ち上げるには，失敗を避けるのではなく失敗から誰よりも賢く学ぶという姿勢が重要である。

3　事業機会の発見

事業機会とは

新たに事業を創造するには，事業機会を見つける必要がある。事業機会とは，自らの強みや長所を活かせる場所であり，自らが提供する製品やサービスを必要とする顧客が世の中に存在する可能性である。自社を必要としてくれる顧客が存在しなければ，そもそも事業機会は存在しない。それとは逆に一定数の顧客が見込めるのであれば，事業機会は小さくない。したがって，事業機会と課題を抱えた顧客の存在は表裏の関係にある。

新たな事業機会を見つける

事業機会は，誰にでも見える形で存在するわけではないし，誰から提示されるわけでもない。多くの事業機会は，目には見えない潜在的な形で存在しているのである。新たな事業機会を見つけるには，世の中は不完全であり改善すべきところがあるという前提で，社会の解決すべき課題やニーズを拾い上げて事業化の可能性を模索する努力が必要となる。

事業機会の発見とは，顧客発見のプロセスである。まず自社の商品を必要とする顧客を探索し，発見する必要がある。ターゲットとなる顧客を発見できれば，その顧客集団が抱える課題やニーズを掘り起こし，明らかにするプロセスが必要となる。

世の中のすべての顧客を対象にしてビジネスを展開できれば理想

的である。しかし，現実には使える時間やお金には限りがある。また，世の中のすべての個人や組織が必要とする製品やサービスなどというものは，ありえない。したがって，提供する商品を必要とする顧客を，広い世の中から見つけ出す必要がある。その商品を必要とする顧客を，狙うべき対象とする顧客という意味でターゲット顧客と呼ぶ。

もっとも，「あなたの顧客は私です」と顧客が自ら名乗り出てくれることはない。自社の商品を必要とする顧客を主体的に探す必要がある。新しい事業の立ち上げは，まだ自社がアプローチできていない潜在顧客や，将来誕生するかもしれない未知の顧客を発見し，その顧客が顕在顧客となるように社会に働きかける活動である。

ターゲット顧客を特定化する3段階

ターゲット顧客の設定は，次の3段階から成り立っている。それは，(1)顧客ニーズ・課題の特定（顧客のニーズや課題は何か），(2)顧客タイプの類型化（顧客はどのような属性を持っており，どのような状況に置かれているか），(3)潜在市場規模の推定（ターゲット顧客はどの程度の規模で存在するか）という段階である。

(1) 顧客ニーズ・課題の特定

第1段階は，顧客のニーズや顧客が抱える課題を具体的に知り，理解することである。顧客のニーズを満たし顧客が抱える課題を解決してはじめて，顧客にとって必要不可欠な存在になるのだから，顧客が何を欲し，何に困っているかについて，その具体的な内容を明らかにする必要がある。

身近な人のニーズやその人が解決したい課題とは具体的には何か。ひとりのターゲット顧客を思い浮かべて，それらの具体的な内容を想定できれば，顧客発見の第1段階が踏み出せたこととなる。そのような想起すべき架空のターゲット顧客像をペルソナと呼ぶ。架空の顧客像をペルソナとして具体化できれば，その顧客が抱えるニーズや抱える課題も，より具体的になるはずである。

(2) 顧客タイプの類型化

第2段階は，対象とするターゲット顧客と対象としないその他の顧客とを区別し，ターゲット顧客に絞り込んでその顧客に自社の商品に関心を持たせることである。市場はさまざまな嗜好や特徴を有する顧客から構成されており，異なる顧客グループに類型化し，注目するターゲット顧客を決定することをセグメンテーションと呼ぶ。

セグメンテーションとは，一見すると同質的に見える異なる顧客集団を複数の顧客集団（セグメント）に類型化し，細分化することである。顧客集団の類型化や細分化の基準としては，人口統計的分類（年齢，性別，家族構成，人種，国籍，宗教），地理的分類（居住地，勤務地，就学地域），社会的分類（職業，学歴，所得，文化的背景），心理的分類（価値観，態度，性格）があげられる。

セグメンテーションを行う目的は，自社の製品やサービスに対し，必要とするターゲット顧客に関心を持ってもらうよう，効果的に働きかけるためにある。

(3) 潜在的市場規模の推定

第3段階は，ターゲット顧客の潜在的市場規模を知り，成長可能性を理解することである。市場規模が小さければ事業機会は小さく，それとは反対に潜在的市場規模が大きければ事業機会は大きい。潜在的な市場規模は，製品・サービスに関心を寄せる潜在的な顧客数と顧客の製品やサービスの使用頻度，そして製品やサービスの利用に伴い顧客が支払う1回あたりの価格（単価）の積（顧客数×使用頻度×単価）によって決まる。

潜在的市場規模を知るには，市場や顧客の動向を知る市場調査やニーズ調査が必要になる。市場調査やニーズ調査には，ターゲット顧客へのインタビュー，訪問調査や行動観察，紙を利用した質問票調査やインターネットを利用したウェブ調査，新聞や雑誌，統計資料などの公刊資料を利用した調査などがあげられる。

事業機会と潜在市場のギャップ

(1) 潜在市場と不完全性

顧客ニーズが確かに存在するにもかかわらず，一定の規模で顕在化せず未開拓な状態に留まっている状態を潜在市場と呼ぶ。潜在市場が存在するのは，既存の製品やサービスの水準が，顧客の要求する水準を満たせず，不完全な水準にあるからである。したがって，潜在市場を事業機会に変えるためには，商品の機能や品質，価格や納期，それらの組み合わせを通じた異なるニーズや課題を抱える顧客対応の柔軟性において，顧客の要求水準を超える努力が必要となる。

もっとも，商品が提供する機能や品質が，顧客の要求水準を大きく超えてしまうこともまた，過剰機能や過剰品質という点で問題となりうることにも注意が必要である。顧客の期待に応えることは市場創造のうえで大切ではあるものの，顧客の期待に過度に応えることにより，顧客が商品の別の側面に関心を寄せるきっかけとなることに留意する必要がある。

(2) 不完全性を解消する経営活動

まずは顧客の要求水準を把握したうえで，どの点で顧客の要求水

表 1-2 顧客の要求水準を超えるための 5 つの改善努力

改善活動の種類	具体例
(1) 製品・サービスの改善	研究開発活動の改善を通じて，製品やサービスの機能・品質向上，あるいは更なるコストダウン実現の余地を探す
(2) 原材料や調達方法の改善	購買や調達活動の改善を通じて，機能・品質向上やコストダウン実現の余地を探す
(3) 製造方法の改善	製造方法の改善を通じて，コストダウンや納期改善の余地を探す
(4) 流通政策の改善	流通活動の改善を通じて，コストダウンや納期改善を実現する余地を探す
(5) プロモーションの改善	営業・マーケティングの改善を通じて，顧客の製品やサービスの認知を高める余地を探す

準を満たしておらず，不完全な状態にあるかを検討する必要がある。

顧客の要求水準を超えるための努力は，表 1-2 に示されるように，5 つの改善活動に大別できる。

これら 5 つの一連の改善活動のうち，いずれか 1 つ，あるいは複数の組み合わせが顧客の不便の解消につながれば，その不便の解消自体が新しい市場をこの世の中に実現する契機となる。

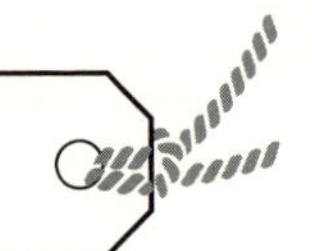

4 新規事業を立ち上げる

ビジネス創造のプロセス

ビジネス創造は，新たな企業の設立をもって始める場合は，創業または起業と呼ばれる。また，すでに何らかの事業を抱えた既存企業が新規ビジネスを始める場合は，新規事業の立ち上げと呼ばれる。創業や起業に関わる人は創業者，起業家もしくは企業家と呼ばれる。すでに触れたように，本書では起業家を含むより広い意味で企業家という言葉を用いる。

新たなビジネスの創造は，①事業分野と課題の設定，②ビジネスアイデアの創出，③事業計画書の立案，④経営資源の調達と確保，⑤立案した計画の実行，という一連の作業から成り立っている。

第1に，どのような分野や領域で事業を興すのか，その事業を通じてどのような顧客ニーズの充足や課題解決を目指すのかについて決定する必要がある。そのうえで，ニーズの充足や課題解決に必要となる具体的な解決策を可能とする新規のビジネスアイデアを用意する必要がある。新規のビジネスアイデアを外部環境と内部要因に分けて整理検討・評価し，事業としての成長可能性とその実現に必要なアクションプランを提示したものが事業計画書である。さらに，事業計画書を基にして経営資源を調達し確保する必要がある。最後に立案した計画を基に戦略を実行し，必要に応じて戦略に修正を加える。

技術的変換能力を高める研究開発活動

企業は原材料や半製品を商品に変換する活動を行っており，その変換活動はその企業固有の技術を活用するという点で，技術的変換と呼ぶ。企業が競合他社と異なる持続的な差別性を維持するためには，技術的変換能力を磨き，他社よりも優れた技術的変換能力を確立する必要がある。

一般的に生産もしくは製造活動とも呼ばれる技術的変換活動とは，有形の生産要素（原材料，労働力，機械）と，無形の生産要素（アイ

コラム2　事業計画書の立案

新たなビジネスを立ち上げるには，単なる思いつきやひらめきに過ぎないアイデアを，さまざまな人と議論し，潜在顧客を観察し対話することで洗練化し，結果として事業計画書としてまとめる必要がある。

事業計画書とは，一般的に次の8つの要素から構成される提案書である。

(1)　エグゼクティブ・サマリーと呼ばれる，端的に記された事業の概要
(2)　事業の方向性を記した，ビジョンや事業を始める根拠となる経営理念
(3)　想定される市場規模と顧客の特徴
(4)　自社の強みとその特徴
(5)　既存市場との競合や代替品との競合
(6)　何でどのように稼ぐかというビジネス・モデル
(7)　事業戦略と展開の方向性
(8)　ヒトやカネなどの経営資源の調達に関する計画

事業計画書が提案書であるのは，この計画書をもって，銀行や出資者などのビジネス創造に協力してくれる潜在的な協力者を調達し確保するためである。

Column 2

デアや生産ノウハウ，技術などの情報，そして資金）を有形・無形の商品（製品やサービス，あるいは両者を合わせて財と呼ばれることもある）に物理的に変換する過程（プロセス）である。一連の過程は，生産要素の投入活動，変換活動，製品やサービスの産出活動から成り立っている。

生産や製造活動（あるいは両者をまとめてものづくりと呼ばれる）は，形のある有形物のみを想定しがちであるが，形のない無形物に分類されるサービスも，その対象となることに注意する必要がある。し

図 1-1 技術的変換活動

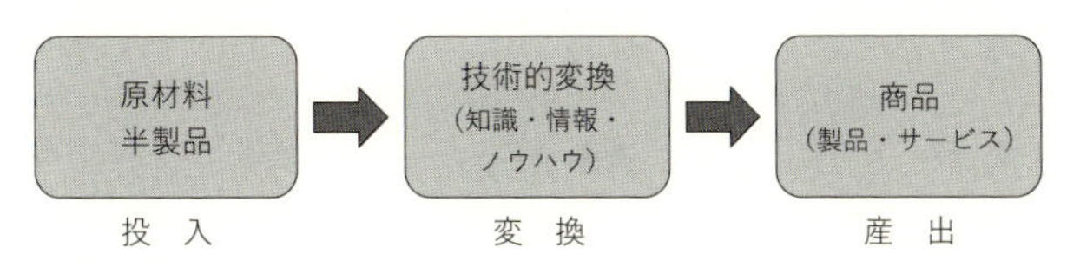

たがって製造業のみならず，サービス業においても，生産や製造活動は企業活動の中核となる活動であり，原材料を製品という形に物理的に変換する活動であると同時に，原材料の経済的価値を商品という経済的価値に変換する活動でもある（図 1-1 参照）。

変換活動はさらに，顧客にとって価値のある設計情報を創造する活動と，その設計情報を生産工程を流れる材料（素材）や半加工品に転写する活動とに分類することができる。価値ある設計情報を創造する活動は，一般的に商品の研究開発活動とも呼ばれ，新しい商品の実現に必要となるアイデアを生み出す活動である。

これに対して，生産活動とは，次章で触れるように新しいアイデアを設計情報として，材料（素材）や半加工品上に再現する活動である。その活動の効率性や有効性は，生産性やコスト，品質，納期・リードタイム，そしてそれらの組み合わせとしての柔軟性によって規定される。

これまでの説明をふまえて技術的変換活動を簡略化したものが図 1-2 である。設計活動とは言い換えれば，顧客のニーズや課題を設計情報に翻訳する活動であり，製造活動とはそのようにして生まれた設計情報を原材料や半製品に転写する活動である。次章で詳述するように，技術的変換能力を生産性やコスト，品質や納期，そしてリードタイムやそれら諸要因を組み合わせることによって柔軟性を

図 1-2　設計活動と製造活動

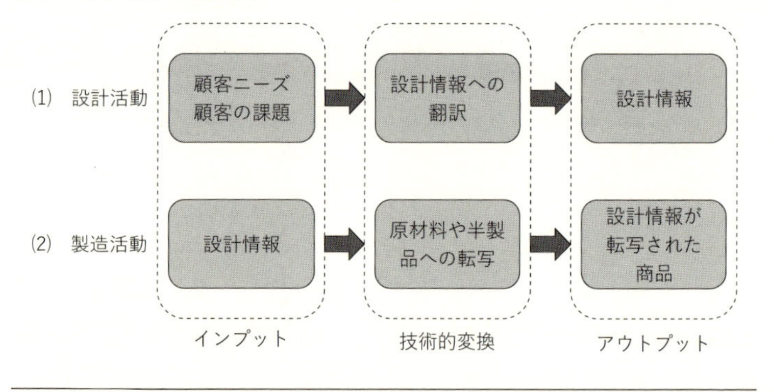

創り出すことが，製造活動において必要となる。

Book guide　文献案内

- 加藤雅俊（2024）『スタートアップとは何か：経済活性化への処方箋』岩波新書。

  ✏イノベーションと並んで，スタートアップは日本経済再生の切り札とされる。スタートアップ（新興企業）とはどのような存在で，その振興にはどのような課題が存在するのか。多面的な視点から丁寧に説明してくれる一冊。

- 一橋大学イノベーション研究センター編（2022）『マネジメント・テキスト：イノベーション・マネジメント入門（新装版）』日経 BP 日本経済新聞出版。

  ✏イノベーションの実現過程を，戦略，組織，制度，政策という観点から網羅的に議論する入門書。

- クレイトン・M・クリステンセン（2017）『ジョブ理論：イノベーションを予測可能にする消費のメカニズム』（依田光江訳）ハーパーコリンズ・ジャパン。

✏顧客は解消すべき課題（ジョブ）を抱えており，その解決のためにイノベーションの実現が必要とされる。身近な当たり前から，次のイノベーションの種を考える一冊。

Bibliography 参考文献

青木昌彦・伊丹敬之（1985）『企業の経済学』岩波書店。

Gartner, W. B. (1985) "A Conceptual Framework for Describing the Phenomenon of New Venture Creation," *Academy of Management Review*, 10 (4), 696-706.

Ket De Vries, M. F. R. (1977) "The Entrepreneurial Personality: A Person at the Crossroads," *Journal of Management Studies*, 14 (1), 34-57.

Miller, D. (1983) "The Correlates of Entrepreneurship in Three Types of Firms," *Management Science*, 29 (7), 770-791.

Mintzberg, H. (1973) "Strategy-making in Three Modes," *California Management Review*, 16 (2), 44-53.

Shane, S. A and Venkataraman, S. (2000) "The Promise of Entrepreneurship as a Field of Research," *Academy of Management Review*, 25 (1), 217-226.

商品を作る

第 2 章

Chapter

大野耐一
（トヨタ自動車副社長，1977 年当時）
写真提供　朝日新聞社

Quiz クイズ

トヨタ生産方式の提唱者として知られるトヨタ自動車の元副社長大野耐一は，徹底したムダを排除するためには，「ムダというものはいったい，なぜ発生するのか」という問いを何回繰り返すことを奨励していたか。

a. 1 回
b. 3 回
c. 5 回

Answer クイズの答え

c. 5 回

トヨタ自動車では，解決に注力すべき課題の発見には，見せかけの原因ではなく真の原因を同定することが必要であり，そのために「なぜ」を少なくとも5回繰り返すということが奨励されている。ここで大切なのは「5回」ではなく，何度も問い直すことにある。

Chapter structure 本章の構成

「商品を作る」と題する本章では，投入要素（インプット）を変換して商品を作る一連の活動や過程について説明する。まず第1節ではものづくりの効率として生産性の向上とムダの排除を通じたコスト削減の重要性を説明する。第2節では品質の重要性について言及し，第3節では納期短縮化の方法について，第4節では，納期と環境変化に応じてものづくりのあり方を変化させる柔軟性の重要性について解説する。最後の第5節では，品質（Quality），生産性（Cost），納期（Delivery），そして管理すべきこれら3つの要素の柔軟性（Flexibility）というあわせて4つの点での改善活動が商品を作るという点で重要であることを説明する。

1　生産性を向上させる

生産性：基本的考え方

生産性とは，アウトプット（産出物）をインプット（投入要素）で除したもの，である。したがって，より少ないインプットでより多くのアウトプットを生み出すことが生産性向上の基本である。

$$生産性=\frac{アウトプット（産出物）}{インプット（投入要素）}$$

優れたものづくり活動を実現するための基本は，競合他社よりも高い生産性を実現し，他社よりも低いコスト（費用）で製品やサービスを顧客に提供することにある。競合他社よりも低いコストで生産できれば，顧客にいくらで販売するかについての価格設定の自由度は大きくなるからである。安く作ったものを安く売るかあるいは高く売るかは，作り手の価格戦略次第である。

生産性を測る第1の方法は，インプットの量とアウトプットの量との比で生産性を捉える方法である。具体的には，より少ない量のインプット（原材料や半製品などの投入要素）で，より多くの量のアウトプット（商品などの産出物）を生産・販売することができれば，生産性が向上することとなる。同じ量のアウトプットを少ない量のインプットで生産できれば，インプットとして使う資源の節約だけではなく，ものづくりに必要なエネルギーを節約するという意味で環境に対する負荷を軽減させることにも寄与する。

生産性を測る第2の方法は，インプットの経済的価値とアウトプットの経済的価値の比で生産性を捉える方法である。インプットの経済的価値はインプット単価×インプット使用量で，アウトプットの経済的価値はアウトプット単価×アウトプット産出量として定義されるので，インプット量とアウトプット量の比が一定であるならば，より低いインプット単価で，より高いアウトプット単価の産出物を生産・販売できれば生産性が向上することとなる。

インプットとアウトプットの量で見た比率で生産性を捉えたとしても，インプットの経済的価値とアウトプットの経済的価値の比率で生産性を捉えたとしても，需要が十分にある場合には，生産性向上は企業の売上規模拡大と利益拡大につながり，その企業の競争力の源泉となる。

生産性向上の方法：5つのムダの排除

生産性向上の鍵は，インプットそのものの改善とインプットとアウトプットをつなぐ技術的変換活動の改善に大別される。具体的に，より高い生産性を実現するには，①材料（素材）や半加工品のムダの排除，②人間による動作のムダの排除，③材料と人間と機械という投入要素の物理的な組み合わせ（使い方や配置）のムダの排除，④材料（素材）や半加工品の調達の工夫，⑤商品の価格設定の工夫が必要となる。

材料や半加工品のムダ，動作のムダ，そしてインプットの組み合わせのムダは，結果として資源や物理エネルギーの浪費，価値を生まない作業時間の浪費につながるので，生産性向上にはそれらのムダを排除することが必要である。これらのムダを適切に省くことで，生産性が向上しその結果としてコスト削減につながる。

工程間のバラツキ：ボトルネック工程

ものづくりの活動は，単純化すると原材料や半製品というインプットを商品というアウトプットに技術的に変換する活動である。その技術的変換活動は，大別すると前章で見たように，設計活動と製造活動とに大別され，さらに細かく見ていくと数多くの工程と呼ばれるものづくりの活動から成り立っている。

たとえば，陶磁器の生産であれば，陶磁器のデザイン，石膏型の準備，石膏型への流し込み，乾燥，素焼き，絵付け，焼成，検査，出荷という工程から成り立っている。それぞれの工程はさらに異なる工程に細分化することができる。

デザインから出荷への一連の作業工程は，川の流れに例えられ，デザイン工程に近い諸工程を川上工程，出荷工程に近い諸工程を川下工程と呼ぶ。また，工程同士の前後関係に注目して，隣接する川上工程と川下工程をそれぞれ前工程と後工程と呼ぶ。たとえば，乾燥と素焼き，あるいは検査と出荷の工程はそれぞれ前工程，後工程と呼ぶ。

このように，ものづくりの活動は，一連の複数の工程から構成されるため，ものづくり全体の活動の生産性は，個別の工程の生産性の高低に規定される。現場での生産性を時間に注目して見た場合，スループットやサイクルタイムとして把握される。スループットとは，個々の工程もしくは複数の工程から成る全体工程が完了するために必要となる時間である。これに対して，サイクルタイムとは，個々の工程で繰り返し行われる作業頻度や周期となる時間単位である。たとえば，図2-1は，工程Aから工程Eまでの5工程から成り立っており，工程Aのサイクルタイムは3秒，工程Bのサイクルタイムは8秒，工程Cのサイクルタイムは10秒，工程Dのサ

図 2-1 ボトルネック工程

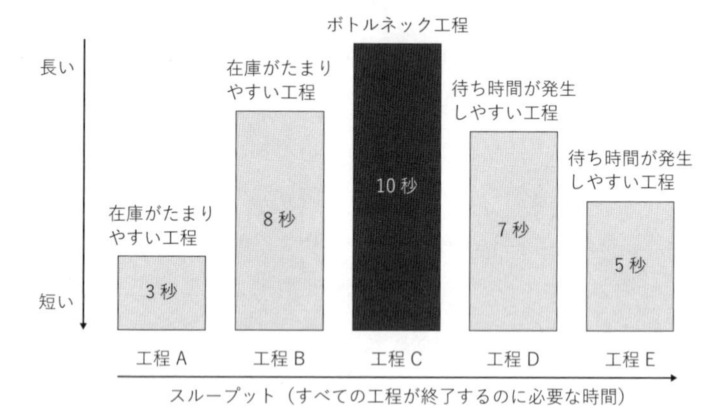

イクルタイムは7秒，工程Eのサイクルタイムは5秒であり，5つの工程全体のスループットは，1個ずつ生産した場合最大33秒となる。

この図2-1に示されるように，工程全体の生産性の向上のために，各工程のサイクルタイムの短縮化をやみくもに目指すことは得策ではない。なぜなら，工程間でサイクルタイムにはバラツキ（不均一）があり（図の場合は最小3秒，最大10秒），工程に固有の特性ゆえに，サイクルタイムの短い工程（工程A）と長い工程（工程C）があるからである。工程間でサイクルタイムにバラツキがあると，複数の工程の中で最も生産性が低い工程に全体の生産性が制約されることになる。最も生産性が低い工程は，ボトルネック工程と一般的に呼ばれる。図2-1で言えば，工程Cがボトルネック工程となる。

ボトルネック工程とは，「瓶の首のように細く，詰まりやすい」

という意味に由来しており，全体の生産性（性能）の向上を図ろうとしても，最も生産性（性能）が低いために全体の生産性（性能）向上を阻む工程である。集団で登山する場合，1人のメンバーが遅れると，それに制約されて集団全体の登山にも時間を要するという事例を考えてみればよいかもしれない。ボトルネック工程は，全体の性能向上のために最初に改善を試みなければならない工程である。そうでなければ，ボトルネック工程の前工程には未作業の在庫が発生し，後工程はアイドルタイムという待ち時間が発生する。

図2-1で言えばボトルネック工程となる工程Cの前工程である工程Bに在庫がたまりやすく，後工程である工程Dは工程Cのサイクルタイムが長いゆえに，待ち時間が発生しやすい工程となる。前工程と比べて後工程のサイクルタイムが長い場合は在庫がたまりやすく，それとは逆に前工程と比べて後工程のサイクルタイムが短い場合は待ち時間が発生しやすくなる。

在庫はいつ売れるかわからないという意味で不良在庫になるかもしれない。それとは逆に需要が拡大期にある時は作りだめは戦略在庫と呼ばれる。また，アイドルタイムは，期待される作業時間にものづくりが行われないという意味で時間のムダとなる。そのため，工程全体のムダの削除は，まずはボトルネック工程を発見し，その改善に努めることから始める必要がある。

動くと働く：作業の密度を向上させる

ボトルネック工程に注目したムダは，工程同士のつながりゆえに生まれるムダであるのに対して，人間の作業に関わるムダもある。それは動作のムダである。生産活動に従事する作業者の動きは，物理的動作のムダ（省くことのできる余分な物理的エネルギーを使う動作

図 2-2　動くと働く

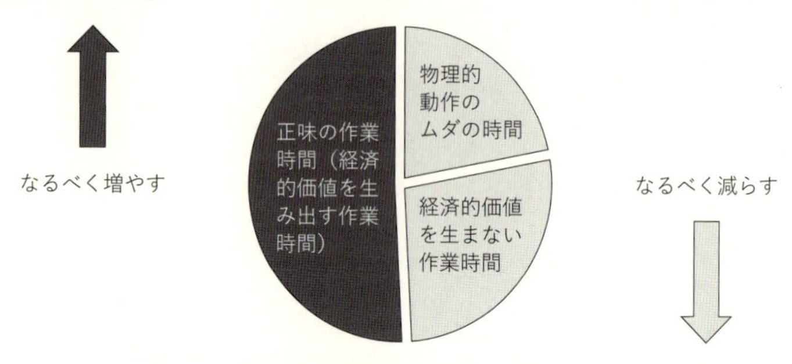

のムダ)，経済的価値を生まない動作のムダ（経済的価値を生まないが必要な動作)，そして正味の作業に大別することができる（図 2-2)。

生産性を向上させコスト低減を実現するには，安全性と健全な職場環境の維持を前提にして，物理的動作のムダ（たとえば，作業者の持ち替え，待ち時間，意味の無い移動）を排除し，経済的価値を生まない動作（たとえば，伝票と現物の照合や検収，材料の切り替え）にかける時間を最小化し，経済的価値を生む生産活動に可能な限り労働時間を割り振ることが大切である。それは，単にわれわれ人間が物理的に手足や頭を動かすのではなく，経済的価値を生むためにより多くの時間を使うということであり，作業の密度を高めるということである。

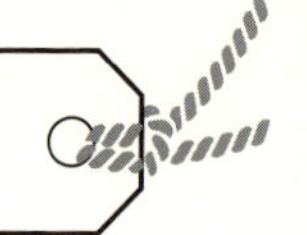

2　品質を向上させる

品質の重要性

ものづくりの活動において，生産性やコストと並んで重要な要素が，商品の品質である。品質の高さは，顧客がどの商品を購入するかを決定する重要な要素のひとつである。たとえば，意図せず品質問題を起こすことで製品を回収し修理する費用は，しばしば膨大となる。また品質問題に付随して，多額の賠償費用を負担する必要が発生する場合もある。顧客の間での評判低下や信頼失墜は，その企業の市場占有率（シェア）の低下のみならず，社内の従業員の働く意欲や組織への帰属意識にも決して小さくない悪影響をもたらす。

したがって，高い品質を維持すること，あるいは競合他社よりも優れた品質を保証することは，企業が競争力を持続的に維持するうえで不可欠な要素である。そのため，生産性やコストの管理と並んで，一定水準の品質を保証する品質管理の活動が，ものづくりを支える重要な活動のひとつとなる。

品質の多面性

品質については，複数の異なる考え方が存在しており，そのために複数の角度から多面的に捉えるべき概念である。

第1の見方とは，品質を超越的な価値を体現した絶対的な存在として捉える考え方である。製品の外見や物理的な性能のみならず，美的側面や背後のものづくりの哲学においても最上級であること自体を品質と捉える見方である。第2の見方は，品質を製品自体の性能や機能などの客観的属性の束と捉え，その複数の属性の組み合わせとして捉える考え方である。第3の見方は，品質を顧客ニーズや満足度との適合の程度として捉える考え方である。第4の見方は，実際製造された製品がどのくらい設計仕様に一致しているかの程度として品質を捉える見方である。最後の第5の見方は，製品の機能や性能を製品の価値で割った，単位価値当たりの製品機能や性能で，品質を捉える見方である。

第1の品質に対する見方は，製品コンセプトや企業哲学に付随した品質の考え方であるのに対して，第2の見方は，製品機能や性能の組み合わせ自体を品質と定義している。第3の見方は顧客ニーズや満足度との適合度を，第4の見方は設計仕様への一致度を品質の定義としている。第5の見方は，製品がもたらす価値に対して製品の機能や性能に注目した品質の定義である。

品質の構成要素

このように品質の見方は多様に存在するものの，一般的には次の8つの要素から品質が構成されると考えられている：①性能（performance），②信頼性（reliability），③仕様への一致度（conformance），④耐久性（durability），⑤整備性（serviceability），⑥外観（aesthetics），⑦呼び物（features），⑧知覚された品質（perceived quality）。

性能とは，文字通り製品やサービスが顧客に提供する機能や性能である。これが競合他社より劣っていたり，顧客の期待に見合ったものでなかったりすれば，その品質は競争力の源泉とはなり得ない。高い信頼性も品質の高さを表す要素である。仕様への一致度とは，実際に製品性能として謳っている機能や性能が設計段階で決められた仕様通りに実現できているかの程度で，製造品質と呼ばれることもある。また，購入した後の耐久性や，維持管理のしやすさなどの整備性も品質を構成する大切な要素である。すぐ壊れるものは品質が低く，また使いにくいものも品質が高いとはいえないだろう。したがって，品質とは購入時点で考慮すべき要素であると同時に，購入後の顧客に満足を提供する要素でもある。なぜなら，信頼性や耐久性，整備性といった品質の高さは，購入後の顧客に満足を提供することになるからである。

もちろん製品の美的な外観も品質を構成する要素であるし，呼び物のような顧客を惹きつける要素もまた品質を構成する大切な要素である。知覚された品質とは，顧客が品質をどのように受け取っているかという点で重要な要素である。供給者がどれだけ品質の高さを訴求したとしても，最も重要なのは顧客がどのようにその品質を受け取るかである。品質はしばしば顧客の主観や五感に影響を受けて評価されるため，広告などのマスメディアによる訴求に加えて，事前の（無料や低価格による）使用体験の推進や，信頼に足る専門家や有名人による推薦や推奨が，顧客の購買決定に影響を及ぼす。

品質管理の基本

顧客の満足の程度として定義される品質は，製品やサービスの全体の品質であり，総合品質と呼ばれる。また総合品質は，顧客のニーズや満足を設計仕様に落とし込んだ設計品質と，設計仕様を実際の製品性能や機能に落とし込んだ適合品質とに大別される。設計品質は顧客ニーズや満足と設計仕様との一致の程度であり，適合品質は設計仕様と実際の製品性能や機能との一致の程度である。

このように，顧客のニーズや満足を正確に設計仕様として設計情報に翻訳し（設計情報への転写），その情報を再現可能な形で製品の機能や性能，外観やデザインとして体現（素材やメディアへの設計情報の転写）できるかが品質管理の鍵となる。具体的には，①自動化や機械化（電子化）を通じた，品質低下をもたらすヒューマンエラー（人間によるミス）の排除，②不良品を予防する検査の実施，③品質の作り込みが重要となる。人手を介することで改善機会が発見さ

コラム 3　工程能力指数

品質に対するさまざまな考え方が存在するものの，統計的な観点での品質管理の基本は，バラツキを抑えることである。測定値のバラツキの大きさは，一般的に分散，もしくは分散の平方根である標準偏差（σ，シグマと呼ぶ）で表される。

工場内や工場間の異なる製造ラインの優劣（バラツキの大きさ）を定量的に測る指標としてよく知られたものに「cp」や「cpk」と呼ばれる工程能力指数（Process Capability Index）と呼ばれるものがある。工程能力とは，「決められた規格の範囲内で，どれだけバラツキを小さくする形で安定的に製品を生産できるのか」という程度を表す指標である。「cp」や「cpk」はともに，生産ラインがどの程度適切に管理されているか，その状態を測る指数である。「cp」は「完全に管理された理想の工程能力」を表した指数であるのに対して，「cpk」は「偏りを考慮したより実務的な工程能力」を表した指数である。たとえば，理想の工程能力を表す「cp」の場合，バラツキの上限と下限を考慮に入れると，「cp」は（上限規格の値－下限規格の値）/ 6 σと定義される。

一般的に，cp（cpk を含む）の値が 1.33（不良品率 0.006%）以上だと，その工場の生産ラインは非常に優れているといえ，1 以上で 1.33 未満（不良品率が 0.006% 以上 0.27 未満）であれば，まずまずの品質を担保した工程能力を実現した生産ラインであり，1 未満（不良品率 0.27% 以上）であれば不良品が多く改善が必要となる生産ラインと見なされる。

Column 3

れることもあるが，人手を介すること自体が品質低下の原因となることもある。また市場に出荷する前に品質検査を実施して，良品のみを市場に出荷することも大切であるが，そもそも良品しか作らない体制の構築も重要である。そのためには不良品の原因となる投入要素としての原材料や半製品の品質管理も大切である。

③の品質の作り込みとは，製造のために用いられる原材料や工具（機械），製造手順や製造条件，そして製造環境のバラツキ（不均一性）を可能な限り小さくするように管理する活動である。ものづくり活動における生産能力は，「良品の生産能力」として定義され，不良品をそもそも作らないのが究極の目標である。

3　納期を短縮させる

納期の定義

コストや品質と並んで，製品やサービスの競争力の源泉となるのが納期である。納期は，納入期日（手に入る時点）を意味する場合と，顧客が注文してから手に入るまでの期間を意味する場合の2つの意味がある。後者の意味での納期に注目して広く定義するならば，納期は①商品の開発活動に必要となる開発期間（開発リードタイム），②商品の生産活動に必要となる生産期間（生産リードタイム），そして，③工場（もしくは倉庫）から出荷され，顧客の手元に届くまでの流通期間から構成される。それとは逆に，納期を狭く定義するならば，③の流通期間のみを指して納期と呼ぶ。

納期を短縮させる方法

納期とはいわば商品を必要としている顧客を待たせる時間なので，短ければ短いほど良い。納期を短縮する方法は，①の開発生産性の向上を通じた開発期間の短縮，②の生産性向上と生産能力の拡大による生産期間の短縮，そして③の流通期間の短縮のいずれか，あるいはそれらの組み合わせで実現される。

Column 4

コラム4　共同配送

納期の短縮は，開発リードタイムや生産リードタイムの短縮のような作り手側によって実現されるべき点と，物流業者と協力し，物流拠点の再配置や配送方法を改善することで実現されるべき点とに分類される。納期短縮という観点では，物流拠点は可能な限り顧客に近いところに設置されるべきであり，在庫もまた物理的に顧客に近いところで保管されるべきである。それらの実現には物流業者との協力が不可欠である。もっとも，日本国内の労働力人口の長期的な減少によって，物流業務を担うトラックドライバーの確保も年々難しくなっており，ドライバーの職務環境を改善する労働時間規制によって，根本的に物流業務を維持する体制の見直しも迫られている。

そのような人員確保さえ難しい状況で納期の維持・短縮を実現するひとつの方法が，共同配送である。共同配送とは，複数の荷主であるメーカーが，荷物を一緒の車両で同じ配送先へ運ぶことを指す。たとえば，3つの企業が各社で運ぶ場合，通常合計で3人のドライバーと3台のトラックが必要となるが，共同配送を行うことで，1人のドライバーと1台のトラックで3社の荷物を一緒に運ぶことが可能となる。大別すると，トラックが順次荷主を回って集荷する方法と，共通の集荷センターに荷物を集めてそこから共同配送する方法とに分類される。このような試みは現在，同一業界の競合企業同士でも実施されている。

共同配送は，ドライバーの人手不足の解消やコスト削減を実現することにつながるだけでなく，使用するトラックの削減によって二酸化炭素の削減・抑制にもつながるのである。このような共同配送と並んで，トラックから鉄道への物流機能のシフトはモーダルシフトと呼ばれる。

①の開発期間の短縮には，情報技術を積極的に活用することによる顧客情報の先行取得・共有・設計情報への反映や，問題の前倒し

解決活動（フロントローディング）や重複解決（オーバーラップ）などの方法がある。また製品モデル間で部品や設計の共通化を推進するのも短縮の方法である。②の生産期間の短縮には，現場の改善の積み重ねに加えて，製造能力の拡大や新規設備への刷新も有効である。③の流通期間の短縮には，物流業者と協力し顧客により近接した場所への生産拠点の移転や物流拠点の再配置という方法が考えられる。

顧客がどの程度待ってくれるかは，そもそも顧客に提供する商品の特性に大きく依存する。少品種少量の生産を前提とした完全な特注品であれば，待つことも含めて商品の楽しみともなるだろう。それとは対照的に，標準化され，競合品と大差ない少品種大量生産で市場に流通する完全規格品の場合には，顧客があえて待ってくれる余地はほとんど無い。そのため一定量の在庫を顧客に近いところで保有することが納期短縮化の最善の方法である。

4 柔軟性を確保する

環境に応じて変化させる柔軟性の確保

ものづくり活動で競争優位を確立する第 4 の要素とは，コスト，品質，納期の組み合わせを企業を取り巻く環境に応じて変化させる柔軟性である。顧客の嗜好は時代と共に変化し，社会的価値観や社会の規範も変化する。顧客自身も家族構成の変化や加齢に伴い生活スタイルが変化し，自身の嗜好やニーズも変化する。変化するのはそれだけではない。技術の進歩によって社会の構造は変化し，競争相手も時代とともに変化する。

そのような多様な変化に伴い，顧客が製品やサービスの購買の際

コラム5　生産方式の変化

ものづくりの特徴は，材料や半製品のようなインプットの生産工程の流し方によって規定され，流し方の違いは生産方式の違いとして一般的に定義される。具体的には，生産品種と数量の組み合わせによって，少品種少量生産，少品種大量生産，多品種少量生産，多品種大量生産の4つに分類される。

たとえば自動車が登場した20世紀初頭には，自動車は富裕層向けに少品種少量生産で作られる，手作りで1個流し生産の商品であった。1個流し生産とは，顧客にとって必要なモノをひとつずつ流し，各工程で作りだめしない生産方式である。作りだめを念頭に置いて同条件で生産する規模や数量を一般的には生産ロットと呼ぶ。1個流しとは生産ロットが1個の生産である。

このような状況を変革したのが，アメリカの三大自動車メーカーのひとつであるフォード社の実質的創業者であるヘンリー・フォード（Henry Ford）である。彼は，一般的な市民にも購入することが可能な量産車「T型フォード」を市場投入することで，「少品種大量生産」の時代を切り開いたのである。その後，自動車市場は，燃費や安全性，乗り心地やデザイン性など多様な側面で互いに競争するようになり，多くの製品モデルとバリエーションを展開する「多品種大量生産」の時代へと移行したのである。

他方で，世界的な大企業に成長したトヨタ自動車は，もともと市場規模が小さかった日本市場では，アメリカと同じように大量生産方式を導入しても採算が合わないという考えのもと，「多品種少量生産」でも安く造れる生産方式の実現に注力した。その結果誕生したのが，「トヨタ生産方式」と呼ばれる多品種少量の生産方式であり，海外では「リーン生産方式」としても知られている生産方法である。リーンとは，「ぜい肉がない，ムダがない（lean）」という意味で，ムダを削ぎ落とした生産方式である。

このような生産方式の違いは，商品の属性やビジネスの形態，そして顧客の要求や注文規模によって大きく異なるものであり，また時代とともに変化すべきものである。

に重視する参照点も変化し，それに応じて商品に求められる品質やコスト，納期のバランスや重視すべき軸足も変わってくるはずである。商品はその導入期において差別化を意識した性能・機能競争が支配的だが，需要が成熟化するのに伴い，コスト競争力を背景にした価格競争や，納期の短さが顧客獲得の鍵となる。高齢化に伴い商品の情報に疎い高齢者顧客を支援するアフターサービスが競争の鍵となる場合もある。あるいは，過度なコスト競争が，品質を重視する顧客を創造する機会となる場合もある。

いずれにせよ，顧客のニーズの動向の変化を踏まえたうえで，競争優位の源泉が変化することを事前に考慮することが大切である。あるいは，他社に先んじてそのような新たな競争軸を市場に持ち込むことも，主体的な生産戦略のひとつである。

5 改善を継続する

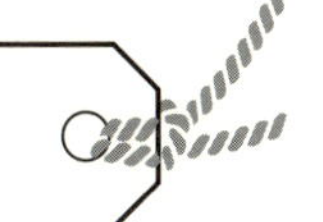

継続的な改善：2つの視点

ものづくりの現場をより良くしていくうえでの改善活動は，2つの異なる視点で推進される必要がある。ひとつは，短期的に漸進的改善を積み重ねていく視点，もうひとつは，長期的に革新的改善を断行する視点である。

前者の改善活動は，些細なことでも見逃さず，ちりも積もれば山となる，という改善活動である。これは主として生産現場を中心に進められる改善活動であり，このような自主的改善活動をQCサークルと呼ぶこともある。もっとも，過度なケチケチ戦略は，現場の人たちの働く士気を低下させるので注意が必要である。他方で，長期的な視点に立って，抜本的にものづくりのあり方を変えるという視点も前者の姿勢と矛盾するものの，必要となる。

いずれにせよ，改善活動の起点は，生産現場で働く従業員による提案である。具体的な改善活動とは，従業員が主体的に改善すべき点を発見し，他の従業員と問題共有し，さらに上司への承認を必要に応じて仰ぎつつ，継続的な改善を積み重ねる活動である。改善すべき点の発見の契機は，正常（状態）と異常（状態）との切り分けであり，そのうえで作業者同士が共通の認識を持ち，必要な情報共有を行い，さらに問題意識の共有を行うのである。

改善活動のための4つの原則（ECRS）

工学的な視点から作業や動作のムダを排除し，作業の密度を高める改善のための原則としてよく知られるのが，ECRSの4原則である。ECRSは，英語の「削除する（Eliminate）」，「統合する（Combine）」，「変更する（Rearrange）」，そして「単純化する（Simplify）」の頭文字をとっている。

第1の「削除する」とは，現状当たり前に行われている動作や作業を「なくす」という視点で見直す考え方である。たとえば，経済的価値を生み出さない作業や動作をなくすことで，その分浮いた労働時間を他の作業や動作のために使うことが可能となる。

第2の「統合する」とは，現状当たり前に行われている複数の動作や作業を「まとめて1つにする」という視点で見直す考え方である。たとえば，片付け作業と準備作業を1つに統合することで作業や動作を減らすことが可能となる。

第3の「変更する」とは，現状当たり前に行われている動作や作業の順序や配置を「変える」という視点で見直す考え方である。

たとえば，原材料の品質に問題があるために完成品の良品と不良品の選別や検品を行う必要があるのであれば，原材料の品質を向上すべく工場で原材料を受け入れた時点で検査すれば，生産過程の不良品を削減し，結果として完成品の検査作業を軽減することが可能となる。このように最終段階にあった既存の検査工程を工場受入という前工程に変更することで全体の生産性を改善することも可能となる。

第4の「単純化する」とは，現状当たり前に行われている複雑な動作や作業を「簡単にする」という視点で見直す考え方である。使う原材料の種類を削減することや，商品数の絞り込みはその一例である。

材料や人間の動作や作業にムダや無理が少ない生産現場は，安全で良好な職場環境を作るうえでも不可欠であり，そのようなより良い現場に変えていくことを，改善活動と呼ぶ。改善活動は「見える化」と呼ばれるような，解決すべき課題がそこで働く人にとっても見えやすくなる工夫が必要である。具体的な課題の見える化には，ものづくりの活動を概観できるように各工程の関係を書き出し，工程間の関係性を整理し，作業者による習熟が必要な反復工程とそもそも習熟が難しい非反復工程とを区別し，モノの流れとヒトの動線を単純化することが必要である。

改善活動を支える5つの思想（5S）

工学的視点からムダの排除を考える基本原則がECRSの4原則である。これに対して，ものづくりを支える人と製造設備を取り巻く工場内の製造環境を適切にコントロールする基本的な思想（考え方）を，それぞれの日本語の頭文字をとって5S（ごえす）と呼ぶ。5Sとは，

Seiri（整理），Seiton（整頓），Seiso（清掃），Seiketsu（清潔），そしてSitsuke（躾）である。ものづくりの現場は，ヒトとヒトや，ヒトと機械とが連携してものづくりに従事する職場である。したがって，機械のみがものづくりに従事する全自動化された現場は例外として，ヒトの感情や動機づけにも配慮する必要がある。

整理は文字通り必要なものと不要なものを区別するという原則であり，整頓とは置き場所・保管場所の明確化であり，清掃とはものづくりの現場からゴミや汚れを取り去ってきれいに保つという原則である。また，清潔とはその現場を清潔に保つという原則であり，躾とはルールを遵守し習慣化する原則である。日々の整理整頓は，ムダの発見と排除につながり，ムダの排除は保管スペースの削減やそれに伴う管理コストの低減にも寄与する。清掃や清潔であることは，作業者の安全だけではなく，商品の品質にも良い影響をもたらす。ルールの遵守や習慣化は，生産活動における多様な逸脱を防止し，品質や性能の安定性とともに，製品やサービスの信頼性にも寄与する。

一見すると精神論にも思えるような5つの原則は，当たり前を習慣化し，生産現場での従業員の健康や安全，そして商品の品質や機能の維持という点で決して小さくない影響をもたらす。「凡事徹底」という言葉があるように，当たり前のことを徹底的にやり抜くことこそ，ものづくり活動の基本である。

Book guide 文献案内

- 大野耐一（1978）『トヨタ生産方式：脱規模の経営をめざして』ダイヤモンド社。

  ✏ムダを省き，価値を創造する活動に注力することの重要性を教えてくれる一冊。トヨタ生産方式の考え方は，製造業のみならず非製造業にも応用可能であることを教えてくれる良書。

- 藤本隆宏（2001）『生産マネジメント入門Ⅰ：生産システム編』，『生産マネジメント入門Ⅱ：生産資源・技術管理編』ともに日経 BP マーケティング（日本経済新聞出版）。

  ✏想像を絶する厚さの本で，しかも上下巻という大部なものだが，価値を創り出すオペレーション（業務）活動を体系的に，しかも網羅的に教えてくれる良書。

- エリヤフ・ゴールドラット（2001）『ザ・ゴール：企業の究極の目的とは何か』（三本木亮訳）ダイヤモンド社。

  ✏制約理論（TOC: Theory of Constraints）を中心に，ボトルネックに注目する重要性を教えてくれる一冊。続編もあり。物語仕立てで書かれているので一気に読める。

Bibliography　参考文献

藤本隆宏（1997）『生産システムの進化論：トヨタ自動車にみる組織能力と創発プロセス』有斐閣。

藤本隆宏（2001）『生産マネジメント入門Ⅰ：生産システム編』日本経済新聞出版。

藤本隆宏（2001）『生産マネジメント入門Ⅱ：生産資源・技術管理編』日本経済新聞出版。

Garvin, D. A.（1988）*Managing Quality: The Strategic and Competitive Edge*, The Free Press.

Wheelwright, S. C., and Clark, K. B.（1992）*Revolutionizing Product Development: Quantum Leaps in Speed, Efficiency, and Quality*, Simon and Schuster.

商品を売る

第 3 章 Chapter

「写ルンです」
写真提供　富士フイルムホールディングス株式会社

Quiz クイズ

写真を専用紙にプリントする行為は，デジタル化の進展によって 2000 年代に大幅に減少するとも言われた。しかし，富士フイルムによって商品化されたインスタントカメラ「チェキ」や，同社のレンズ付きフィルム「写ルンです」は，スマホの普及にあわせて若者に人気を博している。スマホを持っているにもかかわらず，これらの商品を購入し，あえてプリントする理由は何か（複数回答可）。

a. 解像度が高い写真が撮れるため
b. 時代の流行のため
c. 利便性とは異なる価値があるため

Answer クイズの答え

b. 時代の流行のためと c. 利便性とは異なる価値があるため

デジタル技術の進展によって，アナログ技術やアナログ商品が陳腐化し，世の中から消えて無くなるのではなく，むしろその逆にアナログならではの懐古的な価値を顧客が認め，商品や事業が再活性化される可能性がある。レコードや古着，そしてビンテージ・スニーカーなどもその一例である。もちろん，時代の流行という側面もある。

出所：『日本経済新聞』。
https://www.nikkei.com/article/DGXZQOUC28BP00Y3A121C2000000/
https://www.nikkei.com/article/DGXZQOUC050MP0V00C23A8000000/

Chapter structure 本章の構成

「商品を売る」と題する本章では，マーケティング活動と呼ばれる，作った商品を宣伝することでその存在に気づいてもらい，価値が認められた商品を販売し，顧客の手元に届ける一連の活動について説明する。第１節ではどのように対象とする顧客を決定するかについて説明し，続く第２節ではマーケティングミックスとして知られる４つのＰについて説明する。４Ｐ（よんぴー）の組み合わせで，顧客への売り方や価値提供のあり方が決まる。第３節では商品ライフサイクルの考え方を紹介し，商品にも誕生から消滅までの人間と同じような寿命があり，それに応じて異なるマーケティング活動を実行することの重要性を確認する。そのうえで，第４節では，市場地位に応じた異なるマーケティング戦略について説明する。

1　対象とする顧客を決定する

多様な顧客から構成される市場

市場は同質的な顧客の集まりではない。言い換えれば，市場は多様なタイプの異なる顧客から構成されている。裕福な顧客もいるし，日々の暮らしに困っている顧客もいる。男性も女性も異なる顧客である。子供も大人もすべて異なる顧客である。本当は1人ひとりのニーズや要望，解決したい課題に合わせて商品を提供できればそれに越したことはない。しかし，世界に何十億もいる人それぞれに合わせた商品の提供を行うことは，理想ではあるが現実的には不可能である。

セグメントとセグメンテーション

そこで市場を可能な限り似たようなニーズや課題を抱える顧客に分け，その顧客ごとにマーケティング戦略を考えるのが，セグメンテーションという行為である。セグメンテーションとは，市場を複数の類似する性質で分ける行為であり，ここに分類される同質的な顧客グループをセグメントと呼ぶ。個々のセグメント内の顧客は相対的に同質的な集団であり，セグメント間では相対的に異質の嗜好やニーズ，そして課題を抱えた顧客グループとなる。そのうえで，どのセグメントを自社の対象顧客とするかを選択し，後述するマーケティングミックスを決定する。

セグメンテーション，対象顧客と市場の選択，マーケティングミックスの決定という一連の作業を通じて，特定顧客（あるいは複数の特定顧客グループの組み合わせ）から成る対象市場を決定し，顧客へのマーケティング戦略を決定するのが基本的なマーケティング戦略の策定手順である。

セグメンテーションの軸

どのように市場を細分化し，複数のセグメントに分割するかは，企業がどのように顧客の嗜好やニーズ，抱える課題を発見し，整理するかにかかっている。一般的な基準としては性別や年齢層，所得や居住地，配偶者や家族の有無などの家族構成，職業や趣味，ライフスタイルの志向性などがあげられる。

もっとも，そのような外形的な情報だけでは，顧客の嗜好やニーズ，そして解決したい課題は見えてこない。それゆえ，セグメンテーションに活用する一般的な情報だけではなく，企業独自の新規軸を新たに発見し，それを活用した顧客の分類が必要となる。

時として，日々目を通す新聞や雑誌，支持政党や思想信条，主たる関心事や余暇の過ごし方など，より個人的な情報を本人同意のもとで収集することが必要となる。近年は個人のウェブ閲覧履歴や検索履歴，あるいは移動履歴を活用することで，顧客の嗜好や関心事をより直接的に把握し，より精度の高い顧客像を構築する試みもなされている。

セグメント別に顧客対応を考える

そのうえで，セグメントごとに以下で述べる4つのPの組み合わせを考えることが必要となる。特定のセグメントに集中特化するのが，ニッチャー企業の戦略であり，すべてのセグメントへの対応を考えるのがリーダー企業の戦略である。すべてのセグメントに対応することをフルカバレッジと呼び，すべてのセグメントの顧客を念頭に置くため，商品ラインはすべて揃えるフルラインとなる。たとえば自動車メーカーの最大手であるトヨタは，小型車から大型車まで，あらゆる所得層に応じた自動車を商品ラインとして展開する商品のフルライン展開を行う企業である。

非顧客にも注目する

セグメンテーションを通じた対象顧客と対象市場の絞り込みは，基本非顧客を切り捨て，念頭に置く顧客にのみ注目する作業である。しかし，市場開拓の本質は，顧客でない人を新たに顧客にすることにある。したがって，顧客としては無視することとなっている非顧客の存在にも目を向け，彼らを新たな顧客として取り込む努力や挑戦も大切である。

2 マーケティングミックス（4Ps）を決定する

4Ps：マーケティングミックス

マーケティング戦略の基本は，類似の顧客ニーズを持つ顧客群を発見し，その顧客群に対して，自社の商品を購入するように企業が主体的に働きかけをすることにある。その働きかけの手段となるのが，商品（プロダクト：Product），価格（プライス：Price），広告宣伝・販売促進（プロモーション：Promotion），流通チャネル（プレイス：Place）である。

また，この4つのPの組み合わせを，マーケティングミックスと呼ぶ（4Ps（よんぴー））。効果的なマーケティングミックスとは，4つのPを競合他社よりも上手く組み合わせることで，顧客に自社商品の購入を促すことにある。

商品（プロダクト）

商品（プロダクト）は，一般的に本質的サービスと補助的サービスから構成される。本質的サービスとは，顧客が抱える課題を直接解決するサービスである。たとえば，自動車という商品は，ある地点から別の地点への移動を希望する顧客の課題を解決するもので，移動というサービスが本質的サービスになる。

本質的サービスはさらにいくつかの異なる側面から構成されている。効率的に移動したいのであれば自動車の速さが問題となるし，経済的に移動したいなら自動車の燃費が問題となる。あるいは安全性を重視する顧客であれば，安全な移動というサービスが本質的サービスとなるし，居住性にこだわる顧客であれば，心地よい移動サービスが本質的サービスとなる。顧客によってどのようなサービスの側面を重視したいかは異なるだろうし，そのような顧客の嗜好や優先順位に応じてプロダクトが提供するサービスの組み合わせが検討される必要がある。

補助的サービスとは，顧客に対して本質的サービスに付随する補助的便益を提供するサービスである。購入者の初期負担を軽減する分割販売やサブスクリプションサービス，購入後の品質保証や故障や盗難，紛失に対する保険サービス，配送サービスや付帯するおまけなどが補助的サービスに相当する。

このように整理すると，商品とは顧客の困りごとの解決やニーズを満たすためのサービスの束と考えることができる。どのような商品を顧客に提供するかを考える時，どのようなサービスを提供すべきかを考えることから出発することが大切である。

価格（プライス）

価格は大事な要素であるにもかかわらず，しばしばその重要性が軽視されがちな要素である。価格は商品の製造原価，商品の品質と耐久性，競合企業が設定する類似品の価格，そして顧客が代替品サービスに支払う価格によって決定する。

製造原価と利益の比率を一般にマークアップ（率）と呼び，収益性を重視するなら，より利益率（マークアップ）が高い価格設定を行う。逆により多くの不特定顧客へ訴求する場合は，販売量の増大を重視して低いマークアップ率の価格を設定する。市場の導入期にあえて低いマークアップ率で低価格を追求することで普及の後押しを狙う価格政策を浸透価格戦略という。

価格戦略は，品質や耐久性と不可分であることにも注意が必要である。低い品質で耐久性が低い商品は低価格，高い品質で高耐久商品は高価格設定が基本である。価格は，品質や耐久性についての顧客へのシグナルとしても機能する。低価格は時として粗悪品という印象を顧客に与える可能性もある。したがって，価格の設定は，企業の商品特性や品質に関する基本方針を顧客に伝える機会ともなる。

そのため，頻繁な価格変更は問題であり，顧客の信頼を失いかねない。また，価格を下げるのは容易であるが，一度下げた価格を再度上げることは容易ではない。

広告宣伝・販売促進（プロモーション）

広告宣伝・販売促進活動とは，自社の商品情報や価値を伝える活動であり，顧客に自社の商品を提案し，購入の意思決定に至るよう

コラム6　シグナリング理論

シグナリング理論とは，情報の経済学で取り扱われる代表的理論のひとつである。商品の売り手が買い手に比べて，商品に関するより多くの情報を有する情報の非対称性が存在する場合，商品の買い手はそもそも観察できない商品の属性や品質を事前に知ることができないため，買い手自身が観察できるモノやコトから商品の属性や品質に関する情報を代替せざるを得ない。それが市場シグナルであり，意図的もしくは意図せざる形で，他人の印象を変えたり，取引相手に情報を伝える個人の属性または行動と定義される。

たとえば，企業の新卒採用担当者は，応募者である学生の真の能力や生産性，そして意欲を事前に知りたいが決して知り得ない。採用担当者が，筆記テストや面接といった選抜の前に学歴によるスクリーニングを行うのは，学歴が本来知り得ない学生の能力や生産性，そして意欲を知る効率的な情報として利用可能である，という前提に基づいている。もっとも学歴が適切な市場シグナルとなっているかについては意見の分かれる点であり，最近学歴スクリーニングを行わない企業も増えつつある。

また，マーケティング活動においても，広告宣伝活動は自ら売りたい商品に関わる私的情報（訴求したいものの，伝えにくい便利さや性能，そして属性など）を顧客に伝えるためのシグナリング行動と言えるだろう。

Column 6

に説得する活動である。

広告宣伝に使用されるメディアには，旧来の新聞や雑誌，ラジオやテレビなどのほかに，新たに普及したインターネットがある。

店舗や公共の場での期間限定の宣伝イベントも，広告宣伝のひとつの方法である。どの地域のどの場所に出店するかも，広告宣伝の効果を考えるうえで重要な要素である。また，動植物や架空のキャラクター，もしくは有名人を広告塔として活用することも，商品の魅力や親しみやすさ，信頼や良い評判を獲得するうえで重要な要素である。インターネット上の専門家のレビューの影響も見逃せない。

インターネットによる広告宣伝はますます拡大し，顧客同士の口コミやインターネット上の評判情報が売上げを左右することも増えている。もっとも，販売員を使った対面販売も，とくに高額商品や説明が必要な商品の販売促進には有力な方法のひとつである。

加えて，景品やおまけを使って販売促進することも古典的な販売手法のひとつである。使ってみないとわからない商品であれば，試供品の配布や無料の試用期間を設定するのも有効な方法のひとつである。期間限定で割引価格を設定するのも，購入に逡巡する顧客の背中を押してあげるという意味で有効な方法である。

流通チャネル（プレイス）

流通チャネルとは，商品の作り手である企業から最終顧客の手に届くまでの一連の経路と定義される。一連の経路の中でも商取引に注目した流れを商流と呼び，物理的なモノの流れを物流と呼ぶ。

一般的に商品は作り手である企業から卸売業者と小売業者を経て，顧客の手に届く。卸売業者は問屋とも呼ばれ，作り手企業と小売店の間で在庫管理や商品情報，販売動向の集約を行う。卸売業者は，数多くの小売店を束ねる機能を担っている。卸売業者や小売業者を使わず直接顧客に商品を提供することを直販という。

自社の流通チャネルを構築する際，開放型チャネルを採用するのか，それとも閉鎖型チャネルを採用するのか，企業は意思決定する必要がある。開放型チャネル戦略とは，細かい販売条件を個々の業者に課することなく，より多くの卸売業者と小売業者にモノを流す戦略である。これに対して，閉鎖型チャネル戦略とは，より限定的な卸売業者と小売業者にのみ自社商品を取り扱うことを認める戦略である。卸売業者と小売業者に詳細な販売条件を課す場合もある。

大量の商品を全国津々浦々の人々に買ってもらうのであれば，開放型チャネル戦略を採用する必要がある。他方で，価格の維持や転売防止，品質やブランドの維持に重きを置くのであれば，閉鎖型チャネル戦略を採用すべきである。価格の安い日用品は開放型チャネル戦略を採用しているのに対して，高級品の多くは閉鎖型チャネル戦略を採用する傾向がある。

3 商品のライフサイクルを考慮する

商品のライフサイクル

人間の一生に，誕生から青年期や壮年期を経て老年期に至る一連の段階があるように，商品や産業にも誕生から消滅に至る一連の段階がある。一般的に，複数の段階から成る一連の推移を商品のライフサイクルと呼ぶ。商品のライフサイクルは，導入期，成長期，成熟期，衰退期という異なる特徴を持つ各段階から構成される。

多くの商品や産業は導入期から出発し，成長期と成熟期を経て衰退期に至る。しかし，時として寿命が短い商品や産業の場合は，導入期の後にそのまま大きな成長を実現することなく衰退期に至る場合もある。各段階の特徴は，売上高や利益，主たる顧客や競合企業との競争においてそれぞれ異なる特徴を持つ（図 3-1 参照)。

導 入 期

導入期とは市場の黎明期であり，商品の将来性や成長可能性はそ

図 3-1 商品のライフサイクル

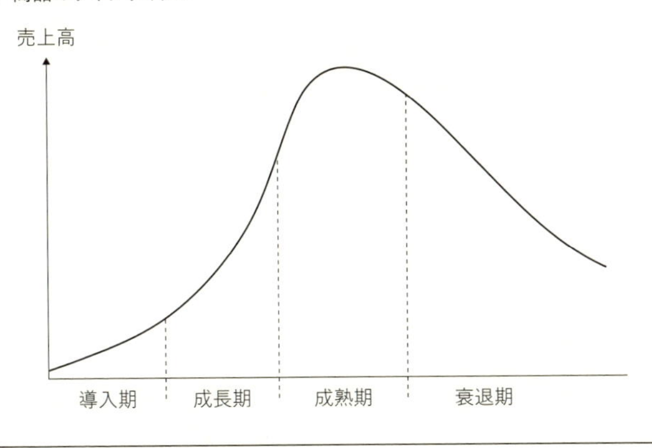

の時点で不確実な段階である。そのような状況で，新たに世の中に誕生した新商品を進んで購入する顧客は，革新的採用者と呼ばれる顧客である。イノベーターやマニアとも呼ばれるこの顧客は，自身の課題を解決することを最優先にして商品を購入する顧客であり，自ら進んで新しい商品を探索し，その可能性を評価する顧客である。導入期にはそのような高い不確実性ゆえに，比較的少数の競合企業が市場で競争するものの，限られた顧客を奪い合う段階であるため，売上高も利益の大きさも限定的である。

この段階におけるマーケティング戦略として検討しなければならないのは，①商品の認知，②正当性の確立，そして③市場拡大に向けた競合企業間の協力である。新しい商品は，顧客によってそもそもその存在も知られていないことが多い。その結果，顧客はその存在を認知しないから買わない，購入しないから市場は拡大しないという課題に直面することとなる。また，新しい商品は，その機能的有用性や社会的有用性に関して十分な信頼を確立できていないことが多い。食洗機はかつて高額所得者や海外経験者のみが必要とする商品であったが，現在では一般的な共働きの家庭において需要の高い家電のひとつとなりつつある。社会のニーズが変化することで，食洗機の正当性が確立したのである。市場の導入期には，新しい商品の正当性を確立する努力がしばしば必要とされるのである。

競合企業間の協力とは，イノベーターやマニアに限定しない多様な顧客に対する新商品の存在の認知と，社会的需要を促す競合企業間の協調行動である。業界での共通ルールの設定や安全基準の設定がそれに当たる。近年登場しつつあるライドシェアサービスや電動スクーターのような新形態の移動手段に関するサービスの成長のために，そのサービスの有用性だけでなく，社会で正当なものとして受容されるように競合企業が互いに協力する必要もあるのはその一例である。

成長期

成長期とは文字通り市場が大きく成長する段階であり，商品の将来性や成長可能性に関して一定の見通しが明らかとなった段階である。そのような市場拡大を牽引するのが，初期採用者と呼ばれる顧客である。初期採用者には，オピニオンリーダーと呼ばれる大衆の意見や考え方に影響を及ぼす人々や，大衆の中でも新し物好きの人々が含まれる。

革新的採用者は社会性に関して必ずしも周囲の人々に影響を与えない人々であるのに対して，初期採用者は周囲の人々に大きな影響を与える人々である。初期採用者は革新的採用者と違って，商品が提供する機能だけではなく，価格や販売方法，付随サービスなど商品の多様な側面を考慮に入れて購入の意思決定を下す人々である。

商品の将来的な見通しが明らかになるにつれて，さまざまな競合企業が参入し，多様な顧客のニーズに応えるべく商品が市場に投入され，結果として売上高も利益も増加する段階となる。市場が拡大するのに伴い，商品の基本機能のみならず，品質や価格，販売や補助的サービスなど多様な側面で，競合企業間の競争が起きる段階となる。市場拡大が急速に進む段階となるため，その急速な変化に即した生産体制や販売体制を確立していくことが不可欠となる。また，自社商品を愛好する顧客，継続して購入してくれる忠誠心の高い顧客を獲得することが売上げの安定性のために必要となる。

成熟期

成熟期とは，急速な市場拡大が一段落つき，商品の将来性や成長可能性の限界が明らかとなった段階である。市場全体での総売上の伸びが徐々に減少していく段階であり，成熟期の後期にかけて競合企業の中でも撤退する企業が出現し，結果として競合企業数が低下していく段階である。このような段階で主たる顧客となるのが，革新的採用者，初期採用者に続く，追従型採用者と呼ばれる顧客である。追従型採用者とは，いわゆる大衆と呼ばれる，強いニーズや強い好みを必ずしも有しない平均的な顧客であり，成熟期とはそのような顧客が主たる顧客として商品を購入する段階である。

成熟期と成長期との決定的な違いは，市場というパイの大きさが伸び悩む段階であるため，競合企業間で顧客の取り合いが起きるという点である。成長期は市場の伸びによって自社の少々の戦略のミスや失敗がカバー可能な段階であるのに対して，成熟期は自社のミスや失敗が致命的な売上低下や顧客喪失につながる段階である。

そのため，既存の顧客を維持しながら，他社の顧客も自社の顧客とするようなマーケティング施策が必要となる。長年自社商品を購入してくれるロイヤルティの高い顧客を優遇したり，それとは逆に他社商品を購入する顧客に乗り換えを促したりする金銭的インセンティブや付帯サービスを提供するのが，具体的施策の一例である。

衰退期

衰退期とは，商品の将来性や成長可能性を見出せず，産業全体での売上高が低迷するもしくは低下することで，徐々により限られた数の競合企業さえ事業を継続することが難しくなる段階である。このような衰退は，顧客が当該商品の必要性を見出せなくなったことによって起こる。その原因は，ひとつは顧客のニーズの変化であり，もうひとつはそのようなニーズが存在するものの，それを満たす代替品が社会に登場することによる。

このような市場が衰退しつつある段階で企業が採用すべき戦略は，①撤退する，②消極的な存続を目指す，あるいは③脱成熟化を目指した市場再拡大を追求する，のいずれかである。第1の撤退を念頭に置く場合は，いずれかのタイミングで新規の研究開発活動やマーケティング活動を抑制し，可能な限り追加的な出費を抑える努力が必要となる。第2の消極的な存続とは，撤退戦略と同様に追加投資を抑制しながら，競合他社の撤退を待つという戦略である。競合他社が先んじて撤退することによってその業界に残った企業が享受する利益を残存者利益と呼ぶ。第2の戦略を採用する企業は，この残存者利益の獲得を見込んでいる。

もっとも競合企業同士の我慢比べによって業界のすべての競合企業が共倒れとなる場合もある。第3の戦略は，既存商品の社会や顧客における位置づけを変えることによって，既存事業を再定義することで，成熟化を乗り越える戦略である。

事業の再定義と脱成熟化

すべての人間に寿命があるように，どのような商品や産業にも寿命がある。しかし，人間にも限られた範囲で若返りが可能となるように，企業もまた脱成熟化を通じて，事業を若返らせる余地が残されている。

かつて写真撮影は，銀塩フィルムメーカーやカメラメーカー，そして現像を行うラボや写真店によって支えられていたが，銀塩フィルムはこの世からほとんど消え，デジタルカメラメーカーや撮影機能を有するスマホ商品に取って代わられている。日本酒やビールなどのアルコール産業も，日本国内の人口減少に伴う消費量の長期低下傾向ゆえに，成熟化している。

このように商品や産業が成熟期もしくは衰退期を迎えると，事業自体の見直しや再定義が必要となる。具体的には，これまでと違った形で，どのような顧客に，どのような機能を，どのような技術とどのような販売方法をもって提供するかについて再検討し，新しい可能性を模索することが必要となる。

その可能性は，①顧客を変える，②機能を変える，③技術を変える，そして④販売方法を変える，である。第1の顧客を変える方法として，国内の市場を想定するのではなく海外に目を向けるのも一案であるし，これまで念頭に置いていなかった年齢層にアプローチするのも一案である。第2の機能を変える方法として，顧客が抱える異なる問題の解決に役立つ機能を提供するのも一案である。商品や事業を支える基盤技術を大きく転換するのが，第3の技術を変える方法の一例である。第4の販売方法を変える方法として，

ケース　富士フイルム

富士フイルムは，商品や事業の中核となる基盤技術を進化させることで環境変化を乗り越えてきた企業である。同社はかつて社名を富士写真フイルムとし，その基盤技術は銀塩フィルムで培った化学的知見を基礎とした塗布技術や画像形成技術であった。その後，銀塩フィルムの需要が減少するのに伴い，当時主力であった同事業を維持することが 2000 年代初頭にはすでに困難となっていた。同社は，銀塩フィルムで培った既存の画像形成技術をデジタル領域で新たに展開するイメージング事業のほかに，化学的知見を基礎とした高機能材料事業を展開，さらに積極的な企業・事業買収を通じてヘルスケア事業と事業を多角化し，独自技術を進化させることで持続的な成長を実現してきた。ドイツや米国の銀塩事業を生業としていたかつての競合企業がすでにこの世に存在していないことを踏まえれば，同社の持続的な成長は特筆すべきものである。

実店舗をすべて閉じ，インターネットによる販売に転換するのも一案である。

4　ブランド構築を通じて顧客に魅力を伝える

ブランドとは何か

ブランドとは，自社と競合企業が提供する商品の相違や，競合に対する相対的な優位性を顧客に識別してもらうことを目的とした名称や言葉，シンボルやデザイン，もしくはそれらの組み合わせを通じて顧客に対して構築する①約束，②信頼，③期待である。個別の商品（レベル）のブランドをプロダクト・ブランド，提供主体である企業全体のブランドをコーポレート・ブランドと呼ぶ。

ブランドという言葉からわれわれは高級ブランド品を想起しがちであるが，あらゆる価格帯のどの商品においても，顧客に愛好・信頼されるブランドを構築することが可能である。「この業界でいえばあそこの商品」と言われるものがあれば，その商品は何らかのブランドが成立していることになる。読者の中にはペプシ派もいるだろうが，コーラといえばたいていコカ・コーラを想起するのはその一例である。長い間愛好されるロングセラー商品が存在するのもまた，顧客に継続的に購入してもらうブランドが構築されているからにほかならない。

ブランドを構築し確立することで，顧客の信頼や期待に応えることとなるため，ブランドは企業の資産であり，競争力の源泉のひとつとなる。

ブランドがもたらす機能

ブランドがもたらす機能は，大別して3つある。それは，①識別機能，②保証機能，③想起機能である。

第1の識別機能とは，商品に固有のブランドの顧客への表示や提示あるいは伝達を通じて，顧客に同じカテゴリーの他社商品との違いを識別してもらう機能である。たとえば，農産物の産地表記は，そのひとつである。国内産か海外産か，顧客が購買決定をするうえでひとつの有用な違いを示唆する情報として機能する。外観的には識別が難しく，価格競争に巻き込まれやすい商品を販売するうえで，そのブランドの持つ識別機能はとくに重要である。

第2の保証機能とは，商品の機能や品質の高さや安定性を，商品に固有のブランドの表示や提示を通じて顧客に保証する機能である。もっとも，実質的な機能や品質を伴わないブランドは，長期的

コラム7　コンセプトを売る

ブランドの想起機能としてあげられる事例のひとつが，「翼を授ける」というキャッチフレーズで有名なレッドブルである。同社は，エナジードリンクの販売促進を目的に，世界各地で様々なエクストリームスポーツイベントを開催することで，挑戦者を支援するというイメージを顧客に想起させている。同社のエナジードリンクを飲むことで，すべての不可能が可能になるわけではないが，少なくとも極限の挑戦者と自身を重ね合わせることが消費を促すことに寄与している。

Column 7

には顧客を裏切ることとなるため，高品質や高機能を謳うブランドの構築には，前章で議論したように高機能や品質を維持する持続的な生産体制の確立が必要となる。

第3の想起機能とは，ブランドを通じて顧客が商品そのもの，もしくはその提供者へ抱く感情やイメージ，知識や経験を想起させる機能である。ブランドとして想起されるものには，商品が属する商品カテゴリー，商品の機能や品質，生産者や生産地，典型的な使用者，関連する世界観や哲学があげられる。

ブランドの構成要素

新たにブランドを構築するには，他社の商品との識別を容易にし，機能や品質の優位性を保証し，顧客に自社商品を想起させやすくしなければならない。それを具体化するのは，名前（ネーム），色彩（カラー），マークやロゴ，パッケージ，BGM・サウンド（ジングル），キャラクター，そしてそれらの組み合わせによるスタイルや世界観，そして物語である。

名前とは，文字通り企業名や商品名である。創業者の名前を企業名に冠するのは，創業者の理念を企業名としてブランド化する一例でもある。商品の特徴を伝える色彩もブランドの一要素である。吉野家のオレンジ色，ファナックの黄色もその一例である。

マークや企業ロゴとして有名なもののひとつに，ナイキの「スウォッシュ」があげられるだろう。スニーカーに同社のマークを見つければ，多くの顧客は同社の商品だと容易に認識することができる。Apple 社のリンゴマークも，企業ロゴの一例である。高級品の包装箱や紙袋もブランドの一要素である。あるいは，マスメディア向けの広告や，店舗で流れる独自の BGM やオリジナルソングもまたブランドの一要素である。時として実在の人物や動植物，架空のキャラクターもブランドの一要素となりうる。

さらにこれらの要素を組み合わせることで，企業が実現したい世界観や大切にしたい哲学を体現するスローガンやそれに付随する物語を顧客に伝達し，ブランドを構築する企業もある。

ブランドがもたらす効果

顧客に認知されるブランドを構築できれば，競合他社との商品の単なる違いだけではなく，独自性や優位性を訴求し，顧客にその価値を認めてもらうことができる。一般的にブランドがもたらす効果は，①価値プレミアム効果と，②ロイヤルティ効果とに大別することができる。

価値プレミアム効果とは，競合他社と同等の商品をより高価格で買ってもらえる（企業側から見れば販売できる）効果である。また，ロイヤルティ効果とは，顧客の商品への忠誠度や信頼性の高さゆえに，繰り返して買ってもらえる（企業側から見れば販売できる）効果である。これらはいわば商品の売上数量や金額に直接影響を及ぼす直接効果である。

ブランドがもたらす効果はそれだけではない。間接効果と呼ぶべき効果もある。たとえば，優れた商品のブランドが確立できれば，商品に必要な原材料の供給業者や流通業者に対してより高い交渉力をその企業にもたらすのは，そのような間接効果のひとつである。高い交渉力はより低い価格での調達や，より高い価格での販売価格の実現を可能とし，それが収益性の改善に寄与する。人材採用という点でもたらされる効果もそのひとつである。顧客に認知されるブランドを構築できれば，人材採用は容易となり，より優秀な人材が確保可能となる。

もっとも，このようなブランドがもたらすプラスの効果も，ブランドの維持に関するたゆまぬ努力がなければ継続的に維持できない。ブランドは一朝一夕に確立できるものでもなく，地道な4P活動との組み合わせで構築されるべきである。ブランドは創るのに時間とおカネを必要とするが，一夜にして壊れるものでもある。だからこそ，ブランドは顧客への約束でもあり，顧客による信頼でもある。両者を上手く管理するのがブランド・マネジメントである。

Book guide　文献案内

- 沼上幹（2023）『わかりやすいマーケティング戦略（第3版）』有斐閣。
  - 身近な事例を踏まえた，名前の通りわかりやすさを追求したマーケティング初学者向けの一冊。基本的な考え方を学ぶ好著。

- 石井淳蔵・嶋口充輝・栗木契・余田拓郎（2013）『ゼミナール　マーケティング入門（第2版）』日経BP日本経済新聞出版社。
  - 日本語で書かれたマーケティングの基本を最も包括的に議論した一

冊。読者の関心に合わせて章ごとに読むのも一案。

- エリック・フォン・ヒッペル（2006）『民主化するイノベーションの時代：メーカー主導からの脱皮』（サイコム・インターナショナル監訳）ファーストプレス。

  ✏顧客は企業が提案する製品やサービスを単に受容し消費する存在ではない。むしろ，顧客はイノベーションの担い手でもあることを教えてくれる。顧客同士がつながり，互いにやりとりする場としての顧客コミュニティが果たす役割を考えるうえでも参考になる一冊。

Bibliography 参考文献

Abell, D. F. (1980) *Defining the Business: The Starting Point of Strategic Planning*, Prentice Hall.

Christensen, C. M., Hall, T., Dillon, K., and Duncan, D.S. (2016) *Competing Against Luck: The Story of Innovation and Customer Choice*, Haper Business. (依田光江訳『ジョブ理論：イノベーションを予測可能にする消費のメカニズム』ハーパーコリンズ・ジャパン，2017).

石井淳蔵・嶋口充輝・栗木契・余田拓郎（2013）『ゼミナール マーケティング入門 第2版』日本経済新聞出版社。

Kotler, P., Armstrong, G., Harris, L., and He, H. (2019) *Principles of Marketing*, 8th European Edition, Pearson Education Limited.

成長を実現する

第 **4** 章 Chapter

提供　iStock/Teamjackson

Quiz クイズ

インターネット通販サイト「Amazon.co.jp」や配送サービス「フルフィルメント・バイ・アマゾン（FBA）」，クラウド・コンピューティング・サービス「アマゾン・ウェブ・サービス（AWS）」などのビジネスを手掛けるアメリカのアマゾン・ドット・コムの創業時のビジネスは何か。

a. 書籍の販売
b. IT サービスの提供
c. 倉庫保管サービスの提供

Answer クイズの答え

a. 書籍の販売

Amazon.com は，1994 年に書籍のインターネット販売を開始した。書籍をインターネット経由で販売するために必要な注文処理や物流のシステムを構築し，それらのシステムを活かして CD や玩具，日用品などさまざまな商品を販売することで，世界最大のインターネット通販サイト運営企業へと成長した。また，2006 年には，そうした社内で構築・利用してきたシステム自体を FBA や AWS といったサービスとして外販し始め，祖業である書籍の販売にとどまらない成長を続けている。

Chapter structure 本章の構成

「成長を実現する」と題する本章では，第 1 節で企業成長の基本論理を説明し，続く第 2 節では成長の源泉となる 6 つの異なる経済性について説明する。成長の源泉は，経済性と呼ばれる節約に起因している。さらに第 3 節では，時間経過に伴う 6 つの経済性の実現を通じて，どのように企業内で節約が可能となり，結果として企業成長を実現するかについて一連の過程を解説する。

どのような企業も，成長過程で，6 つの経済性のいづれか，あるいはその組みあわせを通じて企業成長を実現する。

1　企業成長の論理

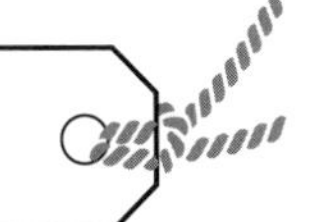

企業の成長

企業の成長とは，経済主体としての企業が，時間経過に伴って質的に変化して，結果的に「大きくなる」現象である。大きくなるとは，社会のより多くの広範な顧客にかけがえのない存在として認められることである。企業が結果として大きくなる背景には，多くの場合，次のようなことが起きている。①今まで顧客ではなかった人が新たに顧客になる，②これまでも顧客であった人がその企業の商品をより多く，もしくはより頻繁に使うようになる，もしくは，③顧客がその企業の商品に対してより多くの経済的対価を支払う。

そのような企業の成長は，一般的には企業の売上高の拡大として捉えることができる。あるいは，企業の成長は，事業拡大に使う資産や従業員の拡大としても捉えることができる。もっとも，企業の成長は，単なる量的拡大のみを指すだけではないことに注意を払う必要がある。企業の成長は，質的な向上を伴うものである。質的な向上とは，技術力の向上や販売力の向上，あるいはマーケティング能力の向上などがその例である。競合企業と比較して企業の能力がより向上しなければ，顧客から見てかけがえのない存在にならないという意味で，質的な向上が伴わなければ，売上げや利益の量的な拡大は見込めない。

企業の効率性

企業の効率性は，第２章で述べたものづくり活動における生産性と同じ概念である。企業の効率性とは，企業の生産性と言い換えても良い。自動車の性能や効率性が燃費で測られ，より燃費のよい自動車がより高い性能・効率性を実現する自動車として世の中で求められるように，効率性（生産性）が高い企業は世の中からかけがえのない存在として必要とされるものである。他社では作ることができないような独自性のある製品やサービスを提供することも，企業の効率性の高さゆえに可能になる。また，他社が真似できないような高品質かつ低コストの生産ができるのも，その企業が高い効率性を実現できるからである。

企業の効率性は，インプットとなる原材料をアウトプットとしての製品・サービスに変換する比率と定義される。その変換の裏づけとなるのが技術力である。他社にはない独自の技術をもって原材料を変換する技術的変換能力が，その企業の効率性である。したがって，企業の効率性の高さとは，技術的変換能力の高さと言い換えることができる。

企業の効率性を決定する技術的変換能力の高さは，2つの効率性から構成されている。そのひとつがコスト効率であり，もうひとつは価値創造効率である。

前者のコスト効率（性）とは，より少ないインプットでより多くのアウトプットを生み出せる技術的変換能力である。他社と比較してエネルギーを使わない製品やサービスを提供できる企業は，コスト効率で優れた企業である。燃費の高い自動車を生産できる自動車メーカーは日本企業に多いが，それらの企業もまたコスト効率で優れた企業であるといえる。

後者の価値創造効率（性）とは，同じインプットでより社会からその価値を認められ，結果としてより多くの経済的対価を支払ってもらえるような製品・サービスを提供できる技術的変換能力である。日本の製鉄メーカーはその一例である。自動車のボデーなど外装部品に一般的に使われる高張力鋼板の製造は，日本の製鉄企業がその先頭を走ってきた。同じ鉄鋼を使っても，そのような価値のある高張力鋼板を作れる企業は限られている。同じことは，労働力としての人材にも当てはまる。誰でも採用できる平均的な従業員を雇ったとして，その人たちが提供できる製品やサービスが非常に優れて高付加価値のものであれば価値創造効率という点でのその企業の効率性，あるいは技術的変換能力は高いと言えるだろう。

成長と効率性の良循環

企業の成長の源泉は，効率性が向上することにある。そしてその効率性向上の源泉となるものが，節約（economy もしくは economies）である。節約とは，あるモノがあった時と比べて，そのモノがなくても同じコトが出来るようになる状態である。ある経営資源がなくても，同じコトができればその資源は節約されたことになる。一般的に経済学や経営学では，そのような経営資源の節約が起きる状態を「経済性」と呼ぶ。以下で述べるように，経済性のひとつである規模の経済性とは，規模が拡大することに伴い，経営資源の節約が起きる状態を指す。

このような経営資源の節約は，企業成長の源泉となる。なぜなら，もともと必要であった経営資源が節約の結果不要になるため，節約した分だけ競合他社に比べて相対的に有利な立場に立つことが可能となるからである。もっとも，他社も同じような水準で効率性を達成するなら，そこに企業間で競争上の相違は生まれないため，それだけではその効率性の高さは競争優位の源泉とはなり得ない。競合他社と比較して相対的により大きな効率性（経済性と呼ぶ経営資源の節約）を生み出した時のみ，それがその企業にとっての競争優位の源泉となり，しかもそれが企業の成長に寄与することとなる。

良循環が持続的競争優位の源泉

そのように考えると，個々の企業は他社に比べてより高い効率性の実現を目指して互いに切磋琢磨して競争している，と捉えることができる。高い効率性は企業の成長に寄与するが，もっとも，それだけではない。企業成長は，売上高や利益の増大をもたらす。それを原資として更なる効率性向上のために利用することで，それが更なる効率性向上に寄与し，またさらなる企業成長の源泉となる。

業界や企業の違いを超えて，持続的に成長する企業に共通した特徴として，このような良循環が多く観察される。それは効率性が企業成長に寄与し，さらなる効率性向上がよりいっそうの企業成長に寄与するという関係である。このように，持続的な効率性向上に企業が投資を行うことで，持続的な企業成長の源を作り出すことができる。

それとは逆に，企業の成長が滞る，あるいは企業が衰退する背景も，まったく同じように理解することができる。それは効率性の低迷が，企業成長の低迷につながり，それを打開するような効率性向上のための投資が十分になされず，それがさらなる効率性低迷の原因となる，という悪循環である。

企業成長を大きく牽引する駆動力を生み出していけるかどうかは，そのような効率性と成長という2つの影響関係の間に，いかにうまく良循環を作り出すかにかかっている。

図 4-1　企業における 6 つの経済性と成長の関係

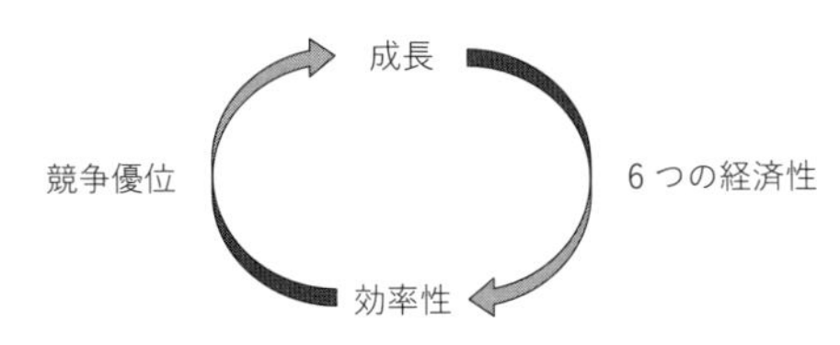

企業成長の鍵となる 6 つの経済性

企業が実現する経済性は，以下のように大別して 6 つある。

(1)　規模の経済性：規模の拡大に伴い実現する経済性

(2)　深さの経済性：知識の深度の向上に伴い実現する経済性

(3)　範囲の経済性：複数の製品（事業）を展開することで実現される経済性

(4)　組織の経済性：事業活動を内部化することで実現される経済性

(5)　密度の経済性：空間的な近接性が高まることで実現される経済性

(6)　ネットワークの経済性：同じ商品を使う人の増加に伴い実現される経済性

2　経済性を実現する

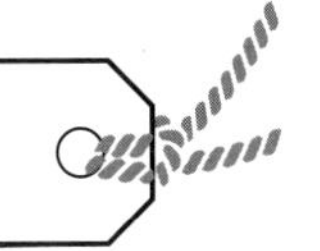

規模の経済性

規模の経済性とは，ひとつの製品の生産・販売を拡大することで，生産・販売に関わる費用が減少する経済性（節約）である。このような単位当たりの生産費用・販売費用の減少は，大きな生産設備を抱える必要がある設備投資集約的な業界や，多額の研究開発費を必要とするような業界において，実現できる余地がある。また，多額のマーケティング費用を必要とする業界においても，規模の経済性を実現できる余地がある。

このような規模の経済性が実現する第1の理由は，生産量や販売量にかかわらず大きな固定費用が発生することに起因している。それは，固定費の配賦（拡散）効果と呼ぶべきものである。たとえば，製品1個作る場合も，製品100個作る場合でも同じように100万円する生産設備を必要とするのであれば，製品を1個作る場合には1個100万円であるが，製品を100個作れば単位あたりの生産費用は1万円となり，100分の1に減少する。

第2の理由は，分業と分業を通じた専門化の利益である。生産規模や販売規模が大きくなれば，さまざまな単位で分業が可能となり専門化を推し進めることが可能となる。それによって，より効率的な技術力の活用が可能となる。たとえば，日本の自動車メーカーは，自動車生産に必要なさまざまな部品をすべて一から自社で生産しているわけではない。多様な部品は多くの場合，サプライヤーと呼ばれる部品メーカーに生産してもらって，自社は完成車を組み立てる業務に特化している。各社が専門特化することにより，より大きな生産規模を実現することができ，そうすることで特定の業務に関連する技術を効果的に活用することが可能となる。第1の理由が固定費の製品間での共通配賦だとすれば，第2の理由は，特定技術の製品間での共通配賦である。

第3の理由は，生産規模が大きくなるにつれて可能となる大量生産技術の利用可能性が高まる，という理由である。たとえば，自動化された生産設備はその一例である。自動化設備を導入すると，それにより時間当たりの生産量は人手を介した場合と比較して飛躍的に向上し，生産費の共通配賦効果によって結果的に単位時間当たりの生産コストは低下する。この3つめの理由は，単位時間当たりの生産量を増加することによって生まれるので，速度の経済性と呼ばれることもある。

深さの経済性

深さの経済性とは，以前に比べて知識が深化することによって実現される経済性である。経験効果と呼ばれる累積生産量が倍増するにつれて，一定比率で単位コストが減少する効果も，深さの経済性のひとつである。累積生産量が増加する背後では，既存の知識が深化しそれが生産コストの減少の原因となる。既存の知識が深化するのは，繰り返し作業によって人間が学習し新たなコスト削減の方法や工夫を発見するからである。同一の生産規模であったとしても，経験量の違いから生まれる知識の深さの違いによって，コスト水準に違いが生じる。このような知識の深化によってコストが減少する主たる理由として次の4点があげられる。

第1の理由は，労働者の能率向上である。労働者は特定作業を繰り返すことで習熟が進み，単位時間当たりの生産量や販売量は増加する。第2の理由は，作業の専門化と方法の改善である。経験の蓄積を通じて分業のあり方が見直され，特定作業の専門化も進展する。第3の理由は，生産設備の稼働率の向上である。生産設備の稼働率は導入当初は低いものの，設備利用を通じて向上する。労働者としての人間自身が学習するのが第1の理由であるのに対して，第3の理由は人が生産設備の使い方を習熟することで実現される。第4の理由は，経験の蓄積に伴う異なる資源の組み合わせの変更である。経験の蓄積に伴い，既存の原材料と異なる原材料を利用する方法を発見したり，あるいは既存の原材料の組み合わせ割合を変えることで，より安価に生産できるようになるのはその一例である。

深さの経済性の本質は，労働者としての人間が生産・販売活動を継続し，同じ作業を繰り返して行うことで経験を蓄積し，学習を通じてより良い方法を見つけたり工夫を施したりすることにある。

範囲の経済性

範囲の経済性とは，2つ以上の製品・サービス（あるいは事業という単位）を別々の企業がそれぞれ独立に製造・販売（事業展開）するよりも，同一企業内で手掛けることによって実現される経済性である。このような経済性が生まれる第1の理由が，物理的な経営資産の共通利用（共有）である。ある製品Aと別の製品Bは，同じ生産設備や同じ販売網を利用して顧客に販売されるのであれば，別々の企業や事業が独立して設備や販売網を別々に保有するよりも，それらの異なる企業間や事業間で一緒にして共有した方が節約が図れる。

第2の理由は，物理的な副産物の発生である。ひとつの原材料から目的の製品だけではなく，その製品の生産過程で偶然派生し，それまで商品として生産・販売してこなかった製品を自社の事業活動に取り込むことで，収益化できなかった副産物を有効活用することができる。その一例が石油化学プラントである。石油精製の過程で必然的に生まれる有機化合物やガス，そして熱を回収して商品として取り込むことで，新たな製品・サービスの生産・販売活動に進出し，結果的に複数の製品サービスを展開することができる。

第３の理由が，無形資産の共通利用（共有）である。物理的資産の共通利用には物理的な制約ゆえに，その利用には限りがある。これに対して，無形資産にはその利用に限りがない。利用に関する競合が起きないためである。そのような無形資産には，技術に代表される知識や情報が該当する。ブランドのように顧客がその企業に持つ信頼や信用もまた，利用に関する競合が起きないため，無限にそれを活用することができる。

同一の技術やブランドを使って複数の異なる製品を生産・販売することはその一例である。たとえば，複写機を展開する企業が多くの場合プリンターも製造・販売しているのは，基本技術が同一であるだけでなく，販路や顧客も類似しているからである。

物理的資産の共有による節約効果は相補的であるのに対して，無形資産の共有による節約効果は相乗的であるのも，利用に関する競合が起きず，使い減りが起きないためである。企業が持続的な成長を目指していくためには，他社が模倣しにくい，模倣できたとしてもその模倣に時間がかかるような無形資産を社内で創り出していくことが必要となる。このような無形資産の多重利用は，有形資産の共有による節約に比べて，企業の持続的成長に寄与しやすい。

組織の経済性

組織の経済性とは，相互につながり合った２つ以上の工程を内部化することによって，それらの工程を複数の異なる組織（企業）で分けた場合よりも，単位当たりの費用が低下する経済性である。範囲の経済性が，異なる製品（事業）間で発生する経済性であるのに対して，組織の経済性とは，同一の製品（事業）を構成する上流工程と下流工程との間で発生する経済性である。ものづくりの原材料に近い上流工程と販売に近い下流工程とを別々の企業が担うのではなく，同一企業が担うことで生まれる経済性である。市場取引で行われていた活動を自社の活動として内製する（自分でやる，自分で作る）ことを，内製化という。

このような経済性が生まれる第1の理由は，上流工程と下流工程の間に技術的関連性があり，それを別々の企業（組織）が行うと無駄が発生するためである。たとえば，多くの製鉄メーカーは原料生産から鋼板生産まで一貫して生産を行っている。なぜなら工程ごとに別々の企業が生産を担っていると，熱効率という観点で非効率だからである。一貫生産によって工程ごとに再加熱する無駄は省けることとなる。

第2の理由は取引費用である。取引費用は市場を使うことで必然的に発生する費用である。取引相手が信用ならない相手かもしれないし，正しい情報を提供しているかも不確実である。取引相手を見つけ，契約を結び，それを正しく履行してもらうために必要な監視費用や確認費用は小さくない。そのような一連の費用は，複数工程を内部化することによって削減することができる。

密度の経済性

密度の経済性とは，製品の供給者の空間的（地理的）近接性によって，単位当たりの費用が低下する経済性である。同一業種が同一地域に集積し，個別企業だけでなく空間的に隣接する企業が地域全体として成長するのも，密度の経済性に起因している。密度の経済性は，空間的に近接しているがゆえに，工程間の企業取引が容易になり，取引に関連したムダを抑制することができることに起因している。あるいは，物理的に近接しており直接やり取りすることが可

図 4-2 密度の経済性の例

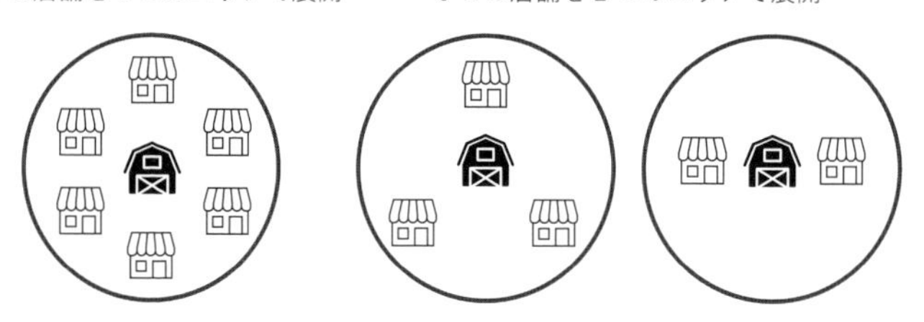

同一エリアで店舗を増やすことで，エリア内で物流拠点を共有することができれば，2つのエリアで同じ店舗数を展開するよりも，店舗当たりの物流拠点費用は低下する。

能なため，ムダな連絡や確認を行う必要が減り，物理的に離れているがゆえに発生する取引に関連するやりとりのムダが削減される。

たとえば，古くからの産地を想像してみると良い。布を織る工程と，その布を染める工程は，近接していた方が互いの調整は容易である。新たな創業に必要な情報や支援者が集積しているので，その他の地域で創業するよりもずっと容易に創業でき，かつ創業後の成長を支援してくれる人的ネットワークにアクセスしやすい。取引相手が互いに物理的に近接して集積しているがゆえに，顔見知りになりやすく，それは信用形成の容易さにもつながる。これらの要素はすべて，企業成長に寄与する要因となる。企業城下町と呼ばれる特定の親会社とその親会社と取引関係を持つ協力会社の地理的集積も，密度の経済性を活かした一例である（図 4-2）。

密度の経済性は，製品の提供エリアの顧客の密度が高く，かつそこに物流拠点や販売店舗を設けることによって，単位当たりの費用を減少させることによっても実現する。顧客の空間的密度の高さを利用することで実現する経済性である。その一例が，特定のコンビ

図 4-3　密度の経済性の論理

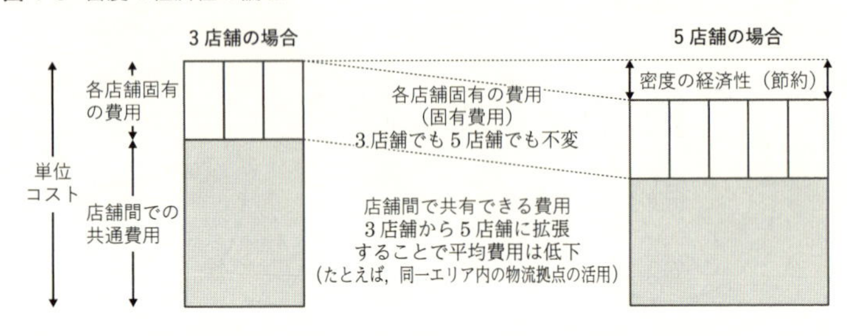

ニエンスストアで実践されるドミナント出店と呼ばれる出店戦略である。同一地域が特定のコンビニエンスストアにより多く支配されることが見られるのも，この密度の経済性の実現を意図した戦略である。一見すると店舗間で顧客を取り合うデメリットはあるものの，他方で共通の物流拠点をより多くの店舗で共通利用できるようになるので，そこで経済性が生まれるのである（図 4-3）。

もっとも，そのような戦略に弱みがないわけではない。ドミナント出店として知られるコンビニエンスストアの出店戦略は，密度の経済性を実現するという点で，高密度に人口が集積し顧客が集積する都市部という特性においてこそ実行可能であり，人口密度が相対的に低い地方ではその実現が難しい。それが都市部で急成長した三大大手コンビニエンスストアチェーンの弱点である。北海道で最大手のコンビニエンスストアチェーンのセイコーマートは，独自の物流戦略を構築することで，大手3社と異なる強みを顧客に訴求している。

ネットワークの経済性

ネットワークの経済性とは，同じ製品を使う人の数が増加するに

ケース　世界に存在するさまざまな産業集積

競合企業が近隣に互いに立地することは，顧客を取り合うという点では避けるべき事態であるものの，自社のみでは訴求できないより多くの顧客に広範で継続的に自社の存在を訴求するという点では有効であることも少なくない。ラーメン店が集積することで，地元の観光地になることはその一例であるし，競合企業が物理的に近隣に集積すれば顧客が食べ比べや食べ歩きをすることも可能になる。香川県の讃岐うどんや，富山県の鱒寿司などはその一例である。

同業者同士が物理的に集積する地域やその集積過程を，一般的には産業集積と呼び，その集積はその地域の存在や魅力を顧客に広く訴求するのに貢献するだけでなく，顧客を互いに融通したり，共通技術やノウハウの蓄積を協力して促したりすることに寄与することが知られている。アメリカ・カリフォルニア州のシリコンバレーは，その一例である。同地域は，半導体企業の産業集積地として発展し，現在では新たな情報技術の研究開発・事業化拠点として成長を続けている。フランスのジュラ地域と並んで，福井県の鯖江地域は，日本のみならず世界的なメガネフレームの産業集積として知られている。

つれて，その製品から顧客が得られる便益が増加することで実現される経済性である。ネットワークにおける正の外部性のひとつと言い換えることもできる。顧客の時間や手間の節約が起きることで経済性が発生する。電話などの通信ネットワークやそれに付帯するサービス（アプリやSNS）において，その製品・サービスの利用者が増加するに伴い実現される顧客の便益がそれに当たる。

たとえば，少人数で使っている段階では電話もSNSもその価値が十分に発揮されないが，周囲のより多くの人が使うようになると，その商品がもたらす便益は大きくなる（図4-4）。ネットワークの経済性を生み出す可能性がある製品・サービスの普及を試みるうえで，利用者が少ない段階においては必然的にその価値の低い製品・サー

図 4-4 ネットワークの経済性の論理

(1) 利用者が 4 人の場合

$n=4$

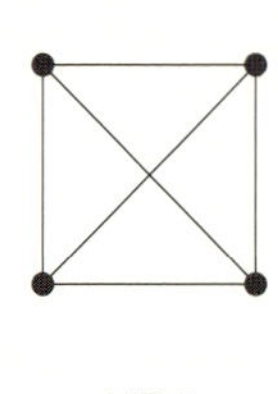

6 通り

(2) 利用者が 8 人の場合

$n=8$

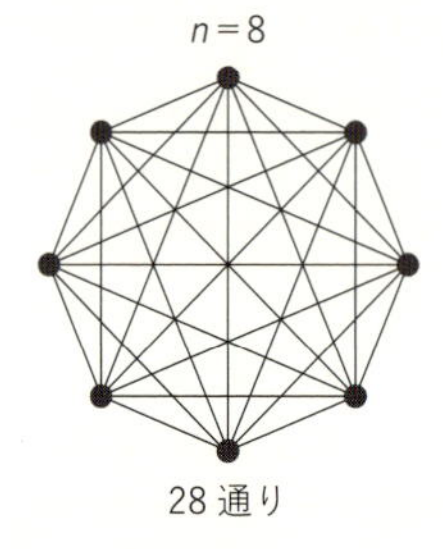

28 通り

組み合わせの数$=\frac{n(n-1)}{2}$　　n：利用者数

組みあわせが加速度的に増加することにより，顧客の利便性も大きく増加する。

ビスを積極的に使ってもらう必要があるため，導入初期において何らかの経済的動機づけ（インセンティブ）を提供することが，企業がネットワークの経済性を実現するためには必要となる。通信キャリア会社が提供する家族でまとめて契約を促す「家族割」もその一例である。

3 経済性のダイナミクス

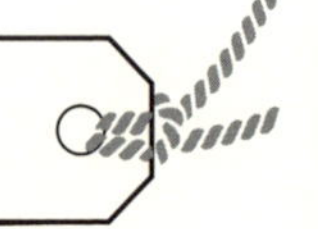

6 つの経済性の相互依存関係

冒頭ですでに述べたように，企業成長の源泉は効率性の向上にあり，ひとたび企業成長を実現することで，さらなる効率性の向上が見込まれる。効率性向上と企業成長の間に良循環が生まれれば，企業は持続的な成長を実現することが可能となる。良循環を実現する

ケース　ネットワーク経済性を活かしたビジネス

通信サービスや通信サービスを利用したさまざまなサービスは，サービスの価値自体がサービスの利用者数に大きく依存するという，ネットワーク経済性を活かしたビジネスである。たとえば，利用者の少ないサービスと比べて利用者の多いサービスのメリットはしばしば大きい。多様な商品の出展者と，購買者としての消費者をつなぐ，多様なプラットフォーム・ビジネスはそのひとつである。商品の取引を行うオンラインショッピングモールや，人材のマッチングプラットフォームもその一例である。

出展者が増えれば増えるほど，購買者としての消費者のメリットは増大し，消費者数が増大するにつれて出展者のプラットフォームへの参加動機も大きくなる。このようにネットワーク経済性を有するプラットフォーム・ビジネスにおいては，一気に競合プラットフォームとの格差を広げることが，出展者に対しても消費者に対しても両者の参加動機を高めるうえで重要となる。

近年その利用が高まりつつある，携帯電話による決済サービスもまた，利用者（消費者）と利用者（加盟店）をつなげるプラットフォーム（基盤）の特徴を持つ，ネットワーク経済性を活かしたビジネスのひとつである。決済サービスのようなプラットフォーム・ビジネスでは，その他のプラットフォーム・ビジネスと同じく，製品やサービスの利用者数が増えるほど，そのサービスから得られる便益が増加する。

ある決済サービスが利用できる加盟店が増加すれば，消費者は多くのお店でその決済サービスを利用することができるようになり，消費者の便益が増加する。他方で，その決済サービスを利用する消費者が増加すれば，その決済サービスを導入している加盟店は多くの消費者を獲得することができるようになり，結果的にその決済サービスを導入する加盟店が増加するのである。多くの新規決済サービスを提供する業者が，競って無料キャンペーンやポイント還元キャンペーンを行うのは，顧客を囲い込んで自社のサービスを優先的に決済に使わせるよう誘導するためである。

もっとも移り気な顧客を誘導するのは容易ではない。競合企業が互いに自社の関連サービスや口座と紐づけるよう誘導するのは，顧客の自社サービスからの退出を抑制するためである。

鍵は，企業成長の過程で，上記であげた6つの異なる経済性をどのように上手に利用できるかにかかっている。

その起点となるのが，規模の経済性である。規模の拡大が成長の第1の出発点となる。事業が大きくなり，社会にその存在を広く認めてもらわなければ，そもそも成長の機会は得られない。もっとも，事業や企業の規模を大きくするだけでは張り子の虎となりかねない。規模の拡大とともに，社内にさまざまな非効率性が発生するのも世の必然である。したがって，規模の拡大に伴い，より良い製品を作る価値効率性の向上と，良い製品をより低コストで作るコスト効率性の向上が実現される必要がある。

その牽引役となるのが深さの経済性である。深さの経済性を生み出す源泉は，現場の人たちの累積的な学習であり，熟練形成である。深さの経済性を生み出すためには，従業員の学習を促す職場環境や組織文化が社内に容認される必要がある。累積的な経験がものを言う世界であるから，安心して継続的に働けるような組織風土も必要となるだろう。

事業や企業の成長の過程でさまざまな知識や情報が未利用の形で社内に蓄積される。それを利用して節約を生むのが範囲の経済性である。どんな企業も最初は本業と呼ばれる事業から出発する。本業以外に一切手を出さないという哲学の下で事業展開する企業も存在するが，本業以外の事業に進出する企業は少なくない。そのように本業以外の事業に進出し，結果として複数事業を展開することを企業の多角化という。この多角化もまた，範囲の経済性を成長の源泉として推進されるものである。

また，成長の過程で他社に任せていた生産・販売活動を自社の活動として内部化して（内製化），さらなる成長の機会をつかむこともある。歴史的に有名なフォードの事例はその典型である。フォードは自動車に必要なあらゆる原材料・部品を社内で生産し，それが成長の原動力となった。もっとも，どのような活動も自社でやる内部化が常に企業の成長に寄与するわけではないことに注意が必要である。とくに，周辺産業や支援産業が発達していない場合は，そもそもすべてを自分でやるしかないし，産業の発展段階の初期においてはなおさらである。

密度の経済性は，生産側から見れば産業集積を活かすことで実現される経済性であり，企業の立地が成長性を規定する一要因である。企業はどこに立地しても同じ成長機会を獲得できるわけではない。どこに立地するかは，その後の企業成長を規定する上で大事な要素である。また，密度の経済性は，生産者の密度という意味での産業集積のみならず，顧客密度という点でも注目すべき経済性である。それはコンビニエンスストアのドミナント出店という場合だけでなく，顧客間の頻繁な相互作用を促すという点でも，顧客への広告・宣伝，ブランド訴求という点でも重要である。

最後に，ネットワークの経済性は，あらゆる製品・サービスのデジタル化が進展する中で，単に先に例示したような通信・サービス業を本業としない企業においても，企業成長の源泉として活用される可能性が残されている。密度の経済性とネットワークの経済性とは，それぞれ異なる源泉に節約の理由があるものの，活動や主体のつながりや関係性に起因した経済性である，という点で共通している。

どれかひとつの経済性に依拠するのではなく，環境変化に応じて多様な経済性をうまく実現できる企業が，持続的に企業成長を実現できるのである。

企業成長の促進要因：成長機会を見つけて活かす

企業の成長と経済性の実現との間には，双方向の因果関係がある。それは，成長が経済性を実現し，経済性がさらなる成長を実現するという関係である。すでに述べてきたような多様な経済性と呼ぶ節約が社内で生まれ，それを企業がうまく活用できた時，企業ははじめて成長できる。このような経済性の実現には，企業の主体的な意思や戦略と同時に，経済性を実現できる成長機会を他社に先駆けて発見し，それを実現する工夫が必要である。経済性が新たな経済性を生む機会となるように，ある成長機会が別の新たな成長機会を発見し活かす機会となるように，成長する手順を描くような具体的な戦略や構想が必要になる。そこで大きな役割を果たすのが経営者である。

そのような経営者の役割とは，既存事業の効率化を通じて企業成長を実現するのみならず，新規事業の創出を通じて自社内に使われずに眠っている未利用な経営資源を発見し，それを社外に眠っている顧客の不便や非効率の解決あるいは顧客ニーズを満たすために活用することにある。自分勝手な新製品や新事業を立ち上げても成長に寄与しないのは，それが社内の未利用資源の有効活用に寄与しないだけでなく，顧客の不便や非効率の解消につながらないからである。そのような新規事業の創出につながる成長機会を他社に先駆けて見つけ，初期投資を契機に形あるものにして，はじめて良循環を創り出すことが可能になる。時としてしばらく明示的な成果が生まれなくても，投資を伴う継続的なコミットメントが求められることもある。

ケース　業務スーパー

スーパー業界の中でも異色の存在として急成長するのが，神戸物産が展開する「業務スーパー」である。値段の割に価格が安く品質が良い商品がプライベートブランドとして展開され，他社にはない独自製品でユニークなスーパーとして知られる同社は，「ムダ，ロス，非効率」を排除することに重きを置いている。

同社の急成長の背後には，規模，深さ，範囲，組織という経済性の実現プロセスを確認することができる。同社の事業形態が，他社の競合スーパーと大きく異なるのは，他社と違って「自分で商品を企画し，自ら作って，それを売る」というところまでを愚直に徹底してやってきたことにある。

社名に「物産」とあるように，海外から目利きとしてユニークな商品を仕入れるだけでなく，他社に先駆けた独自製品を製造企画していることも同社の躍進に一役買っている。その独自製品のひとつが，豆腐の容器に入った「リッチチーズケーキ」である。この商品は奇抜さを狙ったものではなく，後継者問題から買収することになった豆腐工場の生産性を改善するため，安価な豆腐をスイーツという単価の高い製品に転換することで生まれた。買収した既存工場を生産性がより高い拠点へ変革するために同社の蓄積されたノウハウを活用することによって，単に生産性が向上するだけでなく，まったく新しい製品が誕生する契機となったのである。これは，経済性が単なる節約だけでなく，新たな成長機会をも生むことの好例である。

もっとも，同社のそのような魅力的な製品は，販売店の拡大があってこそ，事業として企業の成長に寄与するものとなっている。同社が展開する店舗は 1072 店舗（2024 年 6 月末時点）を超え，急激な店舗数拡大も実現している。そのような急拡大を可能にするのが，フランチャイズ（FC）店舗である。つまり，神戸物産は FC 本部であり，各店舗は FC に加盟するフランチャイズオーナー（フランチャイザー）が所有し運営している。所有と運営が分離されているといっても良い。

しかも，FC 本部は売上総利益の 40～60% をロイヤルティとして課すのが一般的だが，同社のロイヤルティは仕入れ原価のわずか 1% であり，フランチャイズオーナーにとってきわめて魅力的な価格設定となっている。固定費をフランチャイズオーナーに負担してもらうことで自社の支払う固定費を抑え，オリジナル商品による規模拡大によって製造原価を低下させ，創出した付加価値をFC本部である神戸物産と店舗を所有するFC加盟店とで分け合う仕組みとなっている。店舗数拡大は，卸売量の拡大をもたらし，ひいては製造原価の低下に寄与するという，規模を通じた節約がそこで生まれている。しかも，それは「製販一体」という，神戸物産が一気通貫で責任を持って製造企画から販売管理まで行うという，運営上の特徴が支えることではじめて可能となるのである。

出所：https://www.gyomusuper.jp/gs/index.php

企業成長の壁

これまでの議論の全体として，結果的に実現できるかもしれない6つの異なる経済性が，事前に誰にでも明らかな形で合意形成可能であるという前提に立って議論を進めてきた。しかし，事前にその経済性が論理的に成立することがわかっていたとしても，それをその企業の存続と成長を支えてくれる多様な利害関係者に納得してもらうことは容易ではない。経済性実現の最初の契機となる初期投資に，必ずしもすべての利害関係者が納得するわけではない。企業の存続もさることながら，成長には応分の不確実性が存在し，そこにはリスクが存在するからである。現状維持で十分だと考え，リスクを回避しようとする利害関係者もいるかもしれない。

したがって，第1の成長の壁とは，経済性が実現するかどうかわからない不確実性に起因したリスクであり，それに伴う利害関係者との合意形成の難しさである。それを克服するには，経営者が主導することで成長のための戦略シナリオ（ストーリー）を提示することが必要となる。

第2の企業成長の壁は，時間である。どれだけ成長に残された時間があるか，また利害関係者がどのような時間軸を持っているかによっても，実際に企業成長を実現できるかどうかが大きく規定される。経営者は長期志向で忍耐強くても，投資家はもっと短期志向かもしれない。

第3の壁は，不経済性である。上記であげた経済性は，すべて不経済性としても発現する。たとえば事業規模や範囲の拡大とともに，社内の管理コストは増大し，経済性ではなく，不経済性が発現するかもしれない。それらはすべて企業成長の壁となるものである。

Book guide 文献案内

- 小倉昌男（1999）『経営学』日経 BP 社。

  ✏世の中にごく当たり前に存在する「宅急便」というサービスは，日本で生まれ，どのように発展したのか。その経緯を創業者自身が説く名著。当たり前ではないことが当たり前として世の中に普及し，受容される過程を知ることができる。

- エディス・ペンローズ（2010）『企業成長の理論（第3版）』（日高千景訳）ダイヤモンド社。

  ✏企業成長を理論的に検討した古典的名著。未利用資源が成長の原資となり，その機会を発見することの重要性を説く一冊。

- 伊丹敬之・軽部大編著（2004）『見えざる資産の戦略と論理』日本経済新聞出版。

  ✏人的資本も，ブランドも，技術も，デザインも，すべて見えざる資産のひとつである。見えざる資産を中心に，企業成長を実現する戦略や組織のあり方を考える一冊。

Bibliography 参考文献

伊丹敬之・軽部大編著（2004）『見えざる資産の戦略と論理』日本経済新聞社。

Martin, J., Feldman, M. S., Hatch, M. J., and Sitkin, S. B. (1983) "The Uniqueness Paradox in Organizational Stories," *Administrative Science Quarterly*, 28 (3), 438-453.

Penrose, E. T. (1959) *The Theory of the Growth of the Firm*, Oxford University Press. (日高千景訳『企業成長の理論（第 3 版)』ダイヤモンド社, 2010)

Sitkin, S. B., See, K. E., Miller, C. C., Lawless, M. W., and Carton, A. M. (2011) "The Paradox of Stretch Goals: Organizations in Pursuit of the Seemingly Impossible," *Academy of Management Review*, 36 (3), 544-566.

第 II 部 Part

組織のマネジメント

Chapter

イントロダクション

私たちは，人生において大小さまざまな組織に参加し，また，組織から提供される便益に依存して日々の生活を送っている。組織に参加することは，多くの場合，生きるうえで必要であり，また，生きがいや楽しみをそこから得ることもできる。組織の存在しない社会を想像することは難しく，人類がこれほど地球上で勢力を伸長させたのも組織をつくり，管理する能力があったからといっても過言ではない。

企業活動についても，個人で生産活動を行うことは可能であるが，事業を拡大するためには，従業員を雇用し，組織をつくることが必要になる。発明の才のある企業家であっても，ともに働く人々を管理する能力がなければ，もしくは，そのような能力のある者を雇わなければ，事業を成長させることはできないだろう。

自分と同じ目的，利害，価値観などをもった人を集めることができれば，組織を管理することはそれほど難しいことではないだろう。しかしながら，組織の中の人々は，ある程度は目的を共有するものの，それぞれ個人的な目的や利害をもっており，考え方や価値観も多様である。社外の人たちと協力する場合には，これはより深刻な問題となる。第Ⅱ部では，組織のマネジメントをテーマとして，まず第5章で，経営者がどのように組織をつくり，従業員の活動を秩序立てているのかについて説明する。続く第6，7章では，モチベーションやリーダーシップなど組織内の個々の集団において成果を高める方法について議論し，第8章では，他の組織との取引関係や協力関係をマネジメントする方法について議論していきたい。

組織をつくる

第 5 章 Chapter

Quiz クイズ

日本における会社組織のうち，従業員（常用雇用者）100 人以上の会社の比率として一番近いものは次のどれか（2021 年度）。

a. 3%
b. 13%
c. 23%

注：常用雇用者は「正社員・正職員，パート・アルバイト，嘱託，契約社員等の呼称にかかわらず期間を定めずに，または 1 カ月以上の期間を定めて雇用している者」を意味する。言い換えれば，臨時雇用者（1 カ月未満の期間を定めて雇用している者）は含まない。

従業員別の会社数（2021 年度）

従業員数	会社数	%
0〜4 人	1,059,580	59.62
5〜9 人	275,094	15.48
10〜19 人	191,928	10.80
20〜29 人	79,145	4.45
30〜49 人	69,034	3.88
50〜99 人	51,933	2.92
100〜299 人	35,057	1.97
300〜999 人	11,478	0.65
1,000〜1,999 人	2,204	0.12
2,000〜4,999 人	1,289	0.07
5,000 人以上	549	0.03
総　数	1,777,291	100

出所：総務省・経済産業省「令和 3 年経済センサス-活動調査　速報集計：企業等に関する集計」より作成。

Answer クイズの答え

a. 3%

2021 年度（令和 3 年度）の経済センサスによれば，100 人以上の従業員を有する企業は全体の約 3% だった。また，従業員が 0〜4 人の企業は約 60% なので，組織としては小規模な企業が多くを占めていることがわかる。本章では，大きな会社を想定して議論しているが，比率としてはそれほど大きくはない。

Chapter structure 本章の構成

本章では，組織の構造をどのように設計するかについて学習する。組織構造の設計とは，部門の編成や，階層的関係の構築，権限の配分などを決めることである。第 1 節では，イントロダクションとして，管理者の職能における組織設計の重要性を指摘し，第 2 節では，組織デザインの基本的な要素である分業と調整について説明する。第 3 節では，基本的な組織形態として，機能別組織と事業部制組織，マトリックス組織を紹介し，第 4 節では，組織構造は環境や技術などの状況要因に適合させるべきとするコンティンジェンシー理論について説明する。

1　マネージャーの仕事と組織のマネジメント

マネジメントの本質が「他者を通じて事を為す」ことだとすれば，マネージャー（経営者・管理者）の主要な機能のひとつは，他者を束ねて組織をつくり，それを管理することである。

フランスの経営者アンリ・ファヨールは，『産業ならびに一般の管理』（1916）において，マネージャーが担うべき活動を，①計画，②組織化，③命令，④調整，⑤統制の５つにまとめている。また，アメリカの経営学者ピーター・ドラッカーは『マネジメント』（1974）で，マネージャーの主要な機能として，①目標の設定，②組織化，③動機づけとコミュニケーション，④成果の測定，⑤人的資源の開発の５点をあげている。

マネージャーは，将来起こりうる問題を予測し，それに対応する計画を立てる必要がある。長期的な戦略策定はマネージャーの重要な職能であるものの，マネージャーの仕事はそれだけではない。

マネージャーは，組織や部門，個人にとって適切な目標を設定し，また，それを達成するために，人々を組織化する。すなわち，人材を採用し，部門をつくり，組織全体の構造を設計し，各部門と個人にタスクを割り振る必要がある。

また，タスクが適切に遂行されるように，従業員に命令を伝達し，適切なインセンティブを提示して，動機づけなければならない。タスクの円滑な遂行には，継続的なコミュニケーションも不可欠である。さらには，異なるタスクを遂行する部門間で齟齬が生じないために，調整をする必要もある。

コラム8　マネージャーの仕事

経営学者のヘンリー・ミンツバーグは，「経営者は実際には何をしているのか」を研究テーマとして，日誌法などの方法を用いて，経営者の日々の活動を追跡した（『マネージャーの仕事』〔1990〕を参照）。そこから得られた知見によれば，①経営者の活動は断片化されやすく，②周囲の人々からの働きかけに対応することが多く，③直属の部下以外の人たちと交流を持つことが多い，といった特徴をもつ。また，経営者の活動は，情報的役割，対人的役割，意思決定者の役割に分けられる。情報的役割は，さらにモニター（情報の収集），発信者（情報の伝達），スポークスパーソンに分けられる。対人的役割には，組織の顔，リーダー，リエゾン（部門や組織間の関係をつくる）があり，意思決定者の役割には，企業家（事業を創始する），紛争の解決，資源の配分，交渉人（組織を代表して交渉する）がある。ファヨールやドラッカーが提示した経営者の役割よりも，さらに具体的に経営者が果たしている機能をミンツバーグは明らかにしたのである。

Column 8

マネージャーは，指示したタスクが適切に遂行されているか確認するために，監視をし，問題が生じていれば，修正を施す必要がある。これが統制である。部下の成果を測定し，フィードバックを返すことが，部下のモチベーションを維持し，その業務を改善することにつながるのである。

すぐれた経営戦略を策定するだけでは望ましい成果は達成できない。戦略の実現のために，組織をつくり，部下に命令し監視するという業務が適切に行われなければ，十分な成果は上がらない。これが組織のマネジメントを学ぶ意義である。

2 分業と調整

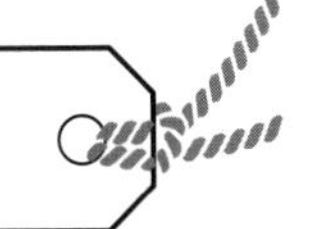

組織を設計するうえで基本となる要素が分業と調整である。組織はひとりではできないことを達成するためにつくるものであるので，必然的に成員に対してタスクが割り振られることになる。また，成員に対してタスクを割り振る際には，成員間の調整が必要になる。何を，どれだけ，どのように，いつまでにつくるかなどを決めておかなければ，混乱が生じてしまう。分業と調整を適切に行うことが組織のマネジメントの第一歩である。

分　業

(1) 分業のタイプ

分業について具体的に理解するために，ハンバーガー店を例にとって考えてみよう。ハンバーガー店では，大まかに厨房とフロアのスタッフで分業が行われ，それぞれ必要なスキルも異なる。厨房では，パテを焼く工程と，フライドポテトを揚げる工程で担当するスタッフが異なる場合もあるだろう。分業はいくつかのタイプに分けられ，そのタイプによって調整の仕方も異なる（図5-1）。

分業のタイプは，並行分業と機能別分業があり，機能別分業はさらに直列型と並列型に分けられる。並行分業は，同じタスクを並行して行うような分業である。たとえば，ハンバーガー店で，2人の厨房スタッフがパテを並行して焼いているような分業である。

機能別分業は，異なるタスクを成員それぞれが遂行しているような分業である。その直列型とは，あるタスクが他のタスクの前後の

図 5-1　分業のタイプ

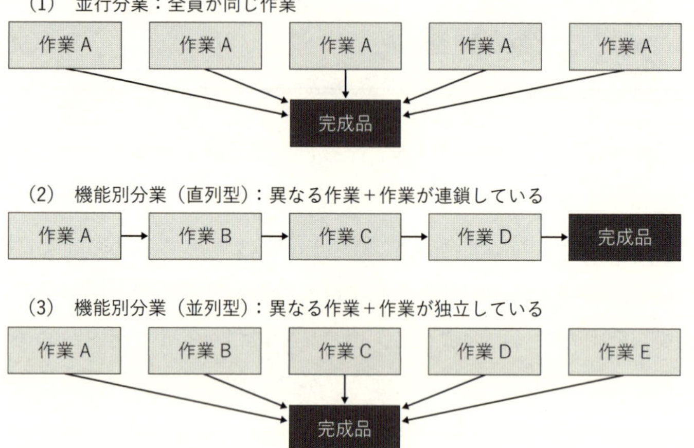

工程の関係にあるものである。ハンバーガー店であれば，パテを焼く工程と，パテをバンズにはさむ工程は，直列型の関係にある。それに対して，機能別分業の並列型は，直列関係にない異なるタスクを並列的に遂行するような分業である。ハンバーガーをつくる工程と，フライドポテトを揚げる工程は，それぞれ独立して行われているという点で並列型の分業である。

これらの分業のタイプに加えて，水平的分業と垂直的分業がある．水平的分業は，組織における立場が同じ者の間で行われる分業である。上司と部下のように，一方が命令し，もう一方が指示を受ける上下の権限関係にあるのが垂直的分業である。たとえば，ラグビーチームにおけるヘッドコーチ→コーチ→選手という関係は垂直的分業であり，コーチがそれぞれ攻撃，守備，スクラムなどの分野に特化するのは水平的分業である。

(2) 分業のメリット

分業することのメリットとして，第1には，専門化のもたらすメリットがある。もし，生産に必要なことすべてを1人の作業員が担おうとすると，幅広い能力は身につくかもしれないが，あるタスクを効率的に遂行する能力は身につきにくいだろう。分業をすることで，ある特定の能力やスキルを習得しやすくなる。

第2に，生産工程において段取り替えの手間がなくなることである。複数の工程からなる生産ラインで，1人の作業員がすべての工程を担当しようとすると，次の工程に移るための手間が発生する。機能別分業の直列型においては，成員が異なるタスクを実行するので，段取り替えの手間を減らすことができる。

第3に，全体として賃金の節約が可能になることである。分業をすることで，適材適所の人材配置が可能になるが，それに伴って，賃金を節約することが可能になる。たとえば，飲食店において，経験を積んだ調理人が皿洗いや掃除なども含めたすべてのタスクを行うよりも，単純なタスクに関してはアルバイトに任せる方が，全体として賃金は節約されることになる。

(3) 分業のデメリット

分業のデメリットとしては，第1に，分業した結果，タスクが単調なものになれば，タスクに対する興味を失い，モチベーションが低下する，ということである。そのため，分業するとしても，タスクの設計を慎重にしなければならない。この点については，第6章で紹介する職務特性モデルの項目で学ぶことにしよう。

第2に，分業は専門化を促す半面で，狭い範囲のスキルしか学ばなくなる可能性がある。これを防ぐためには，適度にジョブ・ローテーションを組むなど，経験する職務の幅を広げることが必要に

Column 9

コラム9　アダム・スミスのピン工場

イギリスの経済学者アダム・スミスは『諸国民の富』(1776) のなかで，分業は経済発展の基礎であると述べている。彼が分業の例として挙げたのはピン工場である。ピン工場では，分業が進んでおり，針金を引き延ばす，それがまっすぐになるように形を整える，適当な長さに切る，先端をとがらせる，頭部を作るなどの工程に分かれている。この工場では，たった10人で1日に4万8千本以上のピンを生産していた。もし1人ですべての作業を行えば1日20本を作ることも難しかったとスミスは推測している。これは工場内における分業のメリットだが，同じように社会全体においても分業を進めることで，専門化のメリットを享受できるのである。

なる。

調　整

分業を実施するためには，何らかの調整方法を確保する必要がある。調整方法は，事前と事後の調整に分けられ，事後の調整はさらに垂直的調整と水平的調整に分けられる。

(1)　事前の調整と事後の調整

事前の調整とは，タスクが実行される前に，たとえば，部品の仕様や，製造方法などについて決めておくことである。飲食店におけるマニュアルや，チームスポーツにおけるサインプレーも事前の調整である。これを行動プログラムによる対応という。

それに対して，事後の調整とは，事前には想定されていなかった例外事象への対処方法である。人間はすべての事象を事前に予測できるほど合理的ではないので，事後の調整も組織運営において重要な要素となる。

事後の調整方法は，上司など権限を持つ者が行う垂直的調整と，同じ階層における成員同士が連携してタスクを調整する水平的調整に分けられる。たとえば，サッカーの試合で想定外のケガで選手交代があったときに，監督がフォーメーションを変更する指示を出すのが垂直的調整であり，選手同士がフィールド上で相談して対応するのが水平的調整である。垂直的調整は集権的な方法であり，水平的調整は分権的な方法である。

(2) 例外事象への対応

調整では，事前の調整である行動プログラムと，事後の調整である垂直的調整と水平的調整を適切に使い分けることが重要である。

例外事象の発生が少ない場合は，さまざまな問題に行動プログラムで対応することができる。飲食業でもファストフード店では，メニューが限られており，顧客からの注文が事前に予測できるため，マニュアルに従った対応が中心となる。

例外事象の発生が多い場合は，行動プログラムでは，業務上起こるすべてのことを網羅できないため，上司による垂直的調整や，成員間での水平的調整が必要になる。さらに，例外事象が頻繁に発生し，迅速にその対応をしなければならない状況では，垂直的調整だけに頼るのではなく，水平的調整を活用することが望ましい。たとえば，救命医療や災害救助などの，事件や事故といった例外事象に直面しやすい職種では，管理者の指示を仰ぐのではなく，現場で例外事象に対処する成員同士が水平的に調整することが求められる。水平的調整による例外対処を可能にするためには，部下が十分な能力や知識，判断力を備えていることが必要であり，また，そのように育成することが必要になる。

コラム10　ミンツバーグの6つの調整メカニズム

アメリカの経営学者であるミンツバーグは調整メカニズムとして以下の6つをあげている（『ミンツバーグの組織論』〔2024〕）。すなわち，①直接的監督，②相互調整，③作業プロセスの標準化，④アウトプットの標準化，⑤スキルの標準化，⑥規範の標準化である。

これらのうち，直接的監督は垂直的調整に，相互調整は水平的調整に該当する。作業プロセスの標準化は，マニュアルやルーティンを決めておくことであり，事前の調整に相当する。アウトプットの標準化は，製品の仕様を統一することであり，これも事前の調整に相当する。

スキルの標準化は，ある共通のスキルをもった人材を採用する，もしくは，そのスキルを身につけられるように社内で訓練することである。典型的には，医師や弁護士などの専門職からなる組織では，スキルが標準化されているので，たとえば，上司による直接的監督に頼らなくても，成員同士による調整が可能になる。スキルの標準化が水平的調整を実現させる条件ともいえるだろう。

規範の標準化は，組織において価値観や文化が支持され，共有されていることである。規範の標準化は，分業している成員間の調整の方法というよりも，成員に望ましい行動をとらせるための手段である。組織の目標達成に貢献しうる規範が共有されていれば，上司が詳細に指示を出さなくても部下が組織の目的に合致した行動をとることが期待できる。組織の文化や価値観は目に見えないものであるが，成員の思考の前提となり，行動に大きな影響を及ぼすので，文化をつくり，浸透させることも経営者の重要な役割である。

3　組織の設計

分業と調整を組み合わせることで，組織の基本的な構造を設計す

図 5-2　ライン・アンド・スタッフ制

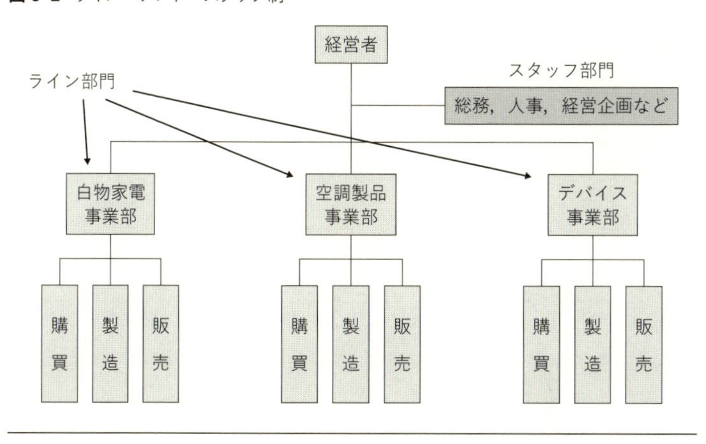

ることができる。各部門に対してどのようにタスクを割り振り，また，部門間の調整を円滑にするために水平的関係と垂直的関係をどのように構築するかによって，組織はさまざまな形態をとる。

組織図の読み方

組織において，各部門がどのように編成され，どのような関係にあるかを示した図を組織図という。組織図は，多くの場合，経営者などの代表者を上部に置いたピラミッドのような形として描かれる。組織図のなかで「箱」として描かれているのは，同じタスクを行う人のまとまりである部門である。また，「箱」をつなぐ「線」は指揮命令系統と呼ばれ，上から下には命令が伝達され，下から上にはタスクの成果などの情報が報告される。

組織において主要な業務の遂行に関与し，経営者から続く指揮命令系統でつながれている部門・成員のことをラインという。たとえば，菓子メーカーであれば，菓子の製造や販売，原材料の調達とい

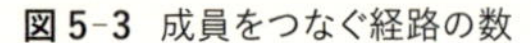
図 5-3　成員をつなぐ経路の数

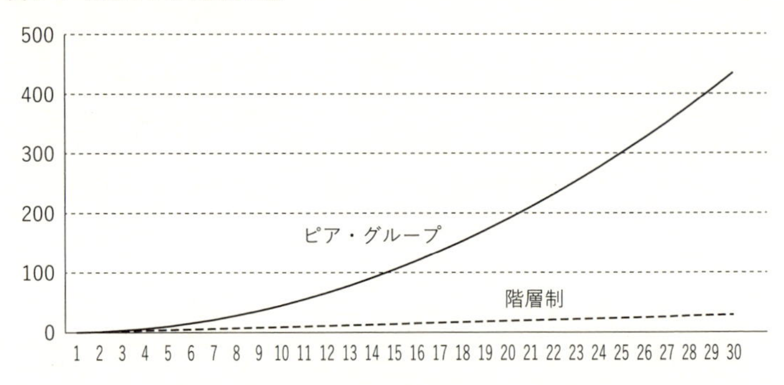

った業務に関わる従業員がラインである。それに対して，ラインの活動を支援する役割を担う者はスタッフという。たとえば，人事や財務，研究開発といった機能がスタッフに相当する。スタッフはラインに対して命令する権利を持たないため，組織図では指揮命令系統から外れた横側に置かれることが一般的である。

階層制組織

図 5-2 の組織図で示されているように，ほとんどの組織は階層制組織という形態をとる。階層制組織とは，権限関係によって構築される組織のことである。トップの経営者をのぞいて，すべての成員が誰かの部下となっているのが階層制組織である。逆に，権限関係のない組織をピア・グループ（peer group）という。このような権限関係のない組織は，ごく小規模な組織以外では実現することがきわめて難しい。

(1)　成員をつなぐ経路

階層制組織においては，トップの経営者以外はすべて上司が存在

コラム 11　階層制をとらない組織

組織の多くは階層制を採用するが，近年，あえて明確な階層制を設けない組織であるホラクラシー（holacracy）が注目されている。ホラクラシーにおいては，組織成員は部門に所属するのではなく，特定の目的のために編成される複数のチームに属し，そこで与えられる役割を遂行する。部門ではなく，役割やチームをもとに組織を編成することで，必要に応じて柔軟に組織を組み替えることが可能になる。その半面で，階層制が明確には存在しないことで，昇進など将来のキャリアパスが描きにくく，また，複数のチームに属するため，異なる業務間の調整が困難になることなどの問題が指摘されている。

Column 11

し，上司から命令を受け，結果を報告する関係が形成されている。トップからの命令を組織の末端にまで円滑に伝達するという利点が階層制組織にはある。階層制組織の成員 N 人をつなぐ経路の本数は，$N-1$ となる。

これに対して，権限関係のないピア・グループにおいて，各成員が全員とつながるために必要な経路は $N(N-1)/2$ と表せる。成員が増えるにつれて，指数関数的に経路の数が増え，コミュニケーションに伴うコストが大きくなる。そのため，組織が大きくなるにつれて，階層制を導入する必要性が強くなるのである。ただし，現在では，情報技術が発達し，コミュニケーションのコストが低下しているため，ピア・グループに近い形態の組織が採用されやすくなっている。

(2)　統制の範囲

階層制組織において，管理者は一定の人数の部下を指揮・監督しているが，タスクの内容や上司・部下の能力などによって，効率的

図 5-4 統制の範囲と階層の背の高さ

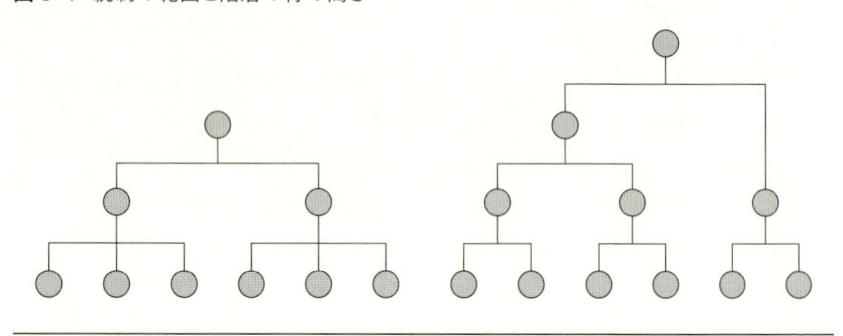

に管理することができる部下の人数は異なる。管理者が指揮・監督することができる人数を統制の範囲（スパン・オブ・コントロール）という。

統制の範囲の広さは，部下の監視が容易であるか，部下に権限を委譲できるか，などの要因によって左右される。タスクが単純であったり，成果の測定が容易であったりするときには，部下の監視や指導に時間がとられないため，統制の範囲は広くなる。また，部下のスキルが高い場合には，部下に権限を委譲し，例外事象などに対して部下に判断を任せることができるため，統制の範囲は広くなる。

統制の範囲が広い組織は，必要な管理者の人数が少なくなり，階層の高さは低くなる。階層の低い組織はフラットな組織とも呼ばれる。フラットな組織が実現するのは，上にあげたように，部下の監視が容易であるか，部下に権限が委譲できる場合である。逆に，統制の範囲が狭い組織では，管理業務に就く人数が多くなり，背の高い階層がつくられる。また，統制の範囲の広さにかかわらず，現場で必要な従業員数が多ければ，階層の背は高くなる。

4　組織形態の種類

組織形態の主な種類には，機能別組織，事業部制組織，マトリックス組織がある。

機能別組織

機能別組織では，経営者のすぐ下の部門が機能別に編成されている。機能別とは，製造や販売などの職務ごとに部門が分かれるということである。それぞれの機能部門のもとに，各事業の活動が配置されている。たとえば，菓子メーカーが機能別組織を採用しているのであれば，製造部門の下にはチョコレートやアイスクリームなどの製造を担当する部門が置かれる。

(1)　機能別組織のメリット

第1の長所は，ある機能に特化した部門をつくることで，効率的に業務を処理することができるようになることである。これは，ひとつには専門化の利益であり，もうひとつは，規模の経済のメリットである。第2に，製造部門や販売部門の中に異なる事業を担当する者がいることで，異なる事業間でノウハウの共有が期待できる。第3に，必要な資材などを一括購入することで，取引相手に対する交渉力を強めることができる。

(2)　機能別組織のデメリット

第1の短所は，製造や販売などの職能間の調整をトップ・マネジメントが行うため，多くの事業に多角化するようになると，トップに対する調整業務の負荷が大きくなりすぎることである。その結果，経営者が長期の戦略を策定するために十分な時間を割くことができなくなるのである。第2に，機能部門は利益責任単位ではなく，利益という指標で評価することができないため，利益よりも各部門の利害を優先しやすいことである。第3に，ミドル・マネジメントは，特定の職能の管理をすることが目的であり，事業全体に対して責任を負うわけではないため，経営者としての訓練を積む機会が限られるということである。

事業部制組織

事業部制組織では，それぞれ利益責任単位である事業部のもとに製造や販売などの機能をもつ部門が配置される。たとえば，チョコレート事業部をつくるとすれば，その中にチョコレートの製造部門や販売部門が配置されることになる。事業部は，製品ごとに編成される以外にも，地域（北米事業部や欧州事業部など）や顧客（個人顧客事業部や法人顧客事業部など）を単位に編成されることもある。カンパニー制組織も事業部制組織に類似した組織形態であるが，事業部制と比べてより意思決定権限を強めたものである。事業部制組織と機能別組織は対になる関係であり，機能別組織の長所・短所は事業部制組織の短所・長所になる。

(1) 事業部制組織のメリット

第1の長所は，事業部門内部における製造や販売などの間の調整を事業部長が行うため，トップの経営者に対する負担が軽減されることである。それゆえ，経営者が戦略策定に多くの時間を費やせるようになるのである。とくに環境の変化が頻繁に発生し，迅速に対応する必要がある場合には，事業部長が分権的に調整することの効果は大きい。第2に，事業部は利益責任単位であるため，利益という成果指標を意識して事業活動が行われる。そのため，会社全体の利益に貢献される活動が行われやすいのである。第3に，疑似的な会社としての性質をもつ事業部を管理する事業部長は，そこで将来の経営者になるための訓練を積むことができる。

(2) 事業部制組織のデメリット

事業部制組織の短所は基本的に，機能別組織の長所の裏返しである。職能に対する専門化が進みにくいことや，規模の経済のメリットを受けにくくなること，同じ職能に関する情報が共有されにくいこと，買い手や売り手に対する交渉力が低下することが短所としてあげられる。機能別組織と事業部制組織は，トレードオフの関係にあるので，企業にとってどの長所・短所を重視するかによって，組織形態の選択は異なるのである。

マトリックス組織

マトリックス組織は，両者の混合系で，機能別組織と事業部制組織の両者のメリットを享受するために考案された。マトリックス組織では，成員が職能と事業の2つの指揮命令系統に置かれている。「マトリックス」とは行列の意味であり，マトリックス組織が格子状に描かれることがその名前の由来である。マトリックス組織では，菓子を製造している担当者は，製造部門の責任者と菓子事業の責任者の双方が上司となるため，ツー・ボス・システムとも呼ばれる。マトリックス組織は，生産や販売などの機能部門に対して，事業を統括する責任者が横断的に調整する役割を担うため，横断的組織とも呼ばれる。

(1) マトリックス組織のメリット

第1に，事業部制組織をベースに考えると，そこに機能別組織

図 5-5 組織形態の種類

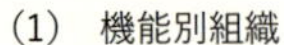

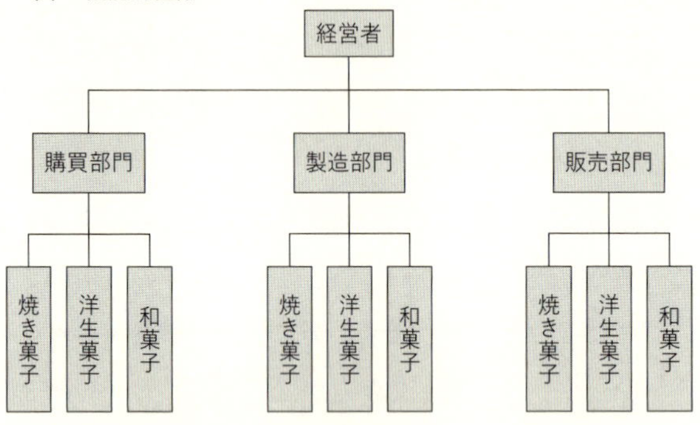

(2) 事業部制組織

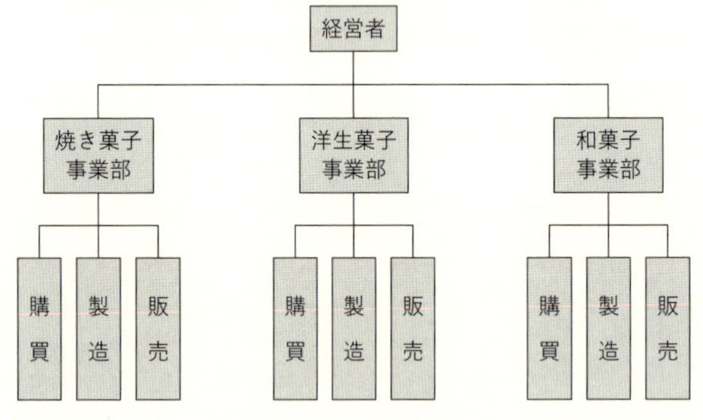

(3) マトリックス組織

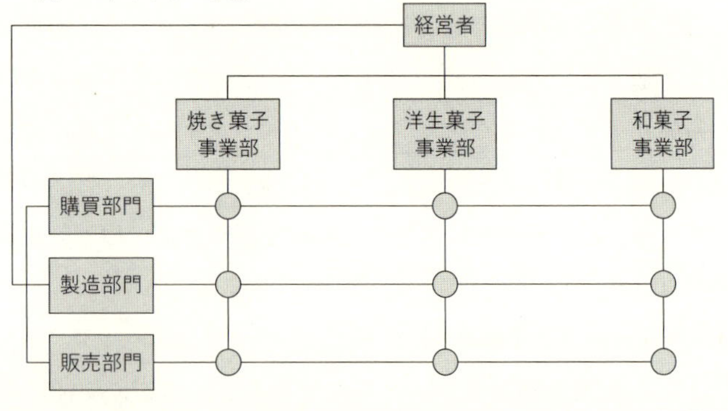

ケース　横断的組織と日清食品のブランド・マネージャー制度

マトリックス組織は，横断的組織の一形態である。横断的組織とは，機能別組織をベースに考えると，製造や販売など複数の部門をまたがってつくられる組織のことである。横断的組織には，さまざまなタイプがある。タスク・フォースは，新製品開発など短期的な課題の達成のために，複数の部門から人材を集めて結成される組織である。また，プロダクト・マネージャーやブランド・マネージャー（BM）は，ある製品やブランドについて責任をもち，あたかも事業部長のように，製造や販売などに対して管理する権限を与えられた地位である。

ブランド・マネージャーを導入している企業のひとつが日清食品である。BM は互いに競争的な関係に置かれ，提案する戦略の魅力度や実際の業績に応じて，業務を行うための資金が配分されている。BM は担当するブランドの成果をあげるために，生産や販売，開発などの担当者に対して，優先的に経営資源を配分するように折衝する。この施策によって，日清食品では既存ブランドの強化と新規ブランドの開発に成功し，即席麵業界で首位の座を維持している。

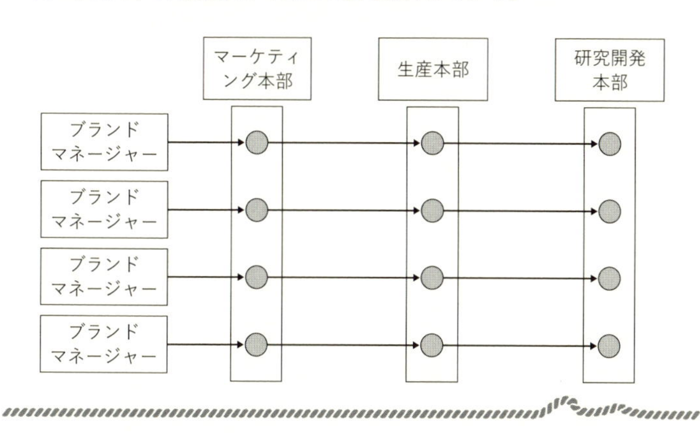

の要素を組み入れることで，製造や販売の部門長が異なる事業間でノウハウの共有を促す効果などが期待できる。第2に，事業や製品ごとの責任者が複数の職能にまたがる調整を担当することで，消

費者の声を迅速に製品の設計に反映させる，などの対応が可能となる。

(2) マトリックス組織のデメリット

マトリックス組織は，ツー・ボス・システムとも呼ばれ，成員に対して2人の上司がいることになるため，両者の命令の内容が対立し，部下がどちらに従えばよいか混乱するという問題が生じうる。組織においては，部下は1名の上司のみから命令を受けるべきである，という命令一元化の法則に照らしても，マトリックス組織の運営は必ずしも容易ではないのである。

5 組織のコンティンジェンシー理論

組織設計においては，機能別組織などの組織形態を決めるだけでなく，管理職と部下の間で権限をどのように配分するか，作業手続きのルーティン化をどの程度進めるかなど，組織の運用に関するさまざまな問題についても考慮しなければならない。ここでは，組織設計において考慮すべき組織の基本的な次元と，機械的（官僚制的）管理システムと有機的管理システムという組織の類型について説明したい。これらの管理システムは，どちらかが普遍的に成果が高い，というわけではない。組織を取り巻く状況によって，有効性を発揮する管理システムは異なる。このような主張をしたのが組織のコンティンジェンシー理論である。組織のコンティンジェンシー理論において，どのように状況要因と組織構造の対応関係が議論されているかについても，ここで議論することにしよう。

コラム 12　官僚制組織

組織の特徴を測定する次元である専門化，標準化，公式化，集権化は，マックス・ウェーバーによる官僚制組織に関する議論をもとにしている。ウェーバーは正当的支配の類型として，合法的支配と伝統的支配，カリスマ的支配を提示した。合法的支配は，合理的な規則を基盤とするものであるのに対して，伝統的支配は，歴史的に継続する伝統の神聖性を基盤とし，カリスマ的支配は，ある個人の卓越した能力に基づいたものである。このうち合法的支配の典型例が官僚制組織である。

官僚制組織は，合理的に設計され，また，運営から恣意性を排除するため，効率的であり，また，安定性も高い。しかし，組織のコンティンジェンシー理論で示すように，どのような状況でも官僚制組織が有効であるというわけではない。また，官僚制組織においては「怒りもなく興奮もなく，憎しみも情熱もなく」業務が遂行され，「隷従の檻」として官僚制は機能するとウェーバーは批判的に議論している。官僚制のような「生真面目」な組織が個人の自律性や創造性を抑制する可能性には注意しなければならない。

Column 12

機械的管理システムと有機的管理システム

組織設計において考慮すべき基本的な次元としては次のようなものがある。

①専門化：組織における分業の程度

②標準化：組織における意思決定や作業手続きの規則化の程度

③公式化：組織における作業手続きやコミュニケーションの文書化の程度

④集権化：意思決定権限が組織の上位に集中している程度

専門化の程度が高いというのは，組織成員が担当する分業の境界が明確である状況を指す。組織の規模が大きくなるほど，部門や個人が担当する職務の範囲は明確に定義される傾向にある。標準化の程度が高いというのは，業務がいわゆるマニュアルによって規定され，自由裁量の余地が小さいことをいう。公式化は，業務を進める際に正式な書類を作成し，また，それを記録・保管することが求められることを指している。集権化の程度が高いことは，経営陣や管理職が主要な意思決定を行い，部下はそれに従い遂行するという垂直分業が明確な状況を指している。

これらの次元に関して高い程度を示す組織を機械的（官僚制的）管理システムといい，それらが低い程度を示す組織を有機的管理システムという。これらの類型はバーンズとストーカーが提示したものである（Burns and Stalker, 1961）。機械的管理システムにおいては，作業手続きが標準化されている程度が高く，意思決定の権限は上位に集中しているのに対して，有機的管理システムにおいては，職務遂行における自由裁量の余地が大きく，例外的事象に対しても上司に依存せずに現場の成員同士が水平的に調整して対応するという特徴をもつ。次項では，これらの管理システムがどのようなときに有効性を発揮するかについて説明していこう。

組織を取り巻く状況への適合

組織のコンティンジェンシー理論とは，ある組織形態や管理システムの成果は，環境や技術などの状況要因に依存し，唯一最善の組織が存在するわけではないと主張する理論である。たとえば，上でも議論したように，機能別組織や事業部制組織といった組織形態に関しては，多角化の程度などの経営戦略との適合度にその成果は依存するのである。経営戦略を含めたさまざまな状況要因に適合的な組織を選択すべきというのが，コンティンジェンシー理論の基本的なメッセージである。

状況要因のひとつが環境の不確実性である。バーンズとストーカーは，安定的な環境に対しては，機械的管理システムが適合し，不確実的な環境に対しては，有機的管理システムが適合的であると議論した（Burns and Stalker, 1961）。市場の変化などが少なく，また，例外的な問題が生じにくい環境であれば，業務内容を標準化し，もし例外が生じたときには管理職が集中的に対処することで，効率的に組織を管理することが可能である。それに対して，例外の頻度が高い状況では，業務内容をマニュアル化することが難しく，例外処理を管理職にのみ任せてしまうと迅速な対応ができなくなるという問題が生じる。それゆえ，業務を担当する成員に権限を与え例外処理を任せることが必要になる。

組織が採用する技術の特性も状況要因のひとつである。生産工程などで発生する例外の頻度が高く，また，問題の分析が困難である状況では，有機的管理システムが適合的であり，逆に，例外の頻度が少なく，発生する問題の分析も比較的容易である場合には，機械的管理システムが適合的である。新薬や最先端のソフトウェアの開発など高度な知識を用いる事業や，創造性を発揮する必要のある事業が前者に相当し，自動車産業などで採用されている大量生産システムは後者の例である。

組織構造の特徴は，一企業全体で統一的なものにする必要はなく，それぞれの部門が直面する状況に応じて，設計すべきである。たとえば，製品ポートフォリオにおける成熟事業と新規事業では，それを取り巻く状況は異なるだろう。ただし，部門間で組織の運営方法に大きな違いがあれば，両者の間で何かしらのコンフリクトが生じる可能性がある。どのようにコンフリクトに対応すべきかについては，第7章で議論したい。

Book guide 文献案内

- 沼上幹（2004）『組織デザイン』日経文庫。
  - ✏組織設計に関する必読書。組織設計の基礎を学べるだけでなく，「論理的な考え方」を身につけるのに最適な一冊。組織内部のポリティクスなどもう少し人間臭い議論を読みたい人は沼上（2003）『組織戦略の考え方　企業経営の健全性のために』（ちくま新書）がおすすめ。

- 桑田耕太郎・田尾雅夫（2010）『組織論（補訂版）』有斐閣アルマ。
  - ✏組織論に関する多様なトピックスを扱ったより専門的な教科書。組織について掘り下げて学びたい人はぜひ読んでみてほしい。

- ヘンリー・ミンツバーグ（2024）『ミンツバーグの組織論：7つの類型と力学，そしてその先へ』（池本千秋訳）ダイヤモンド社。
  - ✏コラムでも紹介した調整メカニズムの類型など，筆者独自の視点で組織のマネジメントについて体系的にまとめられている。

- メアリー・ハッチ＆アン・カンリフ（2017）『Hatch組織論：3つのパースペクティブ』（大月博司ほか訳）同文舘出版。
  - ✏本章ではオーソドックスな組織論のみを紹介したが，組織に対するアプローチは多様であることをこの本では議論している。そのアプローチを「モダン」「シンボリック」「ポストモダン」の3つに分類しているが，本章の議論はモダン・パースペクティブに含まれる。後者2つのアプローチもとても重要なので，この本を読んで学んでほしい。

Bibliography 参考文献

Burns, T., and Stalker, G. M.（1961）*The Management of Innovation*, Tavistock Publications.

Drucker, P. F.（1974）*Management: Tasks, Responsibilities, Practices*, Harper & Row.（野田一夫・村上恒夫監訳『マネジメント：課題・責任・実践』ダイヤモンド社，1974）

Fayol, H.（1916）*Administration Industrielle et Générale*, Dunod.（佐々木恒男訳『産業ならびに一般の管理』未来社，1972）
Mintzberg, H.（1973）*The Nature of Managerial Work*, Harper and Row.（奥村哲史・須貝栄訳『マネージャーの仕事』白桃書房，1993）

Chapter

第6章 組織を動かす

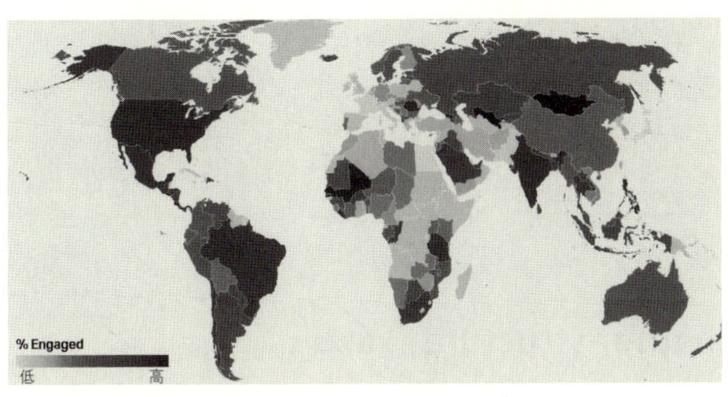

国ごとの従業員エンゲージメント（2021～23年）
出所：Global Indicator: Employee Engagement - Gallup.

Quiz クイズ

調査会社であるギャラップ社による世論調査（「ギャラップ調査」）では，各国を対象として「従業員エンゲージメント（employee engagement）」（仕事や職場に対する関与と熱心さの度合い）など従業員のウェルビーイングに関する調査も行われている。この調査では，従業員エンゲージメントが比較的高い層を「エンゲージしている従業員」として分類し，その2023年度の世界平均は23%程度であった。日本における「エンゲージしている従業員」の比率はa～cのどれだろうか。

a. 6%
b. 19%
c. 33%

Answer クイズの答え

a. 6%

19% は中国で，33% はアメリカの調査結果である。もちろん質問項目に対する回答の仕方などの文化差の影響も考えられるが，これだけ低い数値になるには経営上の問題があると考えた方がよいだろう。この質問項目には「私の上司は私をひとりの人間として配慮してくれる」「私の職場には私の成長を奨励してくれる人がいる」などがあるが，これらの従業員の期待に応えるのはリーダーの役割である。同社の日本に関するレポートでも，「上司にはもっと積極的にコミュニケーションをとってほしい」などの回答例があげられている。従業員のモチベーションとリーダーの行動は強く関連していることを本章では学んでいこう。

Chapter structure 本章の構成

前章では，組織全体の構造をどのように設計するかについて説明した。第 6 章と第 7 章では，組織成員の行動に焦点を当て，どのようにすれば成果の高い集団・組織をつくることができるのかを議論していこう。本章では，第 1 節で，モチベーション理論について紹介し，どのような要因によって組織成員は動機づけられるのかを説明し，第 2 節では，リーダーシップ理論を取り上げ，リーダーはどのような行動をとることで部下の成果を高めることができるのかについて説明することにしたい。

1 モチベーション

やる気を高め，それを持続させることは，仕事や学業などにおける成功の重要なカギのひとつである。自分にとって好きなことや得意なことであれば，努力するのはそれほど大変なことではない。しかしながら，ときには苦難が伴うことにも，苦手なことにも取り組まなければならない。たとえば，理想の体型に近づくには，好きなものを食べることを我慢し，きついトレーニングも続けなければならない。おいしそうなケーキを前にして，「明日から本気だす」とつぶやいた経験のある人は少なくはないだろう。もしくは，ネットの動画や SNS を見続けて，貴重な時間を浪費してしまうことに悩んでいる人も多いはずである。誘惑の多い現代社会において，モチベーションについて学ぶ意義はますます高まっているのである。

以下では，まず人々がもつ基本的な動機について整理したうえで，どのような要因によって人々は動機づけられるのかに関する理論を紹介していこう。

私たちは何に動機づけられるのか

仕事や勉強などの場面においては，私たちはどのような要因に動機づけられているのだろうか。ごく単純化すれば，私たちはプラスの報酬（お金や名誉など）を得るため，または，マイナスの報酬（仕事の失敗など）を回避するために努力している。たとえば，スマホで SNS を見る，という行為であれば，楽しさというプラスの報酬を得るためか，勉強などのいやなことから逃避するため，という理由が考えられる。それでは，より具体的に，私たちは何を求め，また，何を回避しようとしているのかについて見ていこう。

人々がどのような欲求を抱いているかは，古くから心理学者の主要な関心事であった。たとえば，マズロー（1970）は人間の基本的な欲求を整理した。そのうち代表的なものは，①生存欲求，②安全欲求，③所属と愛の欲求，④承認欲求，⑤自己実現欲求である。マズローは心理学における欠乏動機という概念を用いて，人々はどのように動機づけられるのかについて考察した。欠乏動機とは，ある欲求が欠乏状態にあるとそれを満たすために動機づけられること，である。たとえば，お腹が空いていれば食糧を求めて狩りなどの活動をするだろうし，大学入学後に孤独感を感じていればサークルなどの団体に所属しようとするかもしれない。さらに，マズローは，人間はある欲求を満たすと他の欠乏状態にある欲求を満たそうとする，と考えた。世間で高い評価を受け，承認欲求が充足している人は，自分の理想を追求し，自己実現欲求を満たそうとする，ということを想定しているのである。あらゆる状況でも，低次から高次の欲求に人々の関心が順にシフトしていくというわけではないけれども，私たちがどのような欲求を持ち，個々人の状況などによって関心が推移することを示した点において，マズローの研究は重要な意味を持っている。

近年の研究においても，ほぼ同様の知見が提示されている。ノーリアらの大規模企業の従業員を対象にした研究によれば，人々の欲求は，①取得動機，②連帯動機，③理解動機，③防衛動機に分類される（Nohria et al., 2008）。取得動機は報酬や地位などを得ようとする動機，連帯動機は他者との関係を構築しようとする動機，理解動機は好奇心を満たそうとする動機，防衛動機は外的な脅威から身を守り，また，正義や公平さを保とうとする動機である。これらのうちひとつでも十分に満たされていないものがあれば，他の動機を高い水準で満たしていたとしても，満足感を減らしてしまうことが明らかになっている。

それでは，どのような経営施策がこれらの動機を満たすことができるだろうか。たとえば，社内表彰のような制度は取得動機の満足に貢献するだろうし，昔ながらの社員旅行は連帯動機の満足につながるかもしれない。社員にとって興味深い仕事を開発することは理解動機の満足につながり，安全な作業環境の整備や透明性の高い評価制度は防衛動機と関連している。従業員の満足度の高い職場を作るためには，まずは，人々がどのような欲求をもっているかを理解することが重要になるのである。

内発的動機づけと外発的動機づけ

人を動機づける方法として，しばしばアメとムチ（英語では，carrot and stick と表現する）という表現が使われるが，これらはともに，プラスとマイナスの違いはあるものの，インセンティブを意味している。何らかの成果を引き出すには，ボーナスのようなアメか，叱責などのムチが有効である，という考え方を表している。これらの方法は，外発的動機づけともいわれる。報酬や懲罰など外的な要因によって喚起されるので，外発的動機づけと呼ばれるのである。それに対して，タスクそれ自体に対する興味や関心からやる気が喚起されることを内発的動機づけという。

内発的な動機を喚起できれば，外発的な報酬や懲罰に頼らなくて済むが，いつもタスクが興味深いとは限らない。タスク自体が単調なものであれば，内発的な動機を喚起するのは困難であるので，成果に応じて報酬を払うなどの方法で，外発的に動機づけることが必要になる。そのときには，タスクに対する努力や，その成果を正確に測定して，報酬に反映させる必要がある。

内発的動機づけと外発的動機づけに関連するひとつの重要な問題は，外発的な報酬の提供がタスクに対する興味を引き下げる可能性である。たとえば，子どもが自発的に絵を描いているとしよう。そのときに「一枚絵を書くたびに100円あげる」というと，その子どもはお金をもらうために絵を描く，という考えに変わる可能性がある。そのあと，報酬を与えないようになると，絵を描くことへの興味が弱くなってしまう，ということがある。このように，外発的な報酬を提供することで，内発的な動機が弱まる効果を，モチベーションのクラウディング・アウト効果という。たしかに報酬や懲罰などの外発的なインセンティブは使いやすく，効果的な場面も多い。しかしながら，タスクそれ自体への興味や関心を阻害する面も持ち合わせているので，注意して取り入れなければならない。

モチベーションの過程理論

マズローに代表されるように，人々がどのような欲求をもっているのかを明らかにする理論はモチベーションの内容理論と呼ばれるのに対して，人々はどのような要因によって動機づけられるのかを解明しようとする理論をモチベーションの過程理論という。ここでは代表的な過程理論として，期待理論，目標設定理論，職務特性モデル，衡平（公平）理論の4つの理論を取り上げる。

(1) 期待理論

たとえ魅力的な報酬が用意されていたとしても，努力しても成果が上がらず報酬がもらえない，と思っている場合には，やる気は高

コラム 13　報酬制度設計の難しさ

適切な報酬制度を設計するには，さまざまな問題を考慮しなければならない。経済学におけるプリンシパル・エージェント理論では，最適なインセンティブの設計方法が考察されている。プリンシパル＝依頼人と，エージェント＝代理人との関係に関する理論であり，経営者を依頼人とすると，従業員は代理人として経営者からの命令を遂行する。基本的な前提として，従業員は働くのを好まないと想定するので，怠業を防ぐインセンティブを設計する必要がある。もし，従業員の働きぶりを完全に監視できるのであれば，その労力に対する見返りとして報酬を支払えばよい。監視が十分にできない場合でも，努力と成果の関係がいつも一定であれば，成果から努力量を推測することができるので，成果を基準にして報酬を払えばよい。しかし，多くの場合，成果は天候などのランダムな要因の影響を受ける。その際，従業員がランダムな要因の影響を被るリスクを嫌うのであれば，完全な成果主義ではなく，固定給と成果主義を合わせることが適切な報酬体系となる。

この問題は集団で作業する場合にはより複雑になる。集団の成果が個々人の貢献の単純集計であれば問題はそれほど難しくはない。しかし，メンバーのタスクが複雑に相互依存している場合には，個人の貢献と集団の成果の関係はあいまいになる。このようなタスクの性質をチーム生産という。チーム生産においては，個人の働きぶりに対する監視ができなければ，怠業が発生しやすくなる。完全な監視はできないとしても，上司や，部下同士で個人の努力を監視することが，適切なインセンティブの設計において重要となるというのが経済学における基本的な議論である。しかしそもそも徹底して監視されていることに嫌悪感をもつものも少なくない。本章や次章で議論するように，組織コミットメントやチームワーク，仕事の意義などを高めることで，怠業を防ぐほうが効果的なアプローチかもしれない。

まらない。逆に，努力がきちんと成果につながり，それに応じて報酬が与えられる期待を持てる場合には，強く動機づけられるはずである。このような人々の期待に注目した理論が期待理論である。

期待理論の基本的なフレームワークは次のように表現される。

F＝V×I×E

F：モチベーションの強さ

V：誘意性（Valence）

I：道具性（Instrumentality）

E：期待（Expectation）

誘意性とは，報酬に対して主観的に認識される価値である。高い成果を上げた社員に対して，金銭的報酬を支払うことになっていたとしても，その社員が異なる報酬，たとえば，長期の休暇などを求めている場合には，モチベーションを強めることにはならない。社員が求める報酬を提供するのが理想的である。

道具性とは，成果と報酬の関連性に関する主観的な確率である。仕事上の高い成果を達成すれば，適切に評価され，報酬へと反映される，という認識をもっていれば，高い成果を達成しようという意欲が向上する。反対に，どのような成果を上げたとしても，報酬に反映されないと思っていれば，モチベーションを高めるのは難しいだろう。

期待とは，努力と成果の関係に関する主観的な確率である。たとえば，勉強に多くの努力を費やしたとしても，テストでいい点数は取れないと考えていれば，努力する気にはならないだろう。モチベーションを維持するためには，努力が成果につながることに対するポジティブな期待をもつことが重要なのである。

(2) 目標設定理論

企業経営において目標は多くの場面で登場する。たとえば，会社全体と個々の部門における売上高や市場シェアの目標や，従業員であればスキルの獲得などの目標である。また，会社で働くようになれば，KPI（Key Performance Indicator，重要業績評価指標）や MBO（Management by Objectives，目標管理）などの用語を耳にすることもあるだろう。これらは目標を設定し，その達成状況を確認することで，効率的な経営を実現しようとするものである。このような目標を重視する経営管理と関連するモチベーション理論が目標設定理論である。

目標設定理論を提唱したロックとレイサムによれば（Locke and Latham, 1990），目標を設定する場合としない場合では，前者の場合おいて，作業者の成果が高まることが確認されている。たとえば，生徒に対して「今日は勉強を頑張ろう」というのではなく，「今日は，国語と数学の問題集をそれぞれ5ページずつやってみよう」と目標を伝えたほうが生徒の勉強効率は高まるはずである。目標を設定されることで，目標を達成することがひとつのチャレンジとなり，タスクに楽しさを追加することになる。また，過去の自分や，他者の達成度合いと比較しやすくなることも，モチベーションを高める一因である。

より適切な目標設定の条件として，以下の点が指摘されている。①あいまいな目標ではなく明確な目標を徹底すること，②簡単すぎたり難しすぎたりするよりも，達成可能な程度に困難な目標を設定すること，③目標を設定する際には，リーダーが一方的に提示するよりも，部下とともに話し合い，その意見を反映した目標を設定することである。第1の点については，「集中して頑張ろう」などではなく，具体的な数値目標を提示する方が好ましい。第2の点については，たとえば，サッカー日本代表の監督が「ワールドカップで優勝をする」という目標を設定したとしても（現時点では）非現実的であり，目標達成に至る道筋をきちんと描くことができないだろう。とはいっても，「今大会も予選を突破する」という目標では選手を鼓舞することは難しいだろう。第3の点については，より民主的な管理を求める組織ほど，目標を分権的に決めるほうが目標に対するコミットメントは強まりやすい。ただ，どの程度の目標が適切かを本人が判断することが難しい場合もあるので，その際には上司が権限を行使して目標を設定する必要があるだろう。

(3) 職務特性モデル

私たちは，どのようなタスクを行うときに，強く動機づけられるのだろうか。たとえば，ただネジを締めるだけのような単純作業よりは，新規事業のアイデアを練るような創造的なタスクのほうがやりがいを感じるだろう。また，厨房で野菜を切るなどの下ごしらえだけをするよりは，調理全般を担当するほうが強く動機づけられるだろう。ハックマンとオルダムは，職務特性モデルを提示し，作業者を強く動機づける職務の性質を明らかにした（Hackman and Oldham, 1976）。

モチベーションを高める職務の特性として，次の5つをあげることができる。

①スキル多様性：タスクの遂行に求められるスキルが多様であること

②タスク完結性：タスクの全体を把握しやすいこと

③タスク重要性：担当するタスクの重要性が高いこと

④自律性：タスクに対する決定権を有していること

⑤フィードバック：タスクの成果に対する何らかの評価が得られること

この議論をふまえると，厨房において下ごしらえだけよりも調理全般を担当するほうがスキル多様性は高く，また，タスク完結性も高いので，モチベーションは高くなりやすいと解釈することができる。上司から言われただけのことをする職場よりも，ある程度の裁量権を与えられているほうが部下のやる気は高くなる。また，フィードバックに注目すれば，オンデマンドで授業を配信する場合に比べて，対面で授業するときのほうが受講者からの反応を得やすいので，教師は職務満足を得やすいと予測することができるだろう。

(4) 衡平（公平）理論

適切な評価と処遇は，私たちのモチベーションに大きな影響を与える。努力や成果が報酬などに適切に反映されなければ，やる気を失うのは自然なことである。評価における公平感に注目したのがアダムズ（Adams, 1963）である。彼はとくに比較対象としての他者の存在に注目し，衡平理論を提唱した（公平理論ともいう）。

衡平理論では，タスクに対するインプットとアウトカムについて他者と比較した際の公平感がモチベーションに影響を与えるとされている。ここでいうインプットは努力や能力であり，アウトカムは金銭的・非金銭的な報酬である。このインプットとアウトカムの比率について，従業員は他者と比較すると想定するのである。この比率が等しい状況は次のように表される。

Op/Ip＝Oo/Io

Op/Ip：自己のアウトカム・インプット比率

Oo/Io：他者のアウトカム・インプット比率

この比率が他者のほうが大きい場合には，私たちは報酬が過少で

コラム 14　生産工程と職務設計

行き過ぎた分業を行えば，スキル多様性やタスク完結性が低下し，モチベーションが低下する可能性がある。生産工程において従業員の作業を単純化したものの典型は，ベルトコンベアー方式における流れ作業である。そこでは作業者はごく限られたタスクを繰り返し行うことになる。チャップリン監督の映画「モダン・タイムス」でも，単純化された生産工程の非人間性が批判的に描かれている。それに対して，たとえば，作業者が複数の作業を行い，1人で完成品を組み立てるセル生産では，職務満足が高くなりやすいのである。たとえば，パソコンの製造・販売を手掛けるマウスコンピュータは，受注生産のパソコンの組み立て工程においてセル生産方式を採用し，作業員ひとりで完成品を組み立てる体制をとっている。この方式をとることで注文に対しても柔軟に対応でき，また欠陥があった場合の原因を特定しやすいなどのメリットがある。

Column 14

あると感じ，不満をもつことになる。この不公平感を解消する方法はいくつか考えられる。第1には，インプットやアウトカムの水準を変えることである。具体的には，自分のインプットすなわち努力を減らすことや，会社であれば上司にアウトカムとしての報酬を上げるように訴えることである（他者の報酬を下げることは現実的ではないかもしれないが，他者に対してもっと努力するように忠告することはありうるだろう）。第2に，インプットやアウトカムの主観的な評価を変えることである。たとえば，残業が少ないなどの賃金以外の報酬を評価しなおすことや，自分の努力量を低く評価しなおす，もしくは，他者のインプットを高く評価しなおすことである。第3に，比較対象を変えることである。比較対象とする他者は同僚とは限らない。異なる会社に勤める知人も比較対象になりうる。不公平感を持ち続けることは人間にとって不快な状態なので，公平感を感じられるように比較対象を変えることもありうるのである。

逆に，アウトカム・インプット比率が自分の方が高いという状態もありうる。報酬過剰な状況をただ「ラッキー」と思えるような人であれば，とくにこの比率を変えようとはしない。もし，報酬過剰な状況が居心地悪く感じるのであれば，インプットの量を高めたり，「自分は評価に値する能力をもっている」と自己の能力をより高く評価したり，比較する他者を変えたりすることで，報酬過剰な状況を修正しようとするのである。

2 リーダーシップ

集団や組織など複数人でタスクを遂行するとき，誰かが統率する役割を担うことがほとんどである。このとき，単に成員の活動を調整するだけでなく，モチベーションを喚起するように，適切に影響力を行使できる者のほうが，高い成果を達成することができるだろう。次で詳しく定義するように，集団・組織において他の成員に対して影響力を行使することがリーダーシップである。ここでは，リーダーシップの本質と，集団・組織の成果に与える影響について議論していくことにしよう。

リーダーとマネージャー

第5章では，ファヨールがマネージャーの機能を，①計画，②組織化，③命令，④調整，⑤統制の5つにまとめたことを紹介した。同様に，ドラッカーは，その機能として，①目標の設定，②組織化，③動機づけとコミュニケーション，④成果の測定，⑤人的資源の開発の５点をあげていた。本節のテーマであるリーダーシップは，このリストの中に明示的に示されているわけではない。それでは，リーダーシップはどのように定義できるだろうか。

リーダーシップとは，組織において何を，どのようになすべきかについて，部下から合意を得るために影響力を行使し，また共有された目的を達成するための努力を促すプロセスである（Yukl, 2013）。簡単にいえば，組織の目的を達成するように部下に対して影響力を行使することがリーダーシップである。この定義に基づけば，よい計画を作成するだけでは，リーダーシップを発揮しているとはいえないのである。管理することと，リーダーシップを発揮することは，部分的に重複するものの，同一の機能ではない。この違いについて考えてみよう。

コッターは，マネジメントとリーダーシップの機能の違いについて議論している（Kotter, 1990）。彼によれば，マネジメント，すなわち広い意味での経営管理は，組織の秩序や一貫性を実現するのに対して，リーダーシップは変化を引き起こすことであるとしている。コッターの議論では，組織において何らかの変化を引き起こすことが必要になるのがリーダーシップであると考えられている。より具体的には，以下のように，マネジメントとリーダーシップの機能の違いが議論されている。

①計画の作成 vs. 進むべき方向の提示：

マネジメントの機能は，具体的な計画やタイムテーブル，予算を策定することで複雑性に対応することである。それに対して，リーダーシップの機能は，組織が実現すべき将来のビジョンと方向性を示すことである。

②組織化と人材配置 vs. ビジョンに共鳴する人材の集約：

マネジメントの機能は，組織を設計し，人材を配置し，ルールやルーティンを決めることである。それに対して，リーダーシップとは，組織のビジョンと方向性を理解し，それにコミットできるチームをまとめあげることである。

③統制と問題解決 vs. 鼓舞し動機づけること：

マネジメントは，従業員を監督し，必要があれば管理下で生じた問題の解決に取り組むことである。それに対して，リーダーシップは，従業員を鼓舞し，動機づけることである。

現実におけるマネージャーは，コッターが言うところのマネジメントとリーダーシップの両方の機能を果たしている。マネージャーが置かれた状況によって，たとえば，安定した環境であればマネジメントの比重が大きくなり，新しい事業に着手するときなどはリーダーシップの比重が大きくなるだろう。また，必ずしもマネージャーのポジションにない者でも，リーダーシップを発揮することもある。この2つの機能を集団や組織で適切に行使することが求められるのである。

リーダーシップとパフォーマンス

部活動の主将であっても，企業の経営者であっても，組織の長を任せられた者は，どのようにリーダーシップを発揮すれば，高い成果を得られるかについて頭を悩ませることだろう。強いリーダーを目指して部下に接する人もいるだろうし，反対に，部下の意見に耳を傾けて民主的に管理しようとする人もいるだろう。どのような状況でも高い成果をもたらす唯一最善のリーダーシップがあるわけではない。第5章で議論した組織のコンティンジェンシー理論と同様に，リーダーを取り巻く状況にあわせて，適合的なリーダーシップを行使する必要がある。ここでは，リーダーシップと成果との関係に注目したいくつかの研究を紹介していこう。

(1) ミシガン研究

1940～50 年代にかけてミシガン大学のレンシス・リッカートを中心に行われた研究を紹介しよう（Likert, 1961; 1967）。この研究では，企業や学校，病院，軍隊など，さまざまな組織を研究対象とし，そのなかで，高い成果と低い成果の集団を比較し，リーダーシップの行動の違いを明らかにした。

表 6-1 にまとめているように，高業績部門では，部下の自主性を重んじる従業員中心的な監督行動が見られ，目標は明確にするものの仔細には指示をしない全般的な監督行動がとられていた。また，監督の役割に専念し，その代わりに対外的な活動に時間を割き，部下の失敗に対しては寛容であった。

これに対して低業績部門では，リーダーは決められた方法に従わせることを重視した職務中心的な監督行動や，部下に対して詳細に指示を出す監督行動が見られていた。また，部下の職務にも関与し，部下の失敗に対しては批判的であった。

ミシガン研究の結論は，前者のようなより分権的な管理のほうが好ましい成果が得られるというものである。たしかに分権的な管理のほうが部下が自主性を発揮するようになるだろうし，仕事上の満足度も高まるはずである。ただし，たとえば，部下の能力がある程度高くなければ分権的に管理することは難しいなどの点には注意する必要がある。このように状況に応じてリーダーの行動を考慮すべきという考えは，以下のコンティンジェンシー理論のところで詳しく説明することにしよう。

表 6-1 ミシガン研究の知見：高業績部門と低業績部門のリーダー行動

高業績部門	低業績部門
・従業員中心的な監督行動	・職務中心的な監督行動
・全般的な監督行動	・詳細な指示を行う監督行動
・監督の役割に専念	・部下の仕事を自ら行う
・部下の失敗を学習の機会に活かす	・部下の失敗に対して批判的

(2) オハイオ研究

ミシガン研究と同時期にオハイオ大学でも，ラルフ・ストグディルらを中心にリーダーシップ研究が行われていた（Stogdill, 1974）。オハイオ研究と呼ばれるこの研究は，①リーダー行動の特徴を測定する尺度を開発し，②その行動と成果（従業員満足や業績）との関係を明らかにすることを目的としていた。尺度というのは，ごく単純化して言えば，ある現象を測定するための質問項目のまとまり，のことである。

ストグディルらが注目したリーダーの行動としては，対立的要請の調整や不確実性への耐性などがあるが，そのなかでも構造づくりと配慮という次元がリーダーの行動を包括的に説明できると判断された。構造づくりと配慮とはそれぞれ次のような行動を表している。

①構造づくり：

部下が目標の達成に向けて効率的に職務を遂行するのに必要な構造もしくは枠組みを部下にもたらすリーダーの行動。

②配慮：

集団内での相互信頼や，部下の考えの尊重，部下の感情に対する気配りによって特徴づけられる人間関係を生み出すリーダーの行動。

オハイオ研究では，構造づくりと配慮について，それぞれ高い水準で達成しているリーダーの成果が高いことが明らかにされている。たしかに集団でタスクを遂行するときには，構造づくりが不十分であれば効率性は達成されず，配慮が欠けていれば従業員の不満が蓄積される。それゆえ，この2つの機能が重要とされているのである。

ミシガン研究においては，高業績部門では，従業員中心的な監督行動などが見られ，低業績部門では，職務中心的な監督行動が見られるという知見が得られた。この2つの研究を厳密に比較することはできないが，この低業績部門の特徴は，リーダーによる配慮の行動が十分ではなかったために，成果が低かったと考えることができるだろう。集団の成果にとっては構造づくりと配慮の両方が必要であるという知見は納得性が高いものの，状況に応じていずれかがより重要であるということも起こりうる。このような観点に立つ研究が以下で紹介するリーダーシップのコンティンジェンシー理論である。

リーダーシップのコンティンジェンシー理論

リーダーシップと成果との関係を考えるうえで，どのような状況でも，あるリーダーシップ・スタイルが有効かどうかは重要な問題である。企業を取り巻く環境が安定的かどうか，部下のスキルが高いかどうかなど，その状況に応じて最適なリーダーシップ・スタイルがあるはずである。こう主張するのがリーダーシップのコンティンジェンシー理論である。

リーダーシップのコンティンジェンシー理論のひとつが，エバンスやハウスが提唱した経路‐目標理論である（Evans, 1970; House,

1971)。職務における目標とその達成のための経路の設計におけるリーダーの役割に注目したものである。目標と明確を明確にする行動は経路‐目標明確化行動と呼ばれ，オハイオ研究における構造づくりに対応する。

経路‐目標明確化行動によって，部下は何が求められているか，その達成には何が必要か，また，達成と報酬との関係についてよく理解することできる。この理論は期待理論に基づいている。すなわち，部下は，目標達成の魅力を認識することで，報酬の誘意性が高いと感じるようになり，また，目的達成の経路が明確になることで期待を高く認知し，報酬との関連が明確になることで道具性を高く評価するようになると考えられているのである。

経路‐目標理論で考慮されている状況要因は，タスクの不確実性である。経路‐目標明確化行動は，タスクがあいまいである場合に有効性を発揮する。逆に，タスクが明確である場合には，経路‐目標明確化行動は，冗長なものとして捉えられる。タスクが明確で，単調である場合には，支持的行動というオハイオ研究における配慮のリーダーシップをとるところで，部下の不満は軽減される。このようなさまざまな状況に応じて，リーダーはとるべき行動を変えなければならないのである。

変革型リーダーシップ

組織の成果に貢献するリーダーシップ・スタイルに関して，上で議論してきたような構造づくりや配慮以外にも，さまざまな研究が行われているが，ここではそのひとつとして変革型リーダーシップについて紹介しよう。変革型リーダーシップ（transformational leadership）は，大きな組織変化など，非定型的な業務を遂行するために必要とされるものとして注目されている。これに対して，構造づくりのようにこれまで議論されてきたリーダーシップ・スタイルは交換型リーダーシップ（transactional leadership）として対比的に捉えられている（Burns, 1978）。

交換型リーダーシップは，目標の設定や，成果の明確化，フィードバック，成果に対する報酬の提供などによって，フォロワーに対して影響を及ぼすリーダーシップである。これに対して，変革型リーダーシップは，フォロワーを理念的に鼓舞することで，事前の予想を上回る成果を達成させるような行動である。組織が目指すべき理念やビジョンを効果的に示すことで，部下を鼓舞する（inspiring）というのが，これまでのリーダーシップの議論では十分に議論されてこなかった点である。

変革型リーダーシップをより具体的に特徴づける要素は「4つのI」としてまとめられている。

①理想化された影響（idealized influence）：

リーダーは高い倫理的基準を保ち，部下にとっての模範となるロールモデルとなることで，影響力を行使する。

②鼓舞する動機づけ（inspirational motivation）：

リーダーは，個人的な利害を超えた組織のビジョンやミッションを示すことで，部下を強く動機づける。

③知的刺激（intellectual stimulation）：

リーダーは部下に対して，創造的に，革新的になるように促し，部下や組織に対する既存の考えを打破するように刺激を与える。

④個別配慮（individualized consideration）：

リーダーは部下の個別のニーズを満たすような環境を提供し，また，部下の能力を伸ばすように支援する。

コラム 15 「命令では人は動かない」

マイケル・アブラショフ（Michaell Abrashoff）が，1997 年にアメリカ海軍の誘導ミサイル駆逐艦ベンフォールドの艦長になったとき，乗組員の士気は低く，離職率も高い状況にあった。離職の原因を調べると，多くあげられていた順に，「上司から大切に扱ってもらえない」，「積極的な行動を抑え込まれる」，「意見に耳を貸してもらえない」，「責任範囲を拡大してもらえない」，その次に「給料が安い」ことであった。この状況を打開すべく，アブラショフは乗組員に対して「君たち 1 人ひとりが艦長だ（it's your ship）」と伝えることで，艦のビジョンを明確にし，積極的に部下の提案を採用するようにした。その取り組みの結果，ベンフォールドは米海軍で最も成果の高い艦となった。「命令では人は動かない」というのもアブラショフの言葉である。人を動かすためには，明確なビジョンを示し，また，命令が実行されるために必要な資源や訓練を提供することが必要であると述べている。規律の厳しい軍隊であっても，権限に依存した命令だけでは人を十分に動かすことができないのであれば，企業であればなおのことだろう。

Column 15

これらのうち個別配慮はそれまでもリーダーシップ研究でも指摘されていた点であるが，それ以外の 3 つの項目については変革型リーダーシップに関する議論の中で新たに強調されてきたといってよいだろう。部下が共鳴する魅力的なビジョンを考案するのは容易なことではないが，「組織を動かす」ためには単に報酬を提示するだけでなく，人々の価値観に訴えることが重要なのである。

Book guide 文献案内

- スティーブン・ロビンス（2009）『組織行動のマネジメント：入門から実践へ（新版）』（高木晴夫訳）ダイヤモンド社。

➡モチベーションやリーダーシップなどについて説明されている組織行動論の定番の教科書。第7章で扱うコンフリクトなどのトピックスについても触れられている。

● DIAMOND ハーバード・ビジネス・レビュー編集部編訳（2009）『新版動機づける力：モチベーションの理論と実践』ダイヤモンド社。

➡『ハーバード・ビジネス・レビュー』に掲載されたモチベーションに関する論考を集めた論文集。ハーズバーグの古典的な論文から，より近年の論文まで幅広く掲載されており，多様な観点からモチベーションについて考えるきっかけになる。

● 金井壽宏（2005）『リーダーシップ入門』日経文庫。

➡リーダーシップに関する理論的な議論と，実際のリーダーによる洞察がバランスよく紹介されていて，楽しみながらリーダーシップの基本を学ぶことができる一冊。

Bibliography 参考文献

Adams, J. S. (1963) "Toward an Understanding of Inequity," *Journal of Abnormal and Social Psychology*, 67, 422-436.

Burns, J. M. (1978) *Leadership*, Harper & Row.

Evans, M. G. (1970) "The Effects of Supervisory Behavior on the Path-Goal Relationship," *Organizational Behavior and Human Performance*, 5(3), 277-298.

Hackman, J. R., and Oldham, G. R. (1976) "Motivation Through the Design of Work: Test of a Theory," *Organizational Behavior and Human Performance*, 16(2), 250-279.

House, R. J. (1971) "A Path Goal Theory of Leader Effectiveness," *Administrative Science Quarterly*, 16, 321-339.

Kotter, J. P. (1990) *What Leaders Really Do*, Harvard Business Review, May-Jun, 68(3),103-111.

Likert R. (1961) *New Patterns of Management*, McGraw-Hill.（三隅二不二訳『経営の行動科学：新しいマネジメントの探求』ダイヤモンド社，1964）

Likert R. (1967) *The Human Organization: Its Management and Value*, McGraw-Hill.（三隅二不二訳『組織の行動科学：ニューマン・オーガニゼーションの管理と価値』ダイヤモンド社，1968）

Locke, E. A., and Latham, G. P. (1990) *A Theory of Goal Setting & Task Performance*, Prentice Hall, Inc.

Maslow, A. H. (1954) *Motivation and Personality*, Harper & Row.（小口忠彦訳『人

間性の心理学：モチベーションとパーソナリティ（改訂新版）』産業能率大学出版部，1987）
Nohria, N., Groysberg, B., and Lee, L. (2008) "Employee Motivation: A Powerful New Model," *Harvard Business Review*, Jul-Aug, 86 (7-8), 78-84.
Stogdill, R. M. (1974) *Handbook of Leadership: A Survey of Theory and Research*, Free Press.
Yukl, G. A. (2013) *Leadership in Organizations*, 8th ed, Pearson.

ヒトを活かす

第 7 章 Chapter

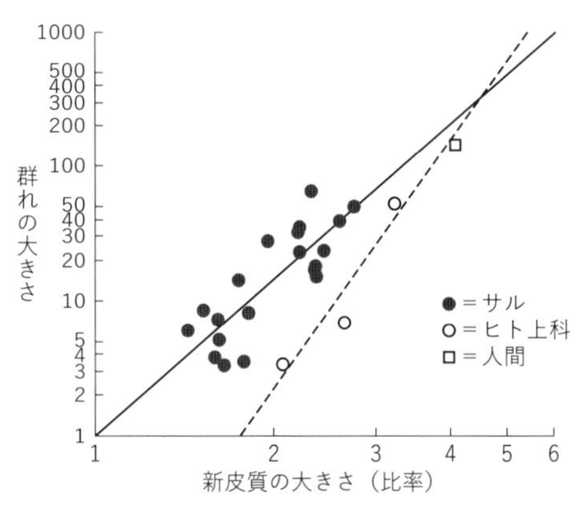

出所：Dunbar (2003), p. 165.

Quiz クイズ

人々が形成する集団の規模は知能が発達するにつれて大きくなってきた。人類の脳の大きさがゴリラ程度の 500 cc であった時代では，典型的な集団の規模は 10～20 人であった。それでは，現代人と同程度に脳が発達したとき，安定して維持可能な集団の規模は何人くらいになるだろうか。ここでいう「安定して維持可能な」とは，互いに認識できる関係が維持されている，という意味である。

a. 50 人程度
b. 150 人程度
c. 600 人程度

Answer クイズの答え

b. 150 人程度

進化人類学者のロバート・ダンバーは，大脳新皮質が脳に占める割合と霊長類が形成する群れの大きさには相関があるという知見に基づき，現代人の脳であれば，150 人程度が安定して維持できる集団規模であると考えた。それ以上になれば互いに集団として認識しにくくなるのである。ただし，この数字は情報技術の発達などは考慮していないため，人間の知能を補完する技術が発達している現代では，より大きな集団を安定的に維持することが可能になっているかもしれない。

Chapter structure 本章の構成

第 5 章では，組織全体の構造をどのように設計すればよいかについて議論し，第 6 章では，組織を実際に動かすための基本的な要素として，モチベーションとリーダーシップについて議論した。第 7 章では，第 6 章に続いてヒトの問題に焦点を当て，より具体的に人的資源を活かすための組織づくりについて考察したい。第 1 節では，まず人的資源に焦点を当てた組織の成果として，職務満足度や組織コミットメントなどの概念について説明する。第 2 節では，成果の高い組織をつくるための人事施策に関する議論として「高業績人事管理システム」を紹介する。第 3 節では，人事管理システムのなかでも採用に注目し，組織にとって必要な人材をどのように確保し定着させるか，という問題について議論する。第 4 節では，より少人数の集団に注目し，主体性や創造性の高い集団のつくり方や，集団において生じやすい問題として社会的手抜きや同調圧力などについて説明する。

1　組織の成果を測る

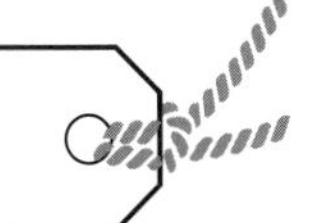

組織を管理するためには，何らかの方法でその成果を測定する必要がある。もっとも明確であるのが，利益率や市場シェアなどの経営指標によって組織や部門の成果を測ることである。企業を経営する以上，経営指標を重視するのは当然であるが，これらの指標に表れにくい成果についても考慮しなければならない。たとえば，従業員がやりがいを強く感じていることや，離職率や欠勤率が低いことなども，組織において重視されるべき成果であろう。ここでは，やや見えにくいけれども重要な成果の指標として，従業員が感じる職務満足度や，組織コミットメント，組織市民行動についてそれぞれ説明することにしよう。

職務満足度

職務満足度は，従業員が職場に対してどのような感情を抱いているかを知るためには，比較的わかりやすい指標のひとつである。職務満足度を測定するときには，従業員に対して，与えられる責任や，達成感，昇進，賃金などの項目について，どれくらい満足しているかを質問票調査などで測定するのが一般的な方法である。

第6章で議論したように，人間は基本的な動機として，取得動機，連帯動機，理解動機，防衛動機をもっており，これらの動機を広く満たすことで職務満足度を高めることができる。取得動機であれば適切な報酬の支払い，連帯動機であれば信頼できる人間関係など，それぞれの動機を満たすような人事施策を設けることが必要である。職務満足度を高めることにより，離職率が低くなることや，次節で議論する組織コミットメントが高まるなどの効果が期待できるのである。

組織コミットメント

私たちは所属している組織に対して，何らかの心理的な結びつきを感じることがある。これまで所属してきた組織の中でも，心理的な結びつきを強く感じた組織もあれば，それほど強い結びつきを感じられなかった組織もあるだろう。また，同じ組織においても，そのような結びつきを強く感じる者も，あまり感じられない者もいるはずである。このような組織と個人の心理的なつながりを示す概念が組織コミットメントである。より正確には，組織コミットメントは，「ある特定の組織に対する個人の同一化および関与の相対的な強さ」（Mowday et al., 1979）と定義される。ここでいう同一化は，組織と自己が一体となっている感覚をもっている状態のことであり，また，関与は，組織の活動に深く取り組んでいる程度である。

組織コミットメントはいくつかのタイプに分けられる。アレンとメイヤーによれば，組織コミットメントは，①継続的コミットメント，②規範的コミットメント，③情緒的コミットメントに分類される（Allen and Meyer, 1990）。継続的コミットメントは，従業員が組織を去る時に発生するコストから生じるものである。組織に参加することで，その組織だからこそ活かせる知識や人間関係を獲得していくが，その組織を退出するときには，これらの資源から得ていた便益を失うことになる。このような組織からの退出に伴うコストを考慮して組織にとどまろうとすることを継続的コミットメントという。

それに対して，規範的コミットメントとは，組織に所属し続けなければならないという義務感を理由として生じるものである。たとえば，新入社員は，1年もたたないうちに退社するのは好ましくないと感じるだろう。社会的なルールに反するべきではないという意識から生じるのが規範的コミットメントである。

最後に，情緒的コミットメントは，組織に対して感情的な愛着を原因とするコミットメントである。これが「組織コミットメント」という概念から最も想起しやすいコミットメントだと思われる。後述するように，これら3つのコミットメントのうち。情緒的コミットメントが組織に対してプラスの効果をもたらしやすいため，これを強めることが企業経営においては重要な課題となる。

組織に対するコミットメントはどのような要因によって高められるのだろうか。容易に想像がつくのは，組織に在籍する年数の長さである。組織に在籍する年数が長ければ長いほど，組織を離脱するコストは高く感じられ，また，情緒的なつながりも強くなりやすい。また，同じ勤続年齢だとしても，管理職についている者のほうが，責任ある仕事を任されているため，情緒的なコミットメントが高まるだろうし，会社を辞めてはいけないという規範的なコミットメントも強く感じるはずである。

前章で議論したリーダーシップも部下が感じる組織コミットメントに影響しうる。たとえば，タスク志向よりも人間関係志向のリーダーシップのほうが，情緒的コミットメントを高めやすい（Yousef, 2000）。また，変革型リーダーシップも，知的な興味を引き出したり，個別的な配慮を示したりすることで，情緒的コミットメントを高めることに貢献する（Podsakoff et al., 1996）。

専門職のように，他の組織に異動しても技術や知識が利用しやすい場合には，継続的コミットメントは形成されにくい。そのため，専門職組織では，継続的コミットメント以外のコミットメントを高めるような施策が必要になるだろう。専門職組織は潜在的には転職が生じやすいけれども，組織コミットメントを高める効果的な施策を展開しなければ，貴重な人的資源をますます失いやすくなることには注意しなければならない。

組織市民行動

組織のポジティブな状態を表す概念として，組織市民行動について紹介しよう。組織市民行動とは，公式的な職務体系では評価されないものであるが，それが集積することで組織の成果を促進する個人の行動（Organ et al., 2005）のことである。会社と従業員の間の雇用契約は，職務として何をすべきかが明確に規定されているわけではない。職務の範囲があいまいである状況では，「どこまでが自分の仕事か」についての判断が個人に委ねられているところがある。たとえば，上司から指示されていない状況で，体調の悪い同僚の仕事を率先して手助けする，などである。このような正式な職務ではないが，組織の成果に貢献する行動が多く見られる組織が好ましい状態にあるといえるだろう。

組織市民行動は，その定義として，強制されたものでもなく，正式な給与体系で保証されたものではない，とされている。しかしながら，給与に反映されなくても，何かしらの評価がされなければ，組織市民行動は行われにくいだろう。一切の見返りを期待しない利他的行動は，親子のような，ごく限られた関係でしか見られない。多くの場合は，何らかの返礼を期待して善意が提供されるのである。よい行いは（悪い行いも）返報されるべき，という互恵性の規範の

コラム16　直接互恵性と間接互恵性

互恵性は直接互恵性と間接互恵性に分けられる。直接互恵性は，利他的行動の受け手が，その送り手に対して直接的に返礼する互恵性であるのに対して，間接互恵性は，利他的行動の受け手から直接的な見返りは期待できない場合でも，良い評判を得ることで第三者からの見返りが期待できる互恵的な関係を示している。この2つのタイプの互恵性が働くことで，社会において利他的行動がとられやすくなっている。評判という情報を蓄積・伝達できる社会のほうがより広範な関係性の中で，協力的な行動が促されるようになる。

組織においても，仕事を手伝ってくれた人には何らかの形でお礼をしようとするし，また，普段から同僚に協力的な人はよい評判を蓄積しているので，第三者からも協力してもらえる可能性は高まるだろう。逆に，いつも自分のことしか考えていないような人は，助けを必要とする状況になっても，誰からも支援を得られないかもしれないし，責任ある仕事を任されなくなるかもしれない。

中で私たちは生活している。それゆえ，組織市民行動も，それを受けた当事者から返礼されるだけでなく，組織としても評価されることが重要になる。

組織市民行動は，上で紹介した職務満足度や組織コミットメント（とくに情緒的コミットメント）を強く感じている者によって実践されやすいことが知られている。また，組織における公平性の認知や，リーダーによる配慮行動や変革型リーダーシップによっても組織市民行動は促進される（Organ et al., 2005）。公平性の認知を高めるためには，組織に対する貢献度が適切に評価されることが必要である。組織市民行動は正式な業務の範囲外であるものの，適切に評価されるという期待が高いことが重要なのである。

2　高い成果を支える人事管理システム

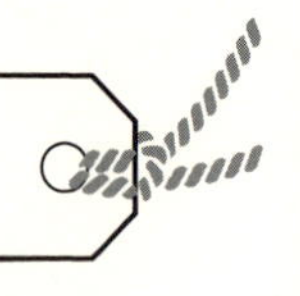

人的資源管理論では，どのような人事管理システムが高い成果をもたらすかが検討されてきた。この分野では，高い成果をもたらす人事管理システムは高業績人事管理システム（HPWS：High Performance Work Systems）と呼ばれている。選択的スタッフィング（採用と登用），人材教育投資，意思決定などの点に注目し，高い成果を実現する人事システムに関する研究が行われている。どのような人事システムが高い成果をもたらすかは，業種などの要因によっても異なるため，ある特定の人事システムがいかなる組織にとっても有効であるというわけではない。それゆえ，ここでは，主に，従業員の主体性や創造性が重要となる状況において高い成果を発揮しうる人事管理システムについて説明していこう。

選択的スタッフィング

選択的スタッフィングとは，企業や職務に適した人材を適切に採用または登用することである。これはごく当たり前のことかもしれないが，個人的な感情や利害，人間関係といった能力とは関係のない基準で採用・登用することは，残念ながら組織においてしばしば見られることである。このようなスタッフィングをしている限り，適材適所が実現されないばかりか，能力のある人々のやる気を大きく損なうことになることは組織にとって大きなマイナスである。

「いい人材」を採用・登用することが重要なのは当然であるが，組織がどのような人材を必要とし，どのように能力を判断するのかは簡単な問題ではない。知能テストや語学などの筆記試験で高い得点を取る人材が，自社にとって適した人材とは限らないのである。能力を多面的に捉え，どのような能力を必要としているのかを慎重に考えなくてはならない。この点については，次節で詳しく説明することにしよう。

成果に応じた報酬

実力主義という点では，選択的スタッフィングと共通する考え方であるが，個人もしくは組織の成果に応じて報酬を提供することもHPWSのひとつとしてあげられる。極端な成果主義は，従業員に強いストレスをもたらしたり，短期的な成果をあげることに注力させたりするという問題も引き起こしうるけれども，業績と報酬を適切に連動させることは必要なことである。個人的な成果を上げても，または所属する部門や企業全体の業績が伸びたとしても，まったく報酬に反映されなければ，努力しようとする気持ちは起こらないだろう。部門や組織全体の成果に対して個人がどれくらい貢献したか明確にはわからない場合であっても，部門などの成果と個人の報酬を連動させることで，組織に対するコミットメントを強めるなどの効果が期待できるのである。

人材投資

組織における人的資源の価値を重視するのであれば，人材投資に積極的に取り組む必要がある。一般的に，職務中に実施される訓練をOJTといい，職務外に実施される訓練をOff-JTという。OJTの例としては，生産現場でベテランから新人に対して，工作機械を使用するうえでのノウハウを伝達する，などがある。Off-JTとしては，たとえば，社内研修や経営大学院などで学ぶことが含まれる。人材投資に対して積極的に支援することで，組織成員の能力を高めるだけでなく，組織に対するコミットメントを高めることもできる。

また，企業が主導する人材投資ばかりでなく，従業員みずからが主体的に取り組む人材投資も重要である。いわゆる自己啓発と呼ばれる取り組みに対して企業として資金面などでの支援をすることも必要なことである。近年では，副業（「複業」と表現する会社もある）も新たなスキルやネットワークを構築する手段として積極的に認める会社も増えている。このような取り組みによって従業員がエンプロイアビリティ（employability：雇用されうる能力）を高め，自社や他社からも必要とされる人材になることが現在の変化の大きな社会で生き抜くために推奨されているのである。

分権的意思決定

分権的な意思決定は，人事管理というよりも，組織運営というほうが適切ではあるが，HPWS のひとつとして議論されている。分権的な意思決定が好ましいかどうかは，その企業を取り巻く事業環境などの要因にも左右されるけれども，従業員の主体性や創造性を発揮させることが重要なときには，有効な方法である。新製品開発などでは，従業員が主体的に，かつ，柔軟にアイデアを練り上げることが必要になる。また，多くの責任を任されることで，モチベーションも高まり，従業員が仕事を与えられたものではなく自分のものとして取り組むようになることが期待できる。

また，組織における階層間の垣根を低くすることも，成果の高い組織の特徴としてあげられている（Pfeffer, 1998）。たとえば，取締役とその他の従業員が使用する食堂が分けられていたり，部長になると個室のオフィスが与えられたりすると，従業員は階層間の壁を強く感じることになる。このような階層間の垣根を低くすることで，情報が共有されやすくなり，組織の一体感も強化されるのである。

3 人材を確保する

採用と評価

採用活動は人事管理の最初のステップである。多くの就活生が会社探しに苦労するように，企業にとっても必要な人材を採用することは簡単なことではない。企業は潜在的な求職者に対して，自社がどのような理念で，どのような事業を行い，どのような人材を必要としているかなどを明確に伝達しなければならない。

採用活動において問題になるのは，求職者がどのような人物で，どのような能力をもつのかを正確に評価するのが困難だというところである。求職者の能力に関しては，筆記試験や資格などで判断できるものであれば，評価はそれほど難しいものではない。しかし，性格や態度などについては，面接を重ねたとしても完全に理解することはできないだろう。求職者は職を得るために，自己の性格や態度を正確に表明しないという動機をもつため，評価することが困難になるのである。ここに情報の非対称性が存在するのである。

同様に，企業側も，より魅力的に見えるように，ポジティブな情報を求職者に伝えようとするインセンティブをもつ。しかしながら，ポジティブな情報ばかりを伝達したとしても，入社後に必ずしもそれが会社の実態を表しているわけではないことを従業員が認識すると，会社に対する信頼が損なわれるだろう（この問題については続く

「心理的契約」の項で詳しく説明する)。そのため，ネガティブな情報も含めた企業の実態を正しく伝達するアプローチとして，リアリスティック・ジョブ・プレビュー（RJP：realistic job preview）が提案されている。会社の実態を示す情報を提示することで，次のような効果が期待される。すなわち，会社の実態を知らせることで，入社後にネガティブな経験をしたとしても，心理的なショックが和らぐというワクチン効果や，入社後に会社に合わずに離職する可能性の高い人材が自ら採用プロセスから離脱するというセルフ・スクリーニング効果，また，会社の情報開示の仕方に誠意を感じるというコミットメント効果が期待されるのである（Wanous, 1992)。

(1) 心理的資本

技能や知能と同様に，個人の性格や態度は人的資源を評価するうえで重要な点である。組織の成果に貢献しうる性格や態度は，心理的資本と呼ばれている。具体的には，自己効力感と，希望，レジリエンス，楽観主義が心理的資本の構成要素として挙げられている。自己効力感は，あるタスクをうまく遂行できるという認知である。希望とは，目的に対する強い意識と，目的を達成するための手段に関する感覚に裏づけられたポジティブな心理状態である。レジリエンスとは，困難な状況に対峙し，回復する能力を指す。楽観主義とは，良い出来事については，その原因が自分にあり，長く続き，他のことにも波及すると考え，その反対に，悪い出来事については，その原因は自分以外にあり，一時的であり，他のことには波及しない限定的なことであると考える傾向である。このような心理属性をもつ組織成員ほど，業務成果が高く，組織市民行動などのポジティブな行動をとる傾向にあることが知られている（Avey et al., 2011)。

(2) 評価バイアス

従業員の評価は，成果，行動，能力などの面から総合的に行われ，企業や役職などによってこれらの項目の比重は異なっている。成果に関しては，絶対的な成果だけでなく，従業員が上司とともに設定した目標の達成度をもとにした評価が行われる。これが目標管理である。行動面については，組織において高い成果を発揮する人材に共通した行動特性であるコンピテンシーが分析され，それを基準とした評価が行われている。能力について，業務に必要となる専門的知識や，職務遂行能力などが評価の対象となる。

これらの評価の多くは主観的なものになるため，バイアスの影響を避けることは難しい。人事評価におけるバイアスとしては次のようなものがある。

①ハロー効果：被評価者の何か優れた点があると，他の項目も優れて見えるようになること。

②寛大化傾向（厳格化傾向）：部下には悪い評価をしたくないという気持ちから評価が甘くなること。その逆が厳格化傾向である。

③中心化傾向（分散化傾向）：極端な評価を避け，評価段階の中心に評価が偏ること。その反対が分散化傾向である。

④対比誤差：評価者と反対の性質をもつ被評価者を過大もしくは過少に評価すること。

⑤期末誤差：直近の行動や印象に影響を強く受けること。

これらのバイアスを抑制するための方法として，多面評価が採用されている（360度評価ともいう）。上司以外に同僚や他部門の社員など，複数の評価者を採用することで，個々人のバイアスを相殺しようとするのである。

(3) ダイバーシティ

採用や登用において，組織内のダイバーシティを高めることが求められるようになっている。人種や性別，文化，宗教などの点において，ダイバーシティを実現することは社会正義の点において重要であるだけでなく，経営成果に対しても一定の効果があると考えられている。多様な背景を持つ集団のほうが，創造的なアイデアを創出できるなどのプラスの効果が期待できる。しかし，その半面で，ダイバーシティは対立の要因にもなるため，ただ多様な人材を揃えるだけでは十分ではない。ダイバーシティがもたらすメリットを享受するためには，異なる考え方などを許容する文化を醸成することや，多様な人材を管理しうるリーダーを育成することが必要になる（West, 2012）。メンバーそれぞれが「自分らしく」あることを認められている集団において，多様性のもつ強みが発揮されるのである（Polzer and Milton, 2002）。

心理的契約

従業員と企業との間では雇用契約が結ばれるが，そこには従業員が具体的に何をすべきかが明確に書かれているわけではない。基本的な業務については記載できるものの，将来に起こりうることをすべて予見できるわけではないので，雇用契約はあいまいなものにならざるを得ない。また，従業員の貢献に対して，企業がどのように報いるかについても，明確に約束できるわけではない。基本的な方針として，たとえば，海外留学の機会を与えるとか，希望する部署への異動を優先的に配慮するなどは示せるかもしれないが，これらが契約として明記されるわけではない。

このように，従業員と企業は，相互に何らかの期待をもち，その期待をベースとして雇用関係を結んでいるのである。このような相互の期待を心理的契約という。より正確に定義すると，心理的契約とは，「当該個人と他者との間の互恵的な交換について合意された項目や条件に関する個人の信念」（Rousseau, 1995）である。ここで合意とはあるものの，それは文書化されたものではないため，いわば両者の約束事のようなものである。ただし，人間関係でも同じように，約束を守らないことは，その関係に負の影響をもたらし，組織コミットメントや職務満足を低下させることになるのである。

心理的契約は明文化されない約束事のようなものだとすれば，必ずしも従業員と企業との関係に限定されず，消費者と企業との関係に関しても，心理的契約の考え方を用いて考えることもできるだろう。企業は消費者を惹きつけるために，魅力的な表現を用いてプロモーションを展開する。それは消費者からひとつの約束事として認識されるだろう。その約束が守られなかったときには，心理的契約に関する研究が示唆する通り，消費者からの信頼を失うことになる。

組織社会化のプロセス：組織の一員になる

採用された従業員は，組織におけるルールや明文化されていない規範などを学びながら，組織での振る舞い方や果たすべき役割を身につけていく。組織における役割を担うために必要な学習と調整のプロセスを組織社会化という（Chao, 2012）。組織社会化はオンボーディングとも呼ばれ，新卒・中途を問わず，組織に必要な人材を定着させるための人事施策として重視されている。

組織社会化のプロセスは，①参加前の社会化（pre-arrival stage），②参加直後の社会化（encounter stage），③適応段階の社会化（metamorphosis stage）の順序で進行する。参加前の社会化とは，採用段階において適切な情報を提供し，また，組織に適合しそうな人材を選抜することである。先に説明したリアリスティック・ジョブ・プレビューは，参加前の社会化を促す施策として理解することができる。参加直後の社会化は，組織内に参加したばかりの者に対して社会化を促す施策が行われる段階である。この段階において新人は多くの場合リアリティ・ショックを経験することになるので，以下で述べるような適切な施策を実施する必要がある。適応段階の社会化では，新規加入者が組織のルールや規範を学習し適応するプロセスが進行する。

組織社会化を促すための施策は，①インフォーム行動，②ウェルカム行動，③ガイド行動に分けられる（尾形，2022）。インフォーム行動とは，組織の新規加入者に対して，組織のルール，仕事の進め方や経営理念などの情報を伝達する行動である。ウェルカム行動とは，組織の一員として歓迎することを示す行動であり，新規参加者が組織に対する愛着を強め，また，組織内における人間関係を構築することを目的とする。ガイド行動とは，新規加入者に対してより直接的に指導する役割を担うメンターなどの人物を割り当てることである。組織のルールや規範，理念を体得した具体的な人物であるロール・モデルが身近にいることで，より社会化が円滑に進行するのである。

4　成果の高いチームをつくる

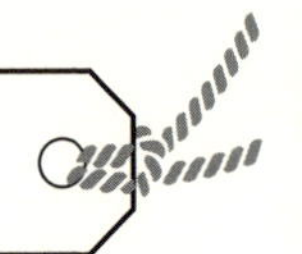

本章の最後の節では，少人数の集団に注目して，どのようにすれば成果の高いチームをつくれるか，また，集団の管理においてどの

コラム 17　集団で働くことと「自分らしく」あること

Column 17

組織社会化を進めるために，新入社員に対して組織のルールや規範を伝達することに主眼が置かれることが多いだろう。しかし，ダニエル・ケーブルらの研究によれば（Cable et al., 2013），そのような一方向的な社会化よりも，新たに組織に参加した人たちが自分らしく組織で振る舞える場であることを強調するほうが，タスクの成果も高く，離職率も低いことが明らかにされている。

ケーブルらの研究では，インドのウィプロ社（Wepro）のコールセンターにおいて新人スタッフを対象にした実験を行っている。実験は，まず新人を 2 つのグループに分け，集団 A に対しては，管理者がウィプロ社の理念について説明する，この講義で何を学んだかを整理させる，会社のロゴが入ったバッジとパーカーを与えるなど，「会社」側が主体になった研修が行われた。集団 B に対しては，ウィプロ社で働くことで新人スタッフが自分を表現できる機会を手にできると管理者が説明する，新人に問題解決の練習問題に取り組ませ，それをグループで共有させる，自分の強みをこの職場でどのように活かせるかを考えてもらう，新人の名前が入ったバッジとパーカーを与えるなど，新人を主体とする研修が行われた。実験結果は，集団 B に割り当てられた新人のほうが，実際の業務で応対した顧客の満足度も高く，離職率も低かった。組織の色に染めることではなく，社員が自分らしく働き，高い成果を達成することを優先することが，結果的に組織の成果を高められることが示唆されるのである。

ような問題に対処すべきかなどについて議論していくことにしよう。

チームビルディング

成果の高いチームをつくるには，まずは個々人の単なる集まりから，まとまりのある集団につくりかえる必要がある。集団が集団らしいことを「集団の実体性」という。集団が実体性をもつためには，①相互作用の頻度，②メンバーにとっての集団の重要性，③メンバーの類似性，④集団の持続性の程度が高く，また，⑤共通目標と共通結果が存在することが必要である（Lickel, et al., 2000）。これらの条件を整えることで，単なる個人の集まりを集団に変え，さらにより集団らしい集団をつくり上げることができる。

メンバー間の相互作用の頻度を高めるためには，開放性のあるオフィスを設計したり，非公式なミーティング（飲み会も含めた）を増やしたりするなどが考えられるだろう。背の高いパーティションで個人スペースが区切られたオフィスでは，一体感を形成するのは難しい。非公式なミーティングとしては，たとえば，ハドル・ミーティングという，ある特定の問題について短時間で解決策を考案するという手法が考案されている。ここでは，上司部下などの階級は考慮せずに，率直に意見を交わし合うことが求められる。ハドル・ミーティングは，職場の問題を明確にするなどの効果があると同時に，メンバー間の相互作用の頻度を高めるという効果もある。

チームの有効性を高める条件として，Salas et al.（2005）は，①リーダーシップと，②相互のモニタリング，③バックアップ行動，④適応性，⑤チーム志向の5つをあげている。少人数であってもリーダーの行動はチームの成果に大きな影響を与える。また，リーダーだけでなく，メンバー同士で相互に成果を監視したり，業務に問題が生じていないかを確認したりする必要がある。もし，問題が生じていれば自主的にそれを修正し，また，メンバーの業務負担が過剰であればそれを援助するというのがバックアップ行動である。適応性は予想外の出来事に対応できる能力である。チーム志向は，上述した共通目標と共通結果と類似するが，個人よりもチームでの成果を重んじ，協調的な行動をとることである。たとえば，サッカーのワールドカップで，個人の得点に応じて高いボーナスを提供してしまうと，チームプレイではなく個人で強引にでも得点を取ろうとする選手が増えてしまうだろう。このようなインセンティブの設計も集団の機能を高めるうえで考慮しなくてはならない。

心理的安全性

成果の高いチームの条件のひとつとして，心理的安全性が注目されている。心理的安全性とは，チームにおいてアイデアや疑問，懸念，ミスを表明したとしても，処罰されたり恥をかかされたりすることがないという状況のことである（Edmondson, 1999）。前章で議論したように，人間は，さまざまな脅威から身を守りたいという防衛動機をもつ。組織内において，意見や疑問を表明したときに，上司などから批判されるという恐れが強ければ，そのようなリスクをとる者はいなくなってしまうだろう。このような心理的安全性の低い状況は，組織の成果に対してネガティブに作用する。

逆に，心理的安全性の確保されている環境では，創造性が発揮されやすく，また，ミスなどのネガティブな情報が共有されやすいことが明らかになっている。どのような組織でもミスは生じうるが，心理的安全性が低い集団では，ミスを隠ぺいする傾向が強く，心理的安全性が確保されている集団では，ミスを学習の機会と捉える傾向が強いのである。

集団において創造性を高めるには，少なくともブレインストーミングなどの段階では，どのようなアイデアも許容される，という雰囲気をつくるのが好ましい。そのひとつの方法として，イエス・アンド法がある。この逆のアプローチがイエス・バット法であり，アイデアに対して「いいね，だけど」と反応して，批判的な意見を提示するものである。イエス・アンド法では，相手の意見をまずは肯定し，それを発展させるような追加的なアイデアを提示するものである。そもそも煮詰まっていないアイデアに対して批判的な意見を述べるのはそれほど難しいことではない。しかし，アイデアに対して批判することで自分の能力の高さを示そうとする者や，それが上司として部下に対する正しい指導だと信じている者も多いだろう。このようなイエス・バットのマインドセットを変えることが創造性の高い集団をつくるための第一歩になるのである。

集団の成果を妨げるもの

集団で活動したことがある人であれば，多かれ少なかれ，集団がうまく機能しないことに不満を感じたことがあるだろう。メンバーそれぞれが役割を自覚し，責任をまっとうしようとすれば，集団としての強みが発揮されるが，必ずしもそれは簡単なことではない。ここでは，集団がうまく機能しない状況として，社会的手抜きと集団における意思決定の問題について説明することにしよう。

(1) 社会的手抜き

グループワークなどをするときに，誰かがさぼっていて作業が進まない，というのはしばしば起こることである。このような現象を社会心理学では社会的手抜き（social loafing）と呼んでいる。20世紀初頭に行われたリンゲルマンの古典的な実験では，集団で綱を引くと，個人の牽引力の合計よりも集団で引いたときの牽引力のほうが小さくなることが明らかにされている。

集団において牽引力が低下する理由として，ひとつには，牽引する方向の調整においてロスが生じることであり，もうひとつは，モチベーションが低下することがあげられる。前者はプロセス・ロスと呼ばれ，後者の問題が社会的手抜きと呼ばれるものである。集団で作業をするときには，個人の貢献度が不明確になるため，手抜きが発生しやすくなる。それゆえ，集団状況においても，個人の貢献度を評価する仕組みを整えることが重要である（Latané et al., 1979; Williams et al., 1981）。

集団状況では，社会的手抜きのような問題が生じる一方で，集団で作業することで，個人で作業するよりも，より高い成果を発揮する場合があることも事実である。このようなプラスの効果をプロセス・ゲインという。たとえば，集団の凝集性が高い状況では，プロセス・ゲインが発生しやすくなる。また，綱引きなどの比較的単純なタスクではなく，メンバーの協働が必要な複雑なタスクを遂行するときには，グループで作業するほうが成果が高くなりやすい。

また，集団でのタスクを遂行する際に，他のメンバーよりも自分のスキルが相対的に重要である場合には，社会的手抜きは生じにくくなる。他者の貢献度の低さを補うように努力することを社会的補償（social compensation）という（Williams and Karau, 1991）。たとえば，男性と女性がいる集団で，重い荷物を運ぶような状況では，男性は貢献度を高めようとするだろう。それゆえ，集団の成員それぞれが自己のスキルが重要であると思えるようにタスクを設計したりすることで，社会的手抜きを抑制することができる。

社会的手抜きが生じやすいかどうかは，文化的な要因も影響する。個人主義的な文化を背景にもつ人は，集団よりも個人で作業をする方が成果が高くなりやすく，集団主義的な文化を背景にもつ人は，内集団（自分が所属する集団）で作業するときのほうが，個人や外集団（自分が所属しない集団）で作業するよりも成果が高くなりやすい

Column 18

コラム 18　社会的促進と社会的抑制

私たちは人前で何かをするときに，うまくできたり，うまくできなかったりすることがある。他者が存在することで成果が高くなることを社会的促進といい，逆に，成果が下がることを社会的抑制という（Zajonc, 1965）。他者が存在することで，緊張や興奮などの生理的喚起水準が高くなり，このようなときには，その人にとっての優勢的な反応が出やすくなると考えられている。すなわち，簡単なタスクであったり，得意なタスクであったりすると，うまくできることが優勢的な反応であるので，他者が存在するほうが成果が高くなりやすい。歌が得意な人は，人前で歌うほうがうまく歌えるのに対して，歌が苦手な人は，人前で歌うと緊張によって声が出にくくなる，ということである。実践的なアドバイスとしては，練習は人のいないところで重ねて，うまくできるようになったら人前で披露すべき，ということになるだろう。

(Earley, 1993)。日本も集団主義的な文化をもつ国であるので，チームワークが重要となる分野において，他の国よりも優位になることが考えられるかもしれない。

(2)　集団の意思決定

「3 人寄れば文殊の知恵」という言葉があるように，複数人で議論することで，1 人では思いつかないような独創的なアイデアが得られることは少なくない。それは集団をつくることのひとつの理由である。しかしながら，集団で意思決定をする際には，いくつか注意しなければならない問題も存在する。ここでは，集団での意思決定における問題として，同調圧力と集団極化現象，共有情報バイアスについて紹介しよう。

同調圧力とは，周囲の他者と同じ意見や態度をもつように作用する影響力のことである。同調には，情報的影響と規範的影響がある（Deutsch and Gerard, 1955）。前者は，他者の意見や態度に情報的な価値がある場合に生じる同調である。すなわち，自分では正しい判断ができない場合に，周囲の人々に従おうとすることで生じるものである。後者は，他者から好意的な評価を得るために（ネガティブな評価を受けることを避けるために）生じる同調である。規範的影響は，集団の凝集性が高い場合により強くなりやすい（Janis, 1982）。凝集性が高い場合には，他者から否定されることを強く懸念することになり，また，均質性が重視されるからである。そのため，凝集性を保ちながらも，多様な意見を認める価値観を集団に浸透させることが重要になるのである。

集団の意思決定におけるその他の問題として，集団極化現象がある（Myers and Lamm, 1976）。集団極化現象とは，集団で議論することを通じて，より極端な意見が形成されることである。たとえば，保守的な政治信条をもった人たちが集まって議論すると，そこに参加する前に個々人がもっていた意見の平均的な傾向よりも，より保守的な意見が形成される，というものである。ある程度の偏りのある意見をもつ人々が集まる状況では，そこでの議論を通じて，自分たちの意見を肯定する情報が多く入手でき，また，より極端な意見をもつ個人が影響力をもちやすいため，より極端な意見の方にシフトする，ということが起こりうるのである。

集団の意思決定においては，メンバーそれぞれがもっている情報を共有することが，質の高い意思決定を実現するカギとなる。しかしながら，集団においては，メンバーがすでに共通してもっている情報について集中的に議論し，それぞれが独自にもっている情報について言及しないという傾向が見られる。これを共有情報バイアスという（Stasser and Titus, 1985）。すでに共有されている情報のほうがそれについて言及できる人も多いため，より多く議論されやすい。そのため，自分だけがもっている情報は有益ではないと信じてしまうか，それを開示したとしても議論の俎上に上がりにくくなってしまうのである。

このようなさまざまな問題が集団の意思決定においては生じうる。これらの問題に注意を払い，集団での議論に疑問を挟むことに躊躇しないことが集団の意思決定の質を保つためには重要である。そのためにも，集団のリーダーには，心理的安全性を高めるなど，メンバーからの発言を促す状況を整えることが求められるのである。

コンフリクトのマネジメント

集団や組織の運営において生じる問題として，最後にコンフリクトについて説明しよう。コンフリクトは，集団内においても，集団間においても生じうる問題である。コンフリクトは，属人的な要因によるものと，タスクに起因するものに分けられる。前者は，個人的な価値観の違いなどに起因するものであり，後者は，タスクの目的やその進め方などに関する考え方の相違などによるものである。一般的には，属人的な要因によるコンフリクトは組織に対して負の影響を持ち，タスクに起因するコンフリクトは，解消の仕方によっては，組織に便益をもたらすとされている。

組織で仕事をする限り，コンフリクトを避けることは難しい。組織として共通の目標をもっているものの，異なるタスクを遂行する部門間では，下位の目標や利害が対立するため，コンフリクトが生じるのは自然なことである。それゆえ，コンフリクトを適切に対処することが組織運営においては求められるのである。

図 7-1 コンフリクトに対するアプローチ

出所：Ruble and Thomas (1976).

コンフリクトへの対処方法として次のような分類が知られている。すなわち，①回避，②妥協，③譲歩，④競争，⑤協働の 5 つである。図 7-1 に示してあるように，自己主張と協力の次元の強弱によってこれらのアプローチは整理される。

これらのアプローチは，それぞれ状況に応じて採用することが推奨されている。表 7-1 にあるように，たとえば，協働であれば，問題や関係性の重要性が高く，時間的な制約が低い場合に，採用すべきであるとされている。逆に，問題や関係性の重要性が低く，時間的な制約が強い場合には，協働よりも回避の方が適している。協働のアプローチは時間が必要となるため，時間的な制約が強く，また，問題や当該者同士の関係性が重要ではない場合には，生産性が低いアプローチになる。コンフリクトの原因や性質を適切に捉え，それに対する有効なアプローチを選択し，生産的にコンフリクトを解消することが必要なのである。

表 7-1　コンフリクト解消のアプローチと状況との適合関係

	回避	妥協	譲歩	競争	協働
問題の重要性	低い	中程度	低い	高い	高い
関係の重要性	低い	中程度	高い	低い	高い
相対的なパワーの強さ	同等	同等	低い	高い	低〜高
時間的制約	中〜高	低い	中〜高	中〜高	低い

出所：Whetten and Cameron（2016），p. 342.

5　まとめ：ヒトを活かす組織づくり

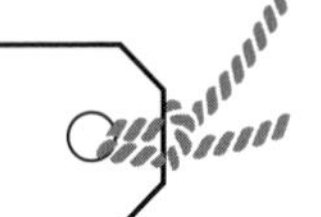

本章では，組織で働く人々がいわばイキイキと働けるようにするための人的資源マネジメントについて考察してきた。組織成員が主体性と創造性を発揮できることが組織の競争力を高めるのである。伝統的な経営管理では，組織成員をいかに統制するかが主に考察されてきた。現在においても，管理者のポストに就く人は，部下を「管理」することに重きを置くことになるだろう。このように上から統制するという経営管理は，人的資源の主体性や創造性を活かすことにつながらない。もちろん上司として権限を行使することが必要な状況もあるけれども，部下が十分に能力を発揮できていないと思うのであれば，まずは自分の管理方法を疑ってみるほうがいいかもしれない。

Book guide　文献案内

● 服部泰宏（2023）『組織行動論の考え方・使い方：良質のエビデンスを手

にするために（第2版）』有斐閣。

✏本章で紹介した心理的契約など，組織行動論で議論される概念と概念間の関係について丁寧に紹介されている。実証研究から得られた科学的なエビデンスを示すことに重点が置かれており，統計分析に興味がある人はとくに興味をもって読める内容になっている。

● ダニエル・M. ケーブルほか（2019）『Alive at Work：脳科学に基づく働き方革命　社員の熱意とエンゲージメントを高める3つの魔法』（竹本毅訳）日経BP。

✏タイトルにもあるように，どのようにすれば従業員は「イキイキ」と働けるかをテーマにした一冊。筆者らの研究をベースにしながらも，非常に読みやすく書かれており，初学者でも楽しんで読むことができる。

● 釘原直樹（2011）『グループ・ダイナミックス：集団と群集の心理学』有斐閣。

✏集団の生産性や集団の意思決定など，グループ・ダイナミクス（集団力学）の基本的な議論が紹介されている。組織論と社会心理学は切り離せない領域なので，幅広く学ぶようにしよう。

Bibliography　参考文献

Allen N. J., and Meyer, J. P. (1990) "The Measurement and Antecedents of Affective, Continuance and Normative Commitment to the Organization," *Journal of Occupational Psychology*, 63, 1-18.

Avey, J. B., Reichard, R. J., Luthans, F., and Mhatre, K. H. (2011) "Meta-Analysis of the Impact of Positive Psychological Capital on Employee Attitudes, Behaviors, and Performance," *Human Resource Development Quarterly*, 22 (2), 127-152.

Bandura, A. (1977) "Self-efficacy: Toward a Unifying Theory of Behavioral Change. *Psychological Review*," 84 (2), 191-215.

Cable, D. M., Gino, F., and Staats, B. R. (2013) "Breaking Them in or Eliciting Their Best? Reframing Socialization Around Newcomers' Authentic Self-expression," *Administrative Science Quarterly*, 58 (1), 1-36.

Chao, G. T. (2012) "Organizational Socialization: Background, Basics, and a Blueprint for Adjustment at Work," In S. W. J. Kozlowski (ed.), *The Oxford Handbook of Organizational Psychology*, Vol. 1, Oxford University Press, 579-614.

Deutsch, M., and Gerard, H. B. (1955) "A Study of Normative and Informational Social Influences upon Individual Judgment," *The Journal of Abnormal and Social Psychology*, 51 (3), 629-636.

Dunbar, R. I. (2003) "The Social Brain: Mind, Language, and Society in Evolutionary Perspective," *Annual Review of Anthropology*, 32 (1), 163-181.

Earley, P. C. (1993) "East Meets West Meets Mideast: Further Explorations of Collectivistic and Individualistic Work Groups," *Academy of Management Journal*, 36 (2), 319-348.

Edmondson, A. (1999) "Psychological Safety and Learning Behavior in Work Teams," *Administrative Science Quarterly*, 44 (2), 350-383.

Janis, I. (1982) *Groupthink: Psychological Studies of Policy Decisions and Fiascoes*, 2nd ed. Houghton Mifflin.

Karau, S. J., and Williams, K. D. (1993) "Social Loafing: A Meta-analytic Review and Theoretical Integration," *Journal of Personality and Social Psychology*, 65 (4), 681-706.

Latané, B., Williams, K., and Harkins, S. (1979) "Many Hands Make Light the Work: The Causes and Consequences of Social Loafing," *Journal of Personality and Social Psychology*, 37 (6), 822-832.

Lickel, B., Hamilton, D. L., Wieczorkowska, G., Lewis, A., Sherman, S. J., and Uhles, A. N. (2000) "Varieties of Groups and the Perception of Group Entitativity. *Journal of Personality and Social Psychology*," 78 (2), 223-246.

Luthans, F., Avolio, B. J., Avey, J. B., and Norman, S. M. (2007) "Positive Psychological Capital: Measurement and Relationship with Performance and Satisfaction," *Personnel Psychology*, 60 (3), 541-572.

Meyer, J. P., Stanley, D. J., Herscovitch, L., and Topolnytsky, L. (2002) "Affective, Continuance, and Normative Commitment to the Organization: A Meta-analysis of Antecedents, Correlates, and Consequences," *Journal of Vocational Behavior*, 61 (1), 20-52.

Mowday, R. T., Steers, R. M., and Porter, L. W. (1979) "The Measurement of Organizational Commitment," *Journal of Vocational Behavior*, 14 (2), 224-247.

Myers, D. G., and Lamm, H. (1976) "The Group Polarization Phenomenon," *Psychological Bulletin*, 83 (4), 602-627.

尾形真実哉 (2022)『組織になじませる力：オンボーディングが新卒・中途の離職を防ぐ』アルク。

Organ, D. W., Podsakoff, P. M., and MacKenzie, S. B. (2005) "*Organizational Citizenship Behavior: Its Nature, Antecedents, and Consequences*," Sage Publications.

Pfeffer, J. (1998) "Seven Practices of Successful Organizations," *California Management Review*. 40 (2), 97-124.

Podsakoff, P. M., MacKenzie, S. B., and Bommer, W. H. (1996) "Transformational Leader Behaviors and Substitutes for Leadership as Determinants of Employee Satisfaction, Commitment, Trust, and Organizational Citize," *Journal of Management*, 22 (2), 259-298.

Polzer, J. T., Milton, L. P., and Swarm Jr, W. B. (2002) "Capitalizing on Diversity: Interpersonal Congruence in Small Work Groups," *Administrative Science Quarterly*, 47 (2), 296-324.

Rousseau, D. (1995) "*Psychological Contracts in Organizations: Understanding Written and Unwritten Agreements*," Sage Publications.

Ruble, T. L., and Thomas, K. W. (1976) "Support for a Two-dimensional Model of Conflict Behavior," *Organizational Behavior and Human Performance*, 16 (1), 143-155.

Salas, E., Sims, D. E., and Burke, C. S. (2005) "Is There a "Big Five" in Teamwork?" *Small Group Research*, 36 (5), 555-599.

Stasser, G., and Titus, W. (1985) Pooling of Unshared Information in Group Decision Making: Biased Information Sampling During Discussion "*Journal of Personality and Social Psychology*," 48 (6), 1467-1478.

Wanous, J. P. (1992) *Organizational Entry: Recruitment, Selection, Orientation, and Socialization of Newcomers*, 2nd ed., Addison-Wesley.

West, M. A. (2012) *Effective Teamwork: Practical Lessons from Organizational Research*, 3rd ed., Blackwell.

Whetten, David A.; Cameron, Kim S. (2016) *Developing Management Skills, Global Edition*, 9th ed., Pearson.

Williams, K., Harkins, S. G., and Latané, B. (1981) "Identifiability as a Deterrant to Social Loafing: Two Cheering Experiments," *Journal of Personality and Social Psychology*, 40 (2), 303-311.

Williams, K. D., and Karau, S. J. (1991) "Social Loafing and Social Compensation: The Effects of Expectations of Co-worker Performance," *Journal of Personality and Social Psychology*, 61 (4), 570.

Yousef, D. A. (2000) "Organizational Commitment: A Mediator of the Relationships of Leadership Behavior with Job Satisfaction and Performance in a Non-Western Country," *Journal of Managerial Psychology*, 15 (1), 6-24.

Zajonc, R. B. (1965) "Social Facilitation," *Science*, 149, 269-274.

第8章 他社とつながる

日本勢が強いスマートフォンの主な部品

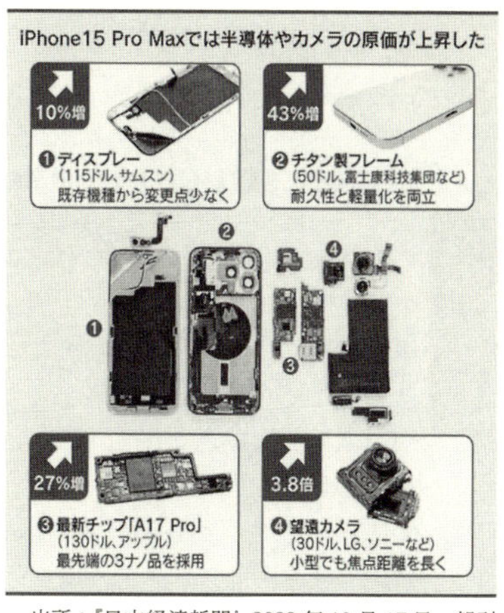

出所：『日本経済新聞』2023 年 10 月 17 日，朝刊，14 面。

Quiz クイズ

スマートフォンは，ディスプレイ，カメラレンズ，半導体などさまざまな部品からつくられている。規模の大きなスマートフォン市場は，日本の部品メーカーにとっても非常に魅力的な市場だが，他国の部品メーカーとの競争に勝ち抜くのは容易ではない。2023 年には iPhone シリーズの最新機種である iPhone15 Pro Max が発売されたが，その部品に占める日本企業のシェア（金額ベース）はどれくらいだろうか。

a. 10%
b. 20%
c. 30%

Answer クイズの答え

a. 10%

日本企業としては，村田製作所のコンデンサーやソニーの CMOS 画像センサーなどが採用されている。なお，LG グループやサムソングループなどの韓国企業が約 29%，クアルコムやブロードコムなどのアメリカ企業が約 33% となっている。アップルはサプライヤーが供給する製品の品質だけでなく，その経営管理の内容や，アップルが定める行動規範を遵守しているかなどを総合的に評価し，また，サプライヤーの従業員の訓練にも関与するなど，サプライチェーン全体の質を向上させようとしている。

Chapter structure 本章の構成

本章は「他社とつながる」という表題にあるように，さまざまな企業間関係について論じる。企業は多様な組織や個人と相互依存関係を形成し，事業活動を行っている。企業は他社と競争的な関係にあるだけでなく，自社の製品・サービスの価値を高めるために積極的に協力的な関係を結んでいる。本章では，まずは直接的な企業間関係として取引関係のマネジメントについて説明し，続いて，企業間における競争と協調のマネジメントに関するトピックとして，戦略的提携や産業クラスターについて紹介していきたい。

1 取引関係のマネジメント

企業はビジネスを行うために，原材料や部品，サービスを他社から購入し，また自社の商品を卸や小売業者を通じて消費者に届けている。企業は信頼できる取引相手を見つけ，契約内容を取り決め，契約が適切に履行されていることを確認し，もし契約内容に違反することがあればその問題に対処しなければならない。取引においては，他社に支払う対価以外にも，さまざまな費用が伴う。この他社との取引に伴う費用を取引費用という。ロナルド・コースは，取引費用を「価格メカニズムを使用する費用」と表現し，この取引費用を節約するために企業組織が形成されると議論した（Coase, 1937)。

本節では，原材料の調達から始まり，自社の商品を消費者に届けるまでの一連の活動において，どこまでを自社で担い，どこからは他社に任せるかの意思決定について説明する。まず，活動を調整するメカニズムとしての市場と組織の特徴について整理したうえで，取引費用経済学の概要を説明し，どのように市場と組織を選択すべきかについて議論する。そのうえで，現実には市場と組織の中間に位置するような取引形態が存在することを説明しよう。

市場と組織：外注と内製の選択

企業活動にとって必要な資源を調達するには，他社から購入するか，組織内で生産するかの 2 つの選択肢がある。たとえば，スマートフォンを製造する際に，半導体などの部品を他社から購入するか，自社で生産するかを選択する必要がある。取引費用が存在しな

コラム 19　電気自動車と土鍋の関係

企業は業種が違っていたとしても，市場を介して互いに影響を及ぼしあっている。たとえば，電気自動車と土鍋のメーカーが何らかの関係を持つとは考えにくいだろうが，リチウム市場を介して相互に結びついている。リチウムは電気自動車に搭載されるバッテリーに欠かせないものとして需要が拡大しているが，土鍋の耐熱性を高めるためにもこれまで使われてきた。リチウムを確保するために中国企業がアフリカの鉱山を買収したため，日本企業がリチウムを購入するのが困難になり，仕入れ価格も急騰している。これに対応するために，四日市市の萬古焼のメーカーである内山製陶所は代わりにシリカを混ぜた製品を開発するなどしている。このように価格という情報を介して経済主体は影響を及ぼし合っているのである。

出所：『日本経済新聞』2023 年 6 月 10 日，朝刊，17 面。

ければ，自社と他社が製造する部品の価格性能比を検討して，内製か外注かを選択すればよい。自社ですでに半導体を内製していれば，経験効果が働くので，他社よりも安く生産できるかもしれない。もしくは，半導体を専門に製造している企業のほうが，規模の経済や経験効果の点で有利かもしれない。しかし現実には，取引費用が伴うため，価格性能比だけでなく，取引費用も考慮して，内製か外注かを選択する必要がある。

資源を調達する制度としての市場と組織は，それぞれどのような性質があるのだろうか。市場に関しては，まず第 1 に，経済主体がそれぞれの自己利益を追求する，という特徴がある。部品のサプライヤーと最終製品メーカーがそれぞれ独立した企業であれば，自社の利益を第 1 に考えて取引に参加するのは当然のことである。それぞれ自社の利益を検討したうえで合意に達すれば契約関係が結ばれる。第2に，市場における経済主体は，価格という情報をもとに経済機会を認識し，生産量を調整している。たとえば，さまざまなデバイスに半導体が多く使われるようになると，半導体価格が上昇し，それを好機と捉えた企業によって新たな投資が行われ，供給量が増加した結果，価格が安定するようになる，というプロセスで市場での調整が行われている。このような調整のプロセスをアダム・スミスは『諸国民の富』の中で「見えざる手」と表現した。第3に，市場取引は短期的な関係になりやすい。取引関係がどの程度継続するかは契約内容にもよるが，それぞれの利害が一致しなければ取引関係は解消されることになる。

組織の特徴として，第1に，同じ組織における部門や子会社は，それぞれ利害を共有していることがあげられる。もちろん現実には，それぞれの部門が独自の利益を追求し，部門間でコンフリクトが生じることもあるが（第7章参照），市場取引に比べると組織内のほうが利害対立は小さいと言えるだろう。第2に，組織内における調整は，管理者が策定した計画と命令によって実現される。需要などに関する情報をもとにして管理者が生産計画を作成し，適切な数量を生産するように各部門に指示を出す。このような調整メカニズムを経営史家のアルフレッド・チャンドラー（1977）は「見える手」と表現した。第3に，組織内取引は長期的になりやすい。たとえば，部品を生産する部門や子会社をいったん設立すれば，そのオペレーションに問題が生じたとしてもすぐに解散させることはほとんどない。従業員の雇用や再配置の問題もあるため，短期的に内製を取りやめることは容易ではない。

これらの特徴を持つ市場と組織には，それぞれメリットとデメリットがある。市場取引に関しては，経済主体がそれぞれ独立した利

コラム 20　大企業の成立と「見える手」

アレフレッド・チャンドラーは『経営者の時代』（原題：*The Visible Hand*）の中で，19 世紀後半のアメリカで大企業が成立したプロセスを明らかにしている。企業は，①合併・買収などを通じた既存の業種における規模の拡大（水平結合），②川上・川下部門の統合（垂直統合），③他業種への参入（多角化）を通じて規模を拡大させる。この中でも，垂直統合を進め，市場取引を内部化するということは，企業内における部品などの財の流れを管理者が適切にコントロールする必要が生じることを意味する。これを機に専門的な経営者・管理者が企業において重要な役割を果たすようになったとチャンドラーは指摘したのである。

Column 20

害を持つため，契約の作成や履行をめぐって対立が生じやすい。その一方で，取引関係が固定化するわけではないので，競争原理が維持され，価格性能比を向上させるインセンティブが維持される。

組織内取引に関しては，組織全体の利害に合致した行動が期待できるというメリットがある。その一方で，追加的な部門を設立することは，固定的な費用になり，また，競争原理が働かないため，価格性能比を向上させるインセンティブが生じにくい。このような市場と組織のメリットとデメリットを検討し，また，どのような場合に取引費用は大きくなるのかを考慮して，内製と外注を選択しなければならない。

取引費用経済学

ここでは，取引費用はどのような状況において大きくなりやすいかについて理解するために，取引費用経済学のフレームワークを紹介しよう。このフレームワークでは，経済主体に対する仮定と，取引に関する状況要因について議論されている。

経済主体に関しては，合理性が制約されていることと，機会主義的な行動をとりうることが想定されている。経済主体の合理性が完全であれば，あらゆる情報を収集し精査できるので，取引費用は存在しない。経済主体の合理性が制約されていることが，取引費用が生じる前提となる。また，機会主義とは，自己利益を得るために，取引相手をだましたり，裏切ったりすることを意味している。機会主義は，self-interest-seeking with guile（狡猾さのともなう自己利益の追求）と表現されるように，契約違反などの行為が起こりうることを想定している。経済主体が契約を遵守したうえで利益を追求する者であれば，契約後に監視をしたり，契約違反に対応したりする費用は生じないだろう。

状況要因として，環境の不確実性と，潜在的な取引相手が少数であることが議論されている。将来の状況を容易に予測できるのであれば，経済主体の合理性が制約されていたとしても，取引に伴う問題は大きくならない。取引にかかわる問題が複雑であり，また，将来の予測が立てにくい場合において，合理性の制約が深刻な問題となる。潜在的な取引相手の数に関しては，それが多くいる場合には，現在の取引相手との間に問題が生じた際に，他の業者に容易に切り替えることができるため，機会主義は抑制される。逆に言えば，潜在的な取引相手が限られている状況では，機会主義的な行動が起こりやすくなる。取引相手が限られている状況を少数者取引という。

少数者取引は，取引相手との関係が何らかの点で特異的である状況で発生しやすい。たとえば，自動車メーカーとサプライヤーの関係について考えよう。このとき，この自動車メーカーの車種にだけ使用される部品を生産する機械設備に投資するように，サプライヤーに対して要請があったとしよう。このとき，サプライヤーとしては，この機械で生産できる部品の買い手はこの自動車メーカーだけになるため，設備投資した後に納入価格の引き下げなどを要求されないか懸念することになる。これをホールドアップ問題という。この懸念が強ければ，このような設備への投資が行われなくなり，自動車メーカーはこの特殊な部品を確保することができなくなる。このように取引相手との間の関係が特異的であることを資産特殊性（asset specificity）という。

資産特殊性には，いくつかのタイプがある。たとえば，立地特殊性（site specificity）は，バリューチェーンにおける2つの資産が地理的に近接していることが望ましい状況において生じるものである。たとえば，ボーキサイト鉱山とアルミナ精錬所の関係を考えよう。ボーキサイトはその価値に比べて輸送費がかかり，また，精錬過程で体積が大きく減少するため，鉱山に近接する場所に精錬所を設けることが効率的である。いったん精錬所を建設すると，他の立地に移すのはきわめてコスト高であるため，両者は資産特殊的な関係に置かれることになる。そのため，鉱山会社と精錬所は独立した会社ではなく，同一の企業か合弁事業のもとで運営されることが一般的である。

また，物理的な資産だけでなく，人的資源に関しても，資産特殊性が生じることもある。これを人的資産特殊性（human asset specificity）という。たとえば，企業とコンサルタントの関係において，あるコンサルタントが企業の事業を熟知し，業績改善に大きく貢献したとしよう。このコンサルタントの知識や能力が他に代替できないものだとすると，資産特殊性を持つといえるだろう。このとき，依頼人の企業側が，今後コンサルティング料金が引き上げられることなどを懸念すれば，このコンサルタントをマネージャーなどとして採用することも考えられるのである。

この人的資産特殊性の例に見られるように，取引の過程を通じて資産特殊性が高まることがある。すなわち，取引を開始した当初は十分に多い潜在的な取引相手がいたとしても，取引を繰り返す中で，代替しにくい特殊性が形成されるのであれば，少数者取引に変わることになる。これを根本的転換（fundamental transformation）という。

資産特殊性が高い状況では，取引費用が大きくなる可能性が高い。このとき，独立した経済主体間で取引を行うというよりは，垂直統合を進めるか，合弁事業や何らかの資本関係をもつなどの方法を採用することになる。ただし，資産特殊性が高い状況でも，取引の頻度が少ない場合には，垂直統合をするメリットが少ないため，市場取引が選択され，契約上の問題は裁判所などの第三者機関を通じて対処されることになる（Williamson, 1985）。

中間的な取引形態

本節では，必要な資源を入手する方法として，市場か組織のどちらを選ぶのか，という二者択一的な問いを設定して，議論を進めてきた。しかし上の議論でも示唆しているように，市場と組織を2つの極としたとき，その中間に位置するような形態が実際には採用されている。そのような取引関係は関係的契約（Macneil, 1974）や，中間組織（今井・伊丹・小池，1982）などと呼ばれる。これらの中間的な取引形態には，企業グループやフランチャイズ組織（コラム22を参照）なども含まれるが，ここで議論するのは系列取引としても知られる長期的な取引関係である。トヨタ自動車を代表として日本

ケース　コンビニエンスストアによるベンダーの組織化

コンビニエンスストアにとって，弁当や惣菜，調理パンは差別化しやすい戦略的な商品である。また，衛生管理を含めた品質の維持と，需要に応じた適時配送が求められる。これらの商品を生産するベンダーは，独立した中小規模の企業であったが，コンビニエンスストア業界が成長した1970年代以降には，それぞれのコンビニエンスストアと専属的な関係を強めることになった。たとえば，1979年にはセブンイレブンのベンダー10社が参加する日本デリカフーズ協同組合が設立され，その後，各コンビニエンスストアにおいても協同組合の設立が見られた。ベンダーの組織化を通じて，食材などの共同購入や，生産・物流の近代化が進められ，また，商品開発もベンダー主導から本部主導へと移行したのである。各ベンダーはコンビニエンスストア専用の工場を用意し，本部からの受注に対応し，その物流拠点に定時配送する仕組みを整えた。このようなサプライチェーンを構築することで，高品質な商品を短いスループットタイムで店舗に配送することが可能になったのである。

の自動車メーカーはサプライヤーと長期的な関係を形成している。また，日本のコンビニエンスストアは弁当・惣菜などの調理会社と長期的な関係を形成している（ケース「コンビニエンスストアによるベンダーの組織化」を参照）。このような長期的な取引関係のメリットは何だろうか。

純粋な市場取引と比べて，長期的な取引関係では，機会主義的な行動が抑制されやすい。異なる会社ではあるけれども，短期的な自社のみの利益よりも，長期的な相互利益を追求する傾向が強くなる。それゆえ，互いのノウハウを交換したり，特殊な設備に投資したりするなど，関係特殊的な資産に対する投資が促される。

純粋な組織と比べて，長期的な取引関係のメリットは何だろうか。取引費用が懸念される状況でも垂直統合を進めないひとつの理由は，管理費用が垂直統合のメリットに比べて大きいためである（組織内の取引費用ともいう）。社内で大きな資産を抱え，従業員を新規に雇用することは，その事業から撤退するときの障壁を高くする。特に日本企業のように解雇しにくい事業環境では，正社員を多く雇用することのリスクは大きくなるだろう。その他の理由として，独立した関係を保っておくことで，競争圧力を維持することができることがあげられる。同一の組織においては，ある部門の業績が低迷したとしても，すぐに解散させられることはないため，成果を追求するインセンティブが弱くなりやすい。このような理由を重く考慮するときに，垂直統合ではなく，中間的な取引形態が採用されるのである。

2 競争と協調のマネジメント

第1節では，企業間の取引関係に焦点を当てたが，もちろん，企業間関係はその限りではない。競争的な関係だけでなく，多様な点において，他企業と協調的な関係を形成している。一見，競合関係にある企業であっても，ある点においては競争的であるが，別の点においては協調的な関係をもつこともある。ここでは，競争と協調という観点から，多様な企業間関係について説明していこう。第1に，コーペティション経営のフレームワークを紹介し，第2に，戦略的提携，第3に，産業集積とクラスターについて説明していきたい。

図 8-1　バリューネット

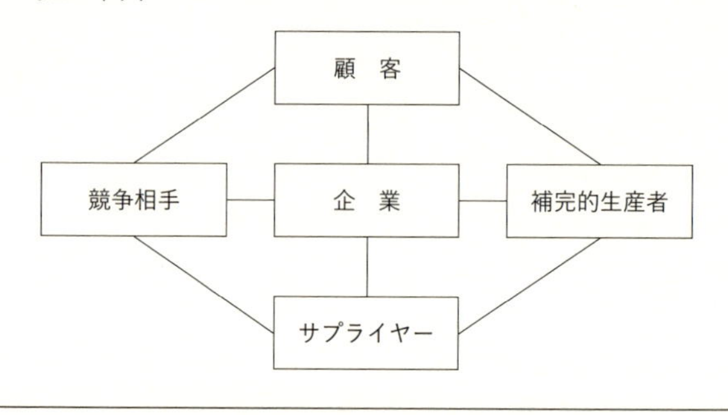

コーペティション経営

コーペティション（coopetition）とは，競争（competition）と協調（cooperation）を組み合わせた造語であり，企業間関係が競争と協調の 2 つの側面をもつことを表している。ゲーム理論などの研究者であるブランデンバーガーとネイルバフが提唱した概念であり，競争的な関係にある企業であっても，ある部分においては協調することで，相互に便益をもたらすことができることを示している（Brandenburger and Nalebuff, 1996）。

同じ事業領域で競争する企業であっても，その市場規模を成長させるという点においては，協調関係にある。とくにある製品が導入期や成長期にあるときには，市場規模の増大に協力しあえるかどうかは重要である。また，以下で議論するように，クラスターでは，競合関係にある企業などさまざまな関連企業が特定の地理的空間に集積することで，それぞれ経済的便益を享受している。さらには，競合関係にある企業が戦略的提携を結び，互いの経営資源を共有・活用する戦略を策定している例も少なくない。

ブランデンバーガーとネイルバフは，図 8-1 に示すように，企

コラム 21　ゲーム業界のエコシステムと補完的生産者

若い世代を中心に，テレビよりも YouTube などの動画配信サービスを視聴する時間が長くなるにつれて，プロモーションの方法も変化させる必要がある。動画配信サービスにおける主要なコンテンツのひとつがゲーム実況である。ゲーム実況者はゲーム開発会社にとって，直接的な契約関係がないとしても，重要なプロモーターであり，ゲームコンテンツの価値を高める補完的生産者である。たとえば，オンライン麻雀ゲームである「雀魂ーじゃんたまー」は，他のオンライン麻雀ゲームと比較して，高い収益を上げており，若年層や女性をターゲットにしたゲームデザインが人気を集めている。VTuber によるゲーム配信も多くの視聴者を集め，その人気を支えている。麻雀のリーグ戦である M リーグに参加するプロ雀士（「M リーガー」）もゲーム配信をしたり，VTuber とコラボレーションをすることで，リアルとヴァーチャル，プロとアマチュアの橋渡しがなされ，相互に価値を高めあう関係がつくられている。このようにゲームや動画配信を取り巻くエコシステムが充実することで，そこに参加するプレイヤーが利益を享受できるようになるのである。

業間関係をバリューネットとして表現した。この図で特徴的なのは，補完的生産者の存在である。補完的生産者とは，次のように定義される。すなわち，プレイヤー X の製品を顧客が所有したときに，それを所有していないときよりも自社の製品の顧客にとっての価値が増加する場合，そのプレイヤー X を自社にとっての補完的生産者と呼ぶ。逆に，あるプレイヤー Y の製品を顧客が所有したときに，自社の製品の価値が減少する場合，そのプレイヤー Y を競争相手と呼ぶのである。

典型的な例としては，パソコンなどのハードウェアとソフトウェアの関係や，EC サイトなどのプラットフォームとその参加企業との関係が補完的関係である。ハードウェアに関しては，異なるメーカーの製品は，それらが顧客にとっての価値を高めるというよりも，減じる程度のほうが大きいため，競合関係にあるということができる。ソフトウェアを例にとれば，ほぼ同一の機能を持つものであれば競争的であるが，差別化されているものであれば補完的な関係にある。自社が展開する事業において，関連する企業がどの点において補完的であり，競争的であるのかを理解し，自社の製品の価値を高める補完的生産者をどのように育成するかは重要な戦略的課題である（コラム 21 参照）。

戦略的提携

戦略的提携とは，競争優位を得るために結ばれる独立した企業間の継続的な協力関係のことである。提携によってそれぞれの企業が持つ経営資源を共有し活用することが基本的な目的である（安田，2016）。戦略的提携は，前節で議論した内製と外注の中間的な形態である。他社のもつ経営資源を活用するが，市場取引のように短期ではなく，長期的な関係を前提にしているのが戦略的提携である。また，他社のもつ経営資源を完全に取得する M&A と比較して，戦略的提携は企業が独立性を保ったまま協力する関係であるため，中間的な形態に含めることができるのである。

戦略的提携を結ぶ際には，資本関係を伴うものと伴わないものがある。資本関係を伴うものは資本的結合といい，資本的関係を伴わず，契約によって提携が結ばれるものは契約的結合という。資本関係を伴う場合には，①提携相手の株式を購入する（少数出資），②相互の株式を交換する（株式交換），③相互に出資し合弁会社（JV：Joint Venture）を設立する，といった方法がある。

コラム22　フランチャイズ契約

Column 22

フランチャイズ（FC）は，ある企業が自社の商号・商標を使用する権利や，自社が開発した商品を販売する権利などを他社に提供し，その見返りとして加盟金やロイヤルティを受け取る契約関係である。前者をフランチャイザー，後者をフランチャイジーという。フランチャイザーは，加盟店の業績が堅調であれば安定的に収益を得ることができ，フランチャイジーは，フランチャイザーのブランドや商品，営業サポートを利用することができる。各店舗の管理はフランチャイジーが行うため，フランチャイザーは管理の負担を負う必要はないが，その半面で，各店舗で生じた問題を統制しにくいというデメリットがある。

企業は出店形態を決める際に，直営店とFCのそれぞれのメリットとデメリット，自社の戦略との適合性を考慮する必要がある。コンビニエンスストア業界においては，セブン-イレブンなど大手に関してはFC比率が95%程度と大きな差はない。店舗における業務内容が比較的シンプルであり，直接的に店舗を管理する必要性が低いことが一つの要因である。それに対して，外食業界においては，その比率が多様である。たとえば，カフェチェーン業界に関しては，スターバックスジャパンの店舗はほぼ直営店のみであり，ドトールコーヒーではFC比率が約75%（ただし，同グループのエクセルシオールはFC比率が約15%），コメダ珈琲のFC比率は約95%である。スターバックスはどの店舗でも共通した品質のサービスを提供しようとしているのに対して，コメダ珈琲では各店舗にある程度の裁量権を与えている。どちらも居心地の良い空間を提供することを重視しているが，出店戦略以外にも，店舗のデザイン，メニューなどの点において異なるアプローチをしている点が興味深い。

戦略的提携は上で述べたように，参加する企業がもつ経営資源を共有することを目的とする。共有の対象となる経営資源としては，たとえば，流通機能，技術資源，生産設備などがある。流通機能に

コラム 23　ライセンス契約

ライセンス契約とは，ある企業（ライセンサー）が，保有する無形資産を使用する権利をロイヤルティと引き換えに一定期間，他企業（ライセンシー）に与える契約のことである。無形資産には，商標や特許などが含まれる。ライセンス・ビジネスを積極的に展開している企業の一つがサンリオである。その代表的なキャラクターであるハローキティは世界的にファンが多く，海外企業に対するライセンス供与も積極的に行っている。ライセンス契約をする際に，ある程度，キャラクターデザインを変更することを認めるなど，ライセンシーの展開する商品に適用しやすくすることで，多様な相手と取引することが可能になっている。サンリオだけでは幅広い商品展開をすることは難しいが，ライセンス・ビジネスを展開することで収益源を多様化することに成功しているのである。

Column 23

関しては，メーカー同士が共同配送センターを設立するなどの例がある。技術資源に関しては，特許などの知的財産権を共有するような場合である。このとき，継続的な関係を前提とすれば戦略的提携となり，短期的な関係であれば単なるライセンス契約となる。また，共同研究開発や複数企業で製品などの標準化を設定することも技術資源の共有の例である。生産設備に関しては，OEM（Original Equipment Manufacturing：相手先ブランド生産）がある。OEM では，OEM 販売者のブランドで販売されることを前提に，OEM 生産者が製品を請け負う。OEM 販売者から見れば OEM 生産者の生産設備を利用するものであり，OEM 生産者から見れば OEM 販売者のブランドなどの流通機能を利用する関係になる。

クラスター

企業間で形成される協力関係の他の例として，ここではクラスターについて説明しよう。クラスターとは，ある地域において，特定の産業に関連する企業や大学などの組織の集積を意味し，産業集積とも呼ばれる。

ポーターは，クラスターは「ある特定の分野において，共通性や補完性によって相互に関係をもつ，企業やその他関連する組織・制度からなる地理的に近接する集団」と定義している（Porter, 2008）。ここでいう共通性とは，類似した活動に従事していることであり，補完性とは，異なる活動に従事しているが，互いの活動の価値を高める関係にあることである。たとえば，シリコンバレーなどにおけるスタートアップ企業と，それに人材や知識を提供する大学は補完的な関係にある。クラスターにおいて，同じ業種で活動する企業は競争的な関係にあるものの，それと同時に，互いに情報を共有したり，仕事を融通したりするという協力関係を築くことで，同じ地域で活動するメリットを享受している。

ポーターは国の競争優位を説明するために，主要な条件を表したダイヤモンド・モデルを考案した（図8-2）。このモデルは，国の競争優位に限らず，クラスターなどの地域の優位性を説明するうえでも有効である。モデルに描かれているように，ある地域の経済的優位性を高める条件として，需要条件と生産要素条件，企業戦略の性質や競合関係，関連産業・支援産業があげられている。

需要条件とは，その地域における消費者の嗜好性を指しており，価格もしくは品質の点において高度な要求をする消費者が存在するほうがその産業は競争優位を達成しやすくなる。また，高品質な製品・サービスを求める消費者は支払意志額が高いため，その地域に

図 8-2　ポーターのダイヤモンド・モデル

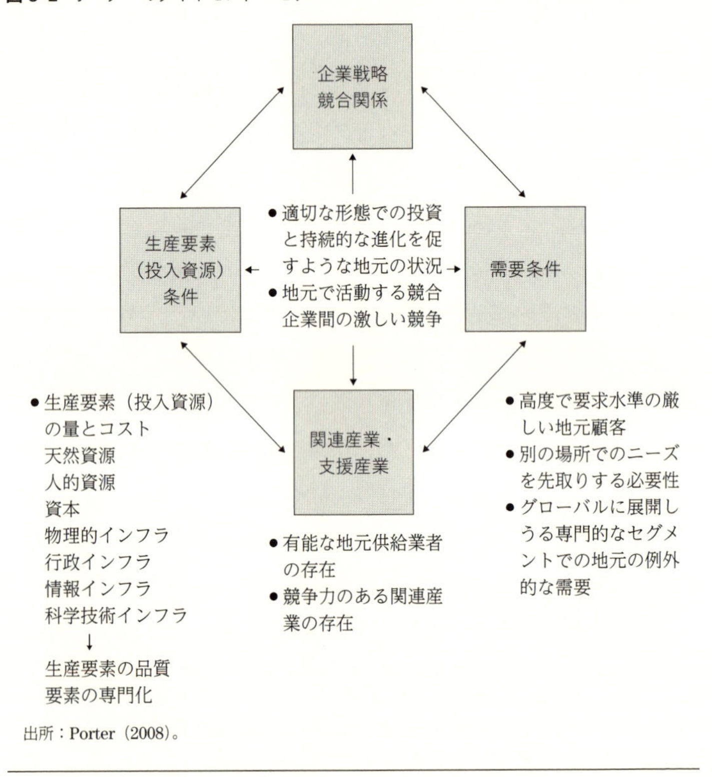

出所：Porter（2008）。

企業が集中することは起こりうる。レストラン産業や高級ブランドの小売業などがその典型例である。ただし，製造業のクラスターに関しては，最終消費者が地理的に近接する必要はないため，とくに重要な要件にはならない。

生産要素条件は，企業活動に必要なさまざまな資源が入手しやすいことを指している。その資源は，原材料，人材，資本，情報など多岐にわたる。シリコンバレーを例にとれば，スタンフォード大学が人材や情報のすぐれた供給源であり，ベンチャーキャピタルは創業資金をスタートアップ企業に提供する存在である。伝統的な産業集積である陶磁器の産地は，陶土が産出される地域で形成される。陶土のように重量に対する価値が低いものは他の地域に輸送するメリットが小さいため，インプットの周辺で産地が形成されやすい。

企業戦略やその競合関係については，適切な競争状態が維持されていることがその産業の競争力を高めるうえで重要である。政府が競争を抑制する政策をとることは，幼稚産業を育成する段階では有効性があるが，長期的にそれを維持することは好ましくない。また，産業によっても異なるが，価格の次元のみでの競争よりも，品質や差別化の次元での競争が行われるほうが産業の競争力を高めるうえでは好ましい。

関連・支援産業は，先に述べたクラスターの定義にも含まれているように，クラスターにおける重要なプレイヤーである。ナパバレーなどのカリフォルニアのワイン・クラスターに関しては，産業を支援する州政府機関や，ワイン製造機器などを供給する業者が該当する。カリフォルニア大学ディビス校は醸造技術の世界的な研究機関として知られている。同校は，人材や情報という生産要素を提供する関連・支援機関と位置づけることができる。

産業集積やクラスターのように，ある特定の地域に何らかの関連性がある企業やその他の組織が集積するメリットは何だろうか。上でも指摘したように，集積が進むことによって，関連・支援機関が充実し，また，行政機関から優遇措置を受けやすくするなど，操業しやすい環境が整備されていく。このようなメリット以外の集積の経済性として，以下，専門化の経済，労働力のプール，知識のスピルオーバー，企業間の協力関係について説明しよう。

(1) 専門化の経済

ある地域に企業が集中すると，直接的な競争を避けるため，それぞれある分野に専門化するようになる。専門化することで，質が高く，かつ多様な製品やサービスが供給されるようになることは，そこに集積する企業にとって便益をもたらし，また，クラスター外部の買い手にとってもメリットとなる。

(2) 労働力のプール

類似した企業が集積することで，その業種に必要な労働力のプールが厚く形成される。その地域で操業すれば，他社からの転職も含めて，労働力を確保しやすくなる。また，労働者側から見ても，その地域では雇用機会が多くあるため，そこにとどまるメリットは大きい。

(3) 知識のスピルオーバー

労働力のプールとも関連するが，集積地における企業やその他の機関の間で人的な交流が活発に行われることで，知識や情報が普及することが地域の競争力に貢献する。労働力が企業間で移動することや，勉強会などの公式・非公式的な集まりに参加することなどで，知識のスピルオーバーが促進される。

(4) 企業間の協力関係

産業集積においては，同業者間の競争関係はもちろん存在するけれども，地域によってその程度は異なるが，協力関係も同時に形成されている。上述したように，企業がそれぞれ，やや異なる領域に専門化することで，直接的な競争関係が緩和され，補完的な関係がつくられる。また，人的な交流が進み，社会的な関係が形成されることで，協力行動がとられやすくなる。さらには，産地のように地域名がブランドとして確立している場合には，互いに協力し，製品やサービスの質を全体的に向上させる誘因は強くなるのである。

情報技術の発達によって，企業間の地理的な隔たりがもたらす問題は解消されやすくなってきているものの，依然として地理的に集積することのメリットは大きい。多くの場合，雇用はヒトの物理的な移動が伴うものであるし，知識や情報は社会的な関係の中で共有されるものである。地理的な空間を共有し，そこで社会的な関係を結び，クラスターという一種の共同体の一員であるという意識をもつことで，企業間の協力が促されているのである。

Book guide 文献案内

- S. ダウマ＆H. スクルーダー（2007）『組織の経済学入門（第3版）』文眞堂。
  - ✏組織の経済学に関する読みやすい入門書。取引費用の経済学などについて，具体的な事例を踏まえながら説明されている。

- 鈴木良隆・大東英祐・武田晴人（2004）『ビジネスの歴史』有斐閣。
  - ✏調整メカニズムとしての市場と組織が歴史的にどのように発達してきたかなど，本章と関わるトピックスが具体的な史実に基づいて議論されている。ビジネスという問題を大局的に理解するためにも経営史の文献も読んでみることをすすめる。

- バリー・ネイルバフ＆アダム・M. ブランデンバーガー（1997）『コーペティション経営：ゲーム論がビジネスを変える』（嶋津祐一・東田啓作訳）日経 BP。
  - ✏「コーペティション」の概念がこの本で提唱された。掲載されている事例はやや古く感じるが，多くのインサイトが得られる一冊。

- 安田洋史（2016）『アライアンス戦略論（新版）』NTT 出版。
  - ✏戦略的提携について体系的にまとめられている，本章では言及できなかった問題についても多く紹介されているので，より深く戦略的提携について知りたい人はぜひ読んでみてほしい。

Bibliography 参考文献

Chandler, Jr. A. D. (1977) *The Visible Hand: The Managerial Revolution in American Business*, Harvard University Press. (鳥羽欽一郎・小林袈裟治訳『経営者の時代：アメリカ産業における近代企業の成立（上・下)』東洋経済新報社，1979)

Coase, R. H. (1937) "The Nature of the Firm," *Economica*, 4, 386-405.

今井賢一・伊丹敬之・小池和男（1982)『内部組織の経済学』東洋経済新報社。

Macneil. I. R. (1974) "The Many Futures of Contracts," *Southern California Law Review*, 47, 691-816.

Porter, M. (2008) *On Competition, Updated and Expanded Edition*, Harvard Business Press. (竹内弘高監訳・DIAMOND ハーバード・ビジネス・レビュー編集部訳『競争戦略論Ⅱ』ダイヤモンド社，2018)

Williamson, O. E. (1985) *The Economic Institutions of Capitalism*, Simon and Schuster.

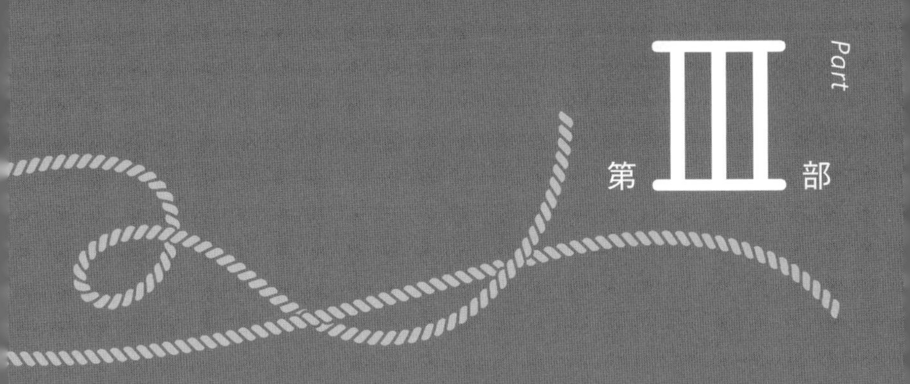

戦略の策定

Chapter

イントロダクション

企業は，ひとつの事業において顧客に商品を購入してもらうところから始まる。すでに競合する商品を提供している企業が存在すれば，顧客を獲得するための競争に直面する。こうした競合他社との競争に打ち勝たなければ，企業が成長することはできない。また，企業はひとつの事業，ひとつの国にとどまり続けるとは限らない。新たな事業を展開したり，海外に進出したりすることで，複数の事業を手掛けるだけでなく，国境をまたいで事業を行う企業へと成長していくこともある。

第Ⅲ部では，こうした企業の成長を実現するために必要となる事業戦略・全社戦略・国際戦略という3つの戦略について考えていく。第4章で議論したように，企業の成長の鍵となるのは6つの経済性である。戦略では，これらの経済性をいかに実現させるかを考える。第9章では，ひとつの事業において，どのように競合相手との競争に打ち勝ち，競争優位を構築するかを考える事業戦略について説明する。第10章では，複数の事業を手掛けている企業に注目し，どのように新たな事業に参入し，それらをマネジメントするかを考える全社戦略について説明する。第11章では，国境を越えて事業を手掛けている企業に注目し，どのように海外市場に参入し，海外市場に特有の課題を克服するかを考える国際戦略について説明する。

第Ⅲ部の全体像

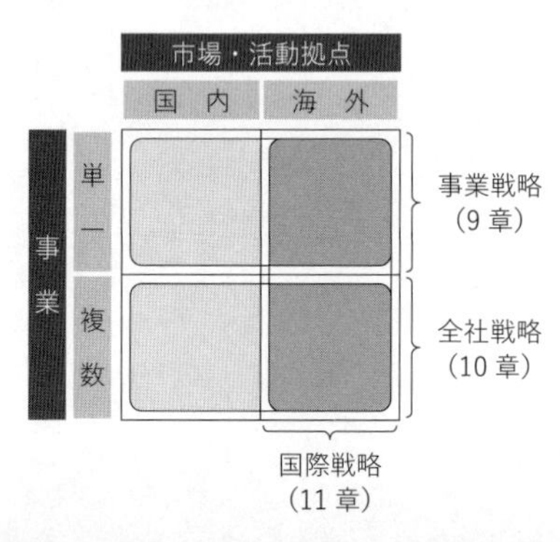

第 9 章 競争に打ち勝つ

Chapter

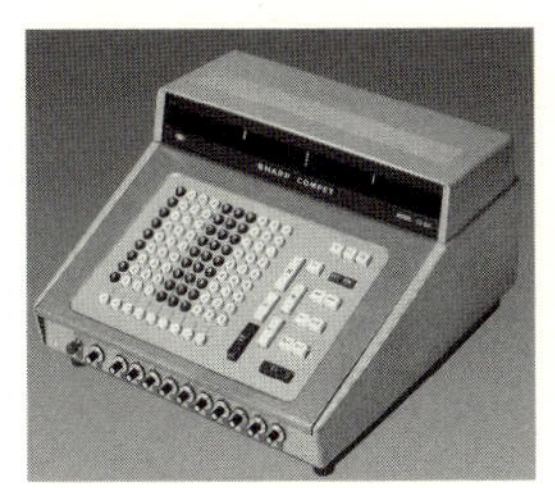

写真提供　シャープ株式会社

Quiz クイズ

1964 年に早川電機工業（現・シャープ）が世界に先駆けて商品化した電卓（電子式卓上計算機）「コンペット CS-10A」の当時の価格はいくらであったか。

a. 5350 円
b. 5 万 3500 円
c. 53 万 5000 円

Answer　クイズの答え

c. 53万5000円

「コンペット CS-10A」はレジスターほどの大きさで重さは25 kgあり，その価格は53万5千円（現在の価値で240万円程度）であった。当時の大衆的な乗用車とほぼ同じ価格であるにもかかわらず，画期的な計算スピードと静音性で，事務や経理部門における業務の大幅な効率化を実現し，ヒット商品になった。電卓市場にはその後に様々な企業が参入し，「電卓戦争」と呼ばれる激しい競争が繰り広げられた結果，1972年には手のひらサイズの電卓が1万円台で購入できるようになった。1960年代後半のピーク時には30社を超えた電卓メーカーのうち20社程度は，1970年代前半までに電卓市場から去り，競争を生き抜くことはできなかった。

Chapter structure　本章の構成

私たちの周りには，競合する商品が数多く存在し，その中から自社の商品が選ばれるように，企業は日々，熾烈な競争を繰り広げている。顧客は商品の選択において，自身のニーズを満たし得る様々な商品を比較する。そして，顧客に比較され，互いに競合する商品を提供する企業同士は，他社ではなく自社の商品が顧客に選ばれるように，顧客をめぐって競争することになる。

本章では，このような特定の業界での企業同士の競争に注目し，企業が一つの事業において競争優位を構築する方法を考える。ここで，競争優位とは，自社が競合相手よりも多くの経済的価値を生み出す力のことである。そのため，競争優位を構築するために企業は，顧客にとって魅力的な商品を提供するだけではなく，競合相手が真似できない商品を提供しなければならないのである。そこで本章は，どのように顧客にとって魅力的な商品を提供するかに加えて，どのように商品それ自体あるいは商品を提供するまでに至る一連の活動を競合相手にとって模倣困難なものにするかを考えていく。

1　事業戦略の視点

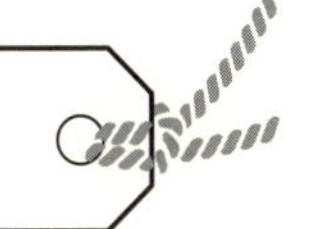

3C

企業は，自社が競合相手よりも多くの経済的価値を顧客に生み出し，競争優位を構築することを目指している。そのため，戦略を考える際には，自社（Company）だけではなく，顧客（Customer）や競合相手（Competitor）にも注目しなければならない。つまり，競争優位の実現には，自社の状況を注視するだけでは十分ではなく，顧客や競合相手との関係も考えなければならないのである。これら3者のプレーヤーは，その頭文字をとって3Cと呼ばれ，事業戦略を考える際に見落としてはならないものとされている（図9-1）。これら3者のプレーヤー間の関係はそれぞれ，「自社がどのような強みを活かして顧客のニーズを満たすか」（図9-1の①），「競合相手がどのような強みを活かして顧客のニーズを満たしているか」（②），「自社はどのように競合相手と差別化するか」（③）という3つの視点を提示している。

顧客は事業の基本であり，顧客なしでは企業は事業を続けることはできない。可能な限り多くの顧客のニーズを満たすことができれば，より多くの売上げを期待することができる。しかしながら，人間には1人ひとりに個性があり好みが異なるため，ひとつの商品であらゆる顧客のニーズを満たすことは難しい。すべての顧客のニーズを満たそうとすれば，結局は誰のニーズも満たせない商品になってしまうことさえある。そのため，特定のニーズをもつ顧客を満足させるには，他のニーズをもつ顧客を捨てる決断も同時に必要と

図 9-1 3C

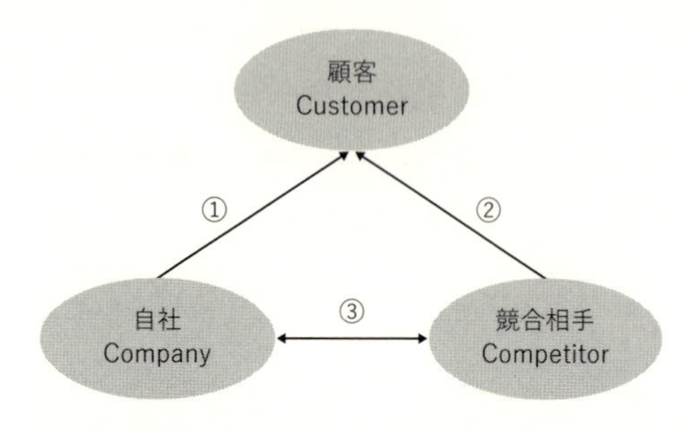

なる。

競合相手は，同じ顧客のニーズを満たす商品を提供する企業のことである。顧客は，自社と競合相手の商品を比べて評価しているため，たとえ自社の商品の品質を高めたり価格を下げたりしても，それ以上に競合相手が品質の向上や値下げをしていたら，相対的な自社の商品の魅力を高めることはできない。競合相手に比べてより魅力的でなければ，顧客を惹きつけることはできないのである。このように，顧客は競合相手の商品との比較を通じて購買決定を行っている。しかしながら，自社の商品を過信していたり，組織が内向きになっていたりすると，競合相手の存在を忘れてしまうことがあるので，気をつけなければならない。

顧客に対して，競合相手よりも魅力的な商品を提供して競争に勝つのは容易ではない。自社の新商品がヒットしたとしても，虎視眈々と狙っている競合相手がそれを模倣した商品を即座に投入するため，同じような商品で市場が溢れ返ってしまうことはよくある。そのため，競合相手よりも魅力的な商品を提供するだけでなく，競合相手がそれを模倣しにくいようにしなければ，競争優位を維持す

Column 24

コラム 24　ビジネス・モデル

ビジネス・モデルとは，企業が顧客に価値を提供する仕組み（収益モデル）のことである。ただし，ビジネス・モデルは広義に，企業が価値を生み出す仕組み全体を指すこともある。この場合には事業戦略の策定プロセス全体が含まれることになる。しかし，以下では，ビジネス・モデルを狭義に捉え，8 つの代表的なビジネス・モデルを紹介する。

①古典的物販モデル

自社で商品の開発・生産を行い，その商品の優位性で収益をあげる仕組み。商品自体の魅力を高め，それを顧客に訴求できるかが収益を左右する。

②古典的小売モデル

自社で商品を開発・生産することなく，他社が提供する商品を仕入れて販売することで収益をあげる仕組み。販売する商品自体を差別化することはできないため，品揃えや納期，価格といった点での違いを顧客に訴求できるかが収益を左右する。

③リカーリング・モデル

商品の本体を販売して終わりではなく，販売後も付属品や消耗品などを提供し，顧客から継続的に収益をあげる仕組み。消耗品モデルとも呼ばれる。商品本体を広く普及させられるか，他社製ではなく自社製の付属品や消耗品を本体の購入者に購入してもらえるかが収益を左右する。

④ライセンシング・モデル

オリジナルの著作物，デザインやキャラクターなどの意匠物を引用・複製・転載する二次利用の権利を他社へ許諾する，あるいは，その逆に他社から許諾をもらうことで収益をあげる仕組み。オリジナルの権利を有している企業と二次利用を希望する企業とが補完的な関係を継続的に築けるかが収益を左右する。

⑤広告モデル

人の目につきやすい場所（駅や新聞，テレビ，ウェブサイトなど）を提供し，その対価として広告料を受け取ることで収益をあげる仕組み。人目につきやすい場所を確保できるかが収益を左右する。

⑥プラットフォーム・モデル

商品の取引（マッチング）を実現する場であるプラットフォームを提供し，参加者に課金することで収益をあげる仕組み。多くの取引を実現するために，多くの参加者を取り込めるか，参加者が利用する頻度を高められるかが収益を左右する。

⑦継続課金モデル

一括の支払いではなく，継続的な課金を通じて収益をあげる仕組み。サブスクリプション・モデルとも呼ばれる。商品を使い始める経済的・心理的障壁を低下させられるか，長期利用による便益を継続的に高めていけるかが収益を左右する。

⑧フリーミアム・モデル

フリー（無料）とプレミアム（割増料金）の造語で，基本的な機能は無料で提供する一方で，高度な機能については課金することで収益をあげる仕組み。無料プランと有料プランとの差別化を適切にできるかが収益を左右する。

上記の 8 つのビジネス・モデルは，あくまで基本型であり，これらを組み合わせている企業も多い。たとえば，アパレル業界には，古典的物販モデルと古典的小売モデルを組み合わせ，開発から販売までを一貫して手掛ける製造小売業（SPA：Speciality store of retailer of Private label Apparel）と呼ばれるビジネス・モデルを採用する企業がいたり，ソフトウェア業界には，継続課金モデルとフリーミアム・モデルを組み合わせ，有料プランを一括の支払いではなく継続課金で提供する企業がいたりする。また，同じ商品を同じ顧客に販売していても，ビジネス・モデルは企業ごとに異なったり，時代ごとに変化したりする。たとえば，かつてゲームソフトは一括の買い切りの古典的物販モデルが主流であったが，現在では継続課金モデルで提供されることもある。

図 9-2 かけがえのない存在

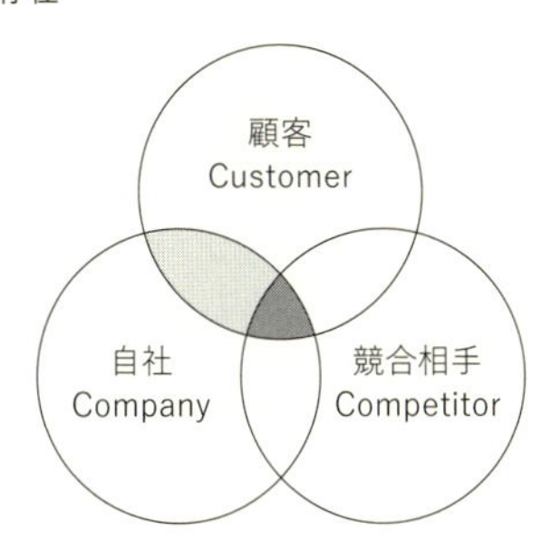

ることはできない。

顧客・競合相手・自社という3者のプレーヤー間の関係を整理すると，図 9-2 のようになる。まず企業は顧客のニーズを満たさなければならない。しかしながら，自社が満たせる顧客のニーズは，競合相手も満たせることもある（濃いアミかけ部分）。そのような場合には，激しい競争が繰り広げられ，競争優位を維持することは難しい。そのため，競争優位を構築するために，企業は，競合相手との違いをつくり，自社にしか満たせない顧客のニーズの充足に注力することで（うすいアミかけ部分），顧客にとって替えのきかない，かけがえ（掛け替え）のない存在になる必要がある。

外部環境と内部組織の分析

事業戦略を考える際には，顧客や競合相手のみならず，自社を取り巻く外部環境や内部組織を多面的に分析し，理解しておく必要がある。以下では，そのために有用な分析枠組みとして PESTLE 分析，ファイブ・フォーシーズ分析，バリューチェーン分析，VRIO 分析，SWOT 分析の5つを紹介する。PESTLE 分析とファイブ・

表 9-1 PESTLE 分析

P：政治的要因	公的支援・外交政策など
E：経済的要因	成長率・失業率・インフレ率など
S：社会的要因	人口動態・ライフスタイルなど
T：技術的要因	スマートフォンの普及・AI 技術の発展など
L：法 的 要 因	独占禁止法・データ保護法など
E：環境的要因	再生エネルギー・廃棄物処理など

フォーシーズ分析は，外部環境において，自社の競争優位に影響し得る脅威（競争優位の実現を妨げる状況）と機会（うまく活用できれば競争優位の実現に資する状況）が存在するかを評価するための分析枠組みである。一方，バリューチェーン分析と VRIO 分析は，自社が保有する経営資源が競争優位をもたらし得るか，すなわち自社の強みあるいは弱みを特定・評価するための分析枠組みである。そして，SWOT 分析は，外部環境における脅威と機会，内部組織における強みと弱みを整理する分析枠組みである。

(1) PESTLE 分析

PESTLE 分析は，自社や顧客，競合相手などを取り巻くマクロ環境の影響に注目し，政治的（Political），経済的（Economic），社会的（Sociological），技術的（Technological），法的（Legal），環境的（Environmental）要因から，自社のビジネスの存続や成長可能性に影響を及ぼす要因を特定する分析枠組みである（表 9-1）。その呼称は，これら 6 つの要因の頭文字に由来している。まず，企業が直面するであろうあらゆる要因に目配りし，マクロ環境のトレンドや潜在的な変化の兆候を見出す。その中で見出されたトレンドや変

図 9-3 ファイブ・フォースーズ分析

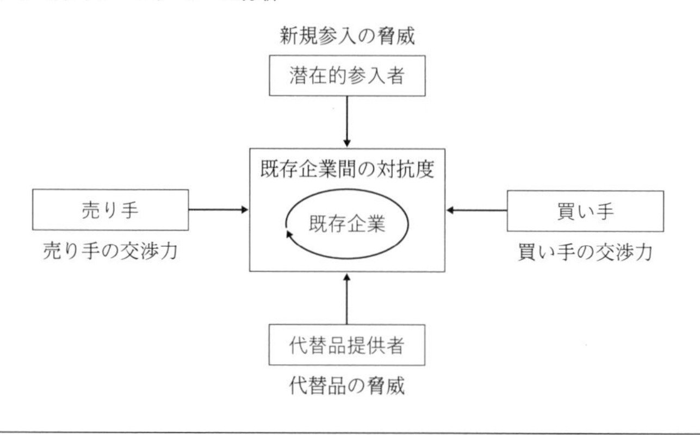

化の兆候が，実際に現れつつあるかを検討し，今後，何がいつごろに生じるかを予測する。そして，そのように導かれた予測が自社にとって機会となるのか脅威となるのかを評価し，今後の経営判断に活用する。

(2) ファイブ・フォーシーズ分析

ファイブ・フォーシーズ分析は，自社が属する業界に注目し，既存企業間の対抗度・買い手の交渉力・売り手の交渉力・新規参入の脅威・代替品の脅威という業界の競争構造に影響を与える5つの圧力（five forces）から業界の利益ポテンシャル（業界における収益性の上げやすさ，業界の儲けやすさの程度）を評価する分析枠組みである（図 9-3）。直接対峙している競合相手との関係だけでなく，売り手や買い手，潜在的参入者や代替品提供者との関係も考慮するという意味で，より広義に競争を捉えているといえる。これら5つの圧力が強ければ強いほど，業界の利益ポテンシャルは低下する。すなわち，既存企業間の対抗度が高くなるほど，買い手や供給業者の

図 9-4 バリューチェーン分析

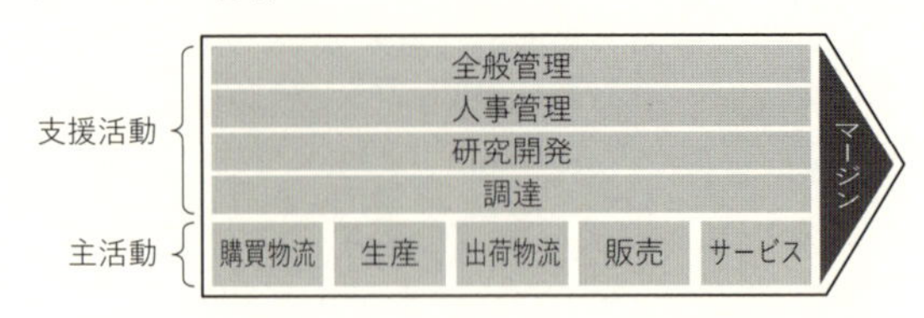

交渉力が強くなるほど，新規参入や代替品の脅威が高いほど，競争は激化し，業界の利益ポテンシャルは低下するのである。

(3) バリューチェーン分析

バリューチェーン分析とは，商品の生産に必要な一連の活動をバリューチェーン（価値を生み出す連鎖）として捉え，企業内部の諸活動のうち，自社の強みあるいは弱みとなる活動およびそれらのつながりを評価する分析枠組みである（図 9-4）。バリューチェーンは一般的に，商品の生産や販売など顧客に提供する価値に直接的に関わる主活動と間接的に関わる支援活動とに大別される。自社の一連の活動を主活動と支援活動とに分解し，自社内の諸活動の価値および費用を可能な範囲で競合相手と比較しながら検討する。一連の分析を通じて，どの活動が，価値の創造や費用の節約という点で利益を生み出す源泉となっているか，また，それらの活動が自社が顧客に提供する価値と適合的であるかを明らかにする。

(4) VRIO 分析

VRIO 分析とは，経済的価値（Value）・希少性（Rarity）・模倣困難性（Imitability）・組織（Organization）という 4 つの基準から，自社内の経営資源が競争優位の源泉になり得るかを評価する分析枠組みである。その呼称は，これら 4 つの基準の頭文字に由来してい

図 9-5 SWOT 分析

		内部組織	
		強み（S）	弱み（W）
外部環境	機会（O）	強み×機会 （SO） 自社の強みを最大化する外部環境の機会は何か？	弱み×機会 （WO） 自社の弱みを最小化あるいは強みへと転換する外部環境の機会は何か？
	脅威（T）	強み×脅威 （ST） 自社の強みを悪化させる外部環境の脅威は何か？	弱み×機会 （WT） 自社の弱みを悪化させる外部環境の脅威は何か？

る。経営資源が持続的な競争優位の源泉となるためには，顧客に価値を提供するものでなければならないだけでなく（経済的価値），他社が容易に入手することができず（希少性），他社が望んだとしても容易に模倣できないものでなければならない（模倣困難性）。加えて，そのような経営資源を活用するために企業は，指示系統やコントロール・システム，評価報酬体系などの組織体制を構築する必要がある（組織）。これら 4 つの基準を満たす経営資源は，持続的な競争優位の源泉であると評価される。

(5) SWOT 分析

SWOT 分析とは，ビジネスの存続に影響を与える諸要因を内部組織と外部環境の双方から整理する分析枠組みである（図 9-5）。内部組織に関わる要因を強み（Strength）と弱み（Weakness）に分類し，外部環境に関わる要因を機会（Opportunity）と脅威（Threat）に分類した上で，具体的なアクション・プラン（具体的に行動する一手）を決定する。その呼称は，これら 4 つのカテゴリーの頭文字に由来している。このとき，強みや弱みは直面する外部環境に依存して変化するため，それぞれのカテゴリーに分類された要因を独立して検討するのではなく，相互に関連付けて検討しなければならない。つまり，内部組織の強みと弱みを，機会や脅威という2つの異なる外部環境を前提にそれぞれ検討していくのである。

ここまでの5つの分析枠組みの説明は，あくまで各分析枠組みの基本的な使い方であり，様々な応用的な使い方がある。たとえば，現在の自社の事業を中心に分析するだけでなく，過去・現在・未来と時間に伴う変化を分析したり，競合相手の事業を中心に分析したりすることもできる。そうした分析を通じて，自社の現状を考えていたのでは必ずしも見えてこない，競合相手の強みや弱み，将来の機会や脅威が明らかとなる。このように，使い方を工夫することで，これらの分析枠組みを用いた分析の有用性はさらに高まるのである。

2　事業戦略の基本方針

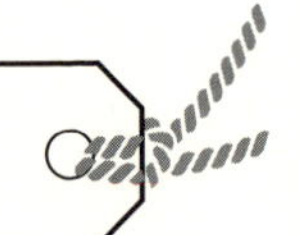

商品の魅力度

顧客は，自身のニーズを満たす商品の価値と価格を比べ，もっとも魅力的な商品を購入しようとする。このとき，顧客が価値を見出す対象は，商品そのものの性能や品質，デザインにとどまらず，納品の速さや購入しやすさ，カスタマーサービスといった補助的サービスにまで及ぶ。同じ程度の価値を提供する商品であれば，価格の安い商品の方が顧客にとって魅力的であるし，価格が多少高くとも，それ以上に顧客に価値を提供できる商品であれば，顧客にとって魅力的な商品となる。したがって，商品の魅力度（顧客が商品を魅力的だと感じる程度）は，下記の式のように表すことができる。

$$商品の魅力度=\frac{商品の価値}{商品の価格}$$

上記の式を踏まえると，企業が商品の魅力度を高める方法には2つあることがわかる。ひとつは，分母にある価格を下げることで商品の魅力度を高める方法である。商品の価格を下げるためには，より低いコストで商品をつくる必要があるため，この方法はコスト戦略，あるいはコスト・リーダーシップと呼ばれる。もうひとつは，分子にある価値を高めることで商品の魅力度を高める方法で，価値戦略と呼ばれる。価値戦略は差別化戦略と呼ばれることもあるが，コスト戦略も価格という点で他社と差別化しており，少しわかりづらいため，本書では価値戦略と呼ぶ。

コスト戦略

コスト戦略とは，競合相手に比べて低い価格で，顧客が受け入れることができる特徴を備えた商品を提供する戦略である。コスト戦略は，競合相手より単に価格を下げる戦略ではなく，競合相手より低い価格で販売できるように，より低いコストで商品をつくることができる仕組みを築く戦略である。そのためには，第4章で説明した6つの経済性を最大限に活用する必要がある（図9-6）。

コスト戦略の基点は単位当たり費用の低下にある。単位当たり費用が低下すると，より低い価格で商品を提供できるようになり，市場シェアが増大し，生産量が増大する。生産量が増大すれば，規模の経済性や密度の経済性，ネットワークの経済性を通じて，さらなる単位当たりコストの低下が実現できる。さらに，生産量の増大は累積生産量を増大させるため，深さの経済性を通じても単位当たり

図 9-6 コスト戦略

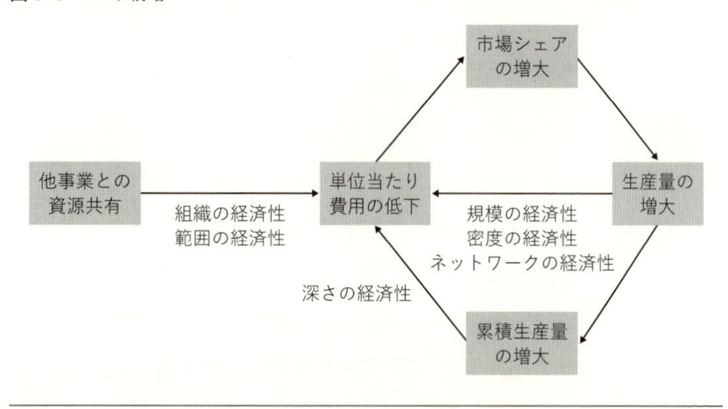

費用は低下する。

このように，ひとたび単位当たり費用を低下させ，市場シェアを増大させることができれば，経済性を通じた良循環が生まれる。こうした良循環のきっかけのひとつとなるのが，他事業との資源共有である。他事業と資源が共有されることで，組織の経済性や範囲の経済性を通じて，単位当たり費用を低下させることができる。

ただし，ひとつの事業のみを展開する企業は，組織の経済性や範囲の経済性を享受することはできない。しかし，機能を絞り込んだり，商品を標準化したりするなど他の方法を通じて，単位当たり費用を低下させることで，良循環を生み出すことはできる。加えて，こうした良循環が長期的に生まれることを事前に見越して，短期的には費用を下回る価格で販売するなど市場シェアの増大を実現するための投資を行うことでも，良循環を生み出すことは可能である。

ケース　ジンズホールディングス

2001年,「JINS」を運営するジェイアイエヌ（2017年にジンズ, 2019年にはホールディングス体制への移行に伴いジンズホールディングスに社名を変更している）は, 福岡の天神にJINS第1号店を出店し, フレームとレンズのメガネ一式を5250円・8480円（税込）のツープライスで販売を始めた。

1980年代頃まで, メガネは, 個人が経営する町のメガネ店で購入するのが一般的で, 平均的なフレームとレンズで一式4～5万円で販売されていた。1980年頃になると, 全国各地に店舗を展開する,「パリミキ」や「武田メガネ」といったメガネ・チェーンが台頭した。メガネ・チェーンは, メーカーからフレームやレンズを大量に調達し, 仕入れコストを低下させることで, 価格を抑えて販売していた。

メガネ・チェーンの台頭により, メガネの価格は低下したものの, 1990年代の後半におけるメガネ一式の平均単価は3万1000円程度で安定していた。こうした中, JINSは, メガネの開発から販売までを一手に引き受けることで, 価格を大幅に引き下げた。JINS開始当初は, 出来合いのフレームとレンズを格安で仕入れ, 店頭でレンズを加工し, フレームにはめ込んで販売していたものの, その後は, 自らフレームのデザインを手掛け, その生産は外部のメーカーに委託している。1万円を下回る安価なメガネは, 若者を中心に人気を博し, メガネ業界に価格破壊をもたらした。

価値戦略

価値戦略とは, 顧客が認知する価値が競合相手の商品よりも高い商品を提供する戦略である。競合相手の商品とは異なる独自の価値を提供し, 顧客が支払ってもよいと考える金額（支払意思額, WTP：Willingness To Pay）を高めることで, 高い価格でも顧客に購入してもらえるようになる。独自の価値があるかどうかを最終的に決めるのは常に顧客である。そのため, 自社が独自の価値を提供しているつもりでも, 顧客がその価値を認めなければ, 顧客の支払意思額を

ケース　セイコーウオッチ

写真提供　セイコーウオッチ株式会社

2006 年，セイコーウオッチは，高級時計ブランド「クレドール」からスプリングドライブ搭載時計「ソヌリ（Sonnerie)」（フランス語で「時鐘」を意味する）を税別希望小売価格 1500 万円で発売した。

スプリングドライブとは，生産を担うセイコーエプソンが着想から 20 年もの歳月をかけて開発した時計機構で，電池やモーターを利用せず，機械式時計のように唯一の動力源をぜんまいとし，そのほどける力を歯車に伝達して駆動する。ただし，一般的な機械式時計とは異なり，水晶振動子に基づく独自の調速機構を備えており，高い時間精度を実現している。スプリングドライブを搭載した腕時計は，機械式腕時計の平均的な精度である日差±15 秒程度をはるかに凌ぐ，月差±15 秒程度の精度を実現しており，クオーツ式時計と同等の高精度を誇る機械式時計と評される。加えて，電池交換の必要がないため，そのわずらわしさを解消するだけでなく，資源・環境の保全にも貢献している。

ソヌリは，時間精度を高める技術的な機能にとどまらず，芸術的な美しさも追求している。技巧を凝らした時計機構が正面からも見えるようにダイヤルをシースルー仕様にするだけでなく，定期的に音で時刻を知らせるために，鈴の音を超小型のお鈴（りん）で再現し，余韻が揺らぐように響く日本ならではの音も実現している（もちろん，不要な時には鐘を鳴らさないようにすることもできる)。移ろいゆく時の流れを，視覚だけでなく聴覚でも感じ取ることができる，心に響く豊かな時を提供しているのである。

高めることはできない。逆にいえば，顧客が価値を認める限り，一見些細な商品上の違いであっても，独自の価値の源泉になる。

商品に独自の価値があるかを決めるのは常に顧客であるが，企業は機能的価値や情緒的価値を創出することで，顧客の認知に影響を与えることはできる。機能的価値とは，商品の機能を向上させることで生じる価値である。企業は，研究開発活動や人的資本へ投資し，深さの経済性を実現することで，これまでになかった新しい機能を追加するなど機能的価値を高めることができる。一方，情緒的価値とは，顧客が商品に対して抱くイメージから生じる価値のことである。企業は，広告宣伝を通じてブランドに対するイメージを高めるなどして，情緒的価値を高めることができる。

スタック・イン・ザ・ミドル

多くの顧客は，低い価格で高い価値を有する商品を購入したいと考えている。実際，顧客は商品の価格と価値を総合的に勘案しており，たとえ価格が低くても，その価値が評価されなければ，顧客に訴求することはできないし，逆もまた然りである。企業は，価格と価値の両面で顧客が期待する最低限の水準を満たさなければならない。そうした顧客の期待に応えようと，企業はしばしば，コスト戦略と価値戦略の同時追求（競合相手に比べて低い価格で，競合相手によりも高い価値を提供する戦略）を目指す。しかしながら，こうした戦略は，スタック・イン・ザ・ミドル（stuck in the middle）に陥るリスクを伴う。

スタック・イン・ザ・ミドルとは，中途半端という意味で，価格が魅力的になるほどは低くなく，かつ，その商品がターゲットとする顧客が認めるほどの価値を創造するには至っていない状況のことを指す。こうした状況は，コスト戦略と価値戦略では，その実行に必要な経営資源や組織体制が大きく異なり，これらを同時に追求することは容易ではないために生じる。2つの戦略の同時追求は一見，顧客の期待に沿った戦略に思えるが，自社の商品の立ち位置をぼや

Column 25

コラム 25　ブルー・オーシャン戦略

ブルー・オーシャン戦略とは，これまでに存在しなかった新しい市場を生み出すことで，競争優位の構築を目指す戦略である。ブルー・オーシャン戦略では，血で血を洗うような競争の激しい既存市場であるレッド・オーシャン（赤い海）から脱却し，まだ存在しない市場であるブルー・オーシャン（青い海）を切り開くことを目指す。どれほどうまく戦略を策定しても，競合他社がひしめき合うレッド・オーシャンで競争している限り，最終的には消耗戦に陥る。そのため，競合相手が存在しない新しい市場を自ら創り出すことが成長のためには必要となってくるのである。

ブルー・オーシャン戦略では，顧客の満足度を大幅に高めつつ，顧客が必要としない要素を省きコストを低下させるバリュー・イノベーションを目指す。つまり，新しい価値を創出することで顧客に高い価値を提供すると同時に，提供する価値にメリハリをつけてくことで低い価格での提供を可能とするのである。ただし，こうした低価格と高価値の同時追求は，スタック・イン・ザ・ミドルに陥るリスクを伴う。そこでブルー・オーシャン戦略では，スタック・イン・ザ・ミドルに陥らないように，既存の商品に対して以下の 4 つのアクションを考える。

①取り除く：既存の商品に当たり前に備わっている要素のうち，取り除くべきものは何か。

②減らす：既存の商品に当たり前に備わっている要素のうち，大胆に減らすべきものは何か。

③増やす：既存の商品に備わっている要素のうち，増やすべきものは何か。

④付け加える：既存の商品には備わっていないが，新たに付け加えるべき要素は何か。

たとえば，10 分程度でヘアカットのサービスを提供する「10 分カット」（料金が 1000 円台に設定されることが多いため 1000 円カットとも呼ばれる）は，通常の美容院や床屋で提供されていたサービスから，洗髪などのカット以外のサービスを提供せず（取り除く），お洒落なインテリアなどの店舗内装を簡素化する（減らす）一方で，カット時間の短縮や駅ナカへの出店など利便性を高めたり（増やす），切った髪を吸引する設備を導入したりしている（付け加える）。このように，足す（増やす・付け加える）だけではなく，たとえ当たり前と思われている要素でも大胆に引く（減らす・取り除く）ことにより，高い価値と低い価格の同時提供を目指すのである。

けたものにし，どの顧客にも訴求できない商品を提供してしまうリスクを抱えているのである。

3 競争優位の構築

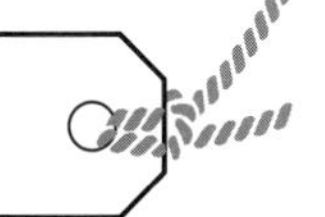

模倣困難性

企業が競争優位を構築するためには，顧客に魅力的な商品を提供するだけでなく，それが競合相手にとって模倣困難である必要がある。そうでなければ，競合相手がすぐさま，その商品を模倣した商品を投入し，激しい価格競争に巻き込まれてしまう。そうした競争を回避するために，特許を取得したり，さまざまな活動を組み合わせたりすることで，企業は模倣困難性を高め，持続的な競争優位を構築することを目指す。

特許の取得

競合相手による模倣を難しくする最も基本的な方法は特許の取得である。商品それ自体について特許を取得することができれば，競合相手による模倣から法的に守ることができる。ただし，特許の申

コラム 26　資源ベース理論

資源ベース理論は，企業が保有する多様な経営資源が競争優位に与える影響を考える。そこでは，経済的価値があり，希少性が高く，模倣困難性が高い資源を有し，それを活用する組織体制を整備している企業が，持続的な競争優位を構築することができると主張する。この資源ベース理論を基に築かれた分析枠組みが VRIO 分析（本章第 1 節参照）である。

資源ベース理論における中核的な議論のひとつが模倣困難性である。経済的価値があり，希少性が高くとも，模倣困難性が高くない場合，その経営資源を活用した企業は先行者優位を獲得し，一時的に競争優位を構築することはできるものの，いったん先行企業の競争優位が認識されてしまえば，競合相手に模倣されてしまい，その競争優位を持続的なものとすることはできない（ただし，特許を取得すれば，その存続期間内であれば，競争優位を持続的なものとすることができる）。そのため，持続的な競争優位の構築には模倣困難性が欠かせないのである。それでは，どのようにすれば，模倣困難性を高めることができるのであろうか。

資源ベース理論では，経営資源が以下の 3 つの条件を持つとき模倣困難性が高まると主張する。第 1 に，歴史的独自性である。企業が特定の経営資源を獲得・開発・活用する能力は，その企業が「いつ，どこにいたか」に依存するため，独自の歴史的条件を有する経営資源は，競合相手による模倣を難しくする。第 2 に，因果関係不明性である。特定の経営資源とその企業の競争優位との因果関係がよく理解できない場合，競合相手は模倣しようにも何を模倣すればよいかわからなくなる。第 3 に，社会的複雑性である。企業が保有する特定の経営資源が，体系的な管理ができない，社会的に複雑な社会現象に基づく場合，競合相手はその経営資源をうまく管理することができないため，模倣は難しくなる。

コラム 27　特許の崖（パテント・クリフ）

特許の崖とは，特許の存続期間の満了に伴って，その特許を使った商品の売上げがあたかも崖から転落するかのごとく下落することを指す。特許は出願から 20 年間の存続期間内であれば，その内容を独占することが法的に認められているため，直接的に競合する商品が販売される脅威はほとんどなく，商品の価格を高く維持することができる。しかし，存続期間が終了してしまえば，競合相手が当該特許を使って競合する商品を発売することができるようになり，そうした価格設定は難しくなる。

特許の崖が，企業の存続を左右するほど重要な経営課題となるのが，新薬メーカーである。医療用医薬品は，新薬（先発医薬品）とジェネリック医薬品（後発医薬品）に大別される。新薬は，十数年もの歳月と数百億円以上の費用をかけて開発され，開発した企業は特許の出願により，特許の存続期間内は，その医薬品を独占的に製造・販売することができる。

しかし，特許の存続期間が過ぎると，他社が同じ有効成分を使ったジェネリック医薬品を製造・販売できるようになる。ジェネリック医薬品は，新薬に比べ開発費や開発期間が少なく，新薬よりも低価格で提供されるため，これまでに独占的に生産・販売してきた企業は特許の崖に直面することになる。新薬メーカーは，特許の存続期間が過ぎる前に，新たな新薬を手に入れることができなければ，特許の崖を乗り越えられず，窮地に立たされることになってしまう。

請時には，その内容に関する情報を公開しなければならないため，特許化しなければ知ることができないような情報を競合相手に知られるリスクを負うことになる。

また，特許はまったく同じことを行う直接的な模倣を防ぐことはできるが，同じことを異なる方法で行う代替による模倣を防ぐことはできない。そのため，たとえ特許で守られている商品であっても，競合相手が特許を迂回して，競合する商品を提供する脅威にはさらされ続けることになる。

活動の組み合わせ

商品それ自体を模倣することはできても，その商品を提供するに至る一連の活動全体を模倣していなければ，競合相手が同じ価値を同じ価格で提供することは難しい。全体の一部を模倣したところで，まったく同じ成果を上げることはできないのである。そのため，企業がさまざまな活動を一貫性をもって組み合わせるほど，その組み合わせを正確に読み解くことは難しくなる。

また，たとえ読み解くことができても，そのすべての活動を模倣するには膨大な時間と労力が必要となる。その中には，昔ならできたが今となっては模倣できなかったり，体系的に管理するのが競合相手には難しかったりする活動があるかもしれない。そのため，商品を提供するために必要な活動を巧妙に組み合わせることができていれば，競合相手が模倣することは難しく，競争優位を持続させる

ケース　スターバックス

スターバックスは，「フラペチーノ」などのビバレッジ（飲み物）の季節に合わせた新作を毎月提供したり，そうしたビバレッジを顧客がカスタマイズできたりすることで知られるコーヒーチェーンである。季節に合わせた新作はSNSで大きな反響を呼んだり，カスタマイズはビバレッジを顧客の好みに合わせることができたりするため，一見すると，他のコーヒーチェーンが模倣し得る活動であるようにも思える。しかしながら，こうした商品提供にかかる活動が他のコーヒーチェーンで積極的に取り入れられているわけではない。

その理由のひとつとして考えられるのが，スターバックスが他のコーヒーチェーンとは異なり，その店舗のほぼすべてが直営店であると

いう点である。フランチャイズ（第 8 章コラム 22 参照）において，店舗運営はフランチャイジーが行う。このとき，スターバックスのような季節に合わせた新作や顧客の好みに合わせたカスタマイズは，研修時間や接客時間が増加するなど店舗運営の効率性を低下させると考えられ，フランチャイジーから反感を買う恐れがある。もちろん，フランチャイズ契約で定めてしまうことはできるかもしれないが，このような一見，店舗運営の効率性を低下させるような業務は現場では軽視されてしまうかもしれない。一方，直営店で店舗を展開していれば，そうした反感を買うことはないし，それらの業務の質も担保しやすくなる。

このように，店舗展開の方法は提供できる商品を規定することがある。このとき，同じ価値を同じ価格で提供するためには，商品提供にかかる活動を模倣するだけでは十分ではなく，店舗展開にかかる活動も模倣する必要がある。この意味で，スターバックスの商品提供は店舗展開と一貫としたつながりをもっており，競合相手が容易に模倣できるものではないと考えられる。

ことができる。

Book guide 文献案内

● 伊丹敬之（2012）『経営戦略の論理：ダイナミック適合と不均衡ダイナミズム（第 4 版）』日本経済新聞出版社。

✏経営戦略の基本と論理を体系的に学べる一冊。1980 年に初版が刊行されて以降，3 度の改訂を重ねる経営戦略のロングセラーテキスト。

● 楠木建（2010）『ストーリーとしての競争戦略：優れた戦略の条件』東洋経済新報社。

✏思わず人に話したくなるような面白いストーリーが戦略には必要であると説く一冊。500 ページを超える大部であるにもかかわらず，語り口調で読みやすく，一気に読める。

● マイケル・E. ポーター（1995）『競争の戦略（新訂版）』（土岐坤訳）ダイ

ヤモンド社。

✏競争戦略論の古典的名著。古典的産業組織論を援用し，それを逆手に取ることで，業界の構造が企業の業績に与える影響を多面的に分析する。

Bibliography 参考文献

網倉久永・三輪剛也（2015）「ビジネス・ケース（No. 123）ジェイアイエヌ：眼鏡業界における SPA 事業モデル」『一橋ビジネスレビュー』63(2)，114-130。

Barney, J. B.（1996）*Gaining and Sustaining Competitive Advantage*, Addison-Wesley.

軽部大・橘樹・宮澤優輝・ダッタ，アヴィマニュ（2023）「ビジネス・ケース（No. 185）セイコーエプソン：革新的腕時計『スプリングドライブ』はいかに開発・事業化されたか」『一橋ビジネスレビュー』70(4)，152-169。

Kim, W. C., and Mauborgne, R.（2005）*Blue Ocean Strategy: How to Create Uncontested Market Space and Make Competition Irrelevant*, Harvard Business School Publishing.（有賀裕子訳『ブルー・オーシャン戦略：競争のない世界を創造する』ランダムハウス講談社，2005）

Porter, M. E.（1980）*Competitive Strategy: Techniques for Analyzing Industries and Competitors*, Free Press.（土岐坤訳『競争の戦略（新訂）』ダイヤモンド社，1995）

Porter, M. E.（1985）*Competitive Advantage: Creating and Sustaining Superior Performance* Free Press.（土岐坤・中辻萬治・小野寺武夫訳『競争優位の戦略：いかに高業績を持続させるか』ダイヤモンド社，1985）

Porter, M. E.（1996）“What is strategy?” *Harvard Business Review*, 74(6), 61-78.（「（新版）戦略の本質」『DIAMOND ハーバード・ビジネス・レビュー』2011 年 6 月，60-89）

新たに事業を展開する

第 10 章 Chapter

©Nintendo

Quiz クイズ

「Nintendo Switch」などの家庭用ゲーム機の開発・生産・販売を行う任天堂が創業当時に手掛けていた商品は何か。

a. 業務用ゲーム機（アーケードゲーム）
b. 花札
c. 携帯型ゲーム機

Answer クイズの答え

b. 花札

任天堂のルーツは，1889 年に京都市下京区にて生産を開始した花札にあり，1902 年には日本初のトランプ生産にも着手している。時代に合わせて事業領域を拡大していき，1977 年に初の家庭用テレビゲーム機「カラーテレビゲーム 15」と「カラーテレビゲーム 6」を発売している。1978 年には業務用ゲーム機も手掛けるようになり，1981 年に発売した業務用ゲーム機「ドンキーコング」は人気を博した。その後，「ファミリーコンピュータ」（1983 年）や「NINTENDO 64」（1996 年），「Wii」（2006 年），「Nintendo Switch」（2017 年）などの家庭用ゲーム機に加え，「ゲームボーイ」（1989 年）や「ニンテンドー DS」（2004 年）などの携帯型ゲーム機も発売している。

Chapter structure 本章の構成

1 つの事業で競争優位を構築することに成功した企業は，新たに事業を展開することで事業領域を拡大させ，さらなる成長を目指すことがある。たとえば，他社がデザインした衣料品を販売していたセレクトショップが，自社ブランドの衣料品のデザインを始めたり，家具やインテリアの販売を始めたりすることもある。このように，企業が事業領域を拡大させていく結果，さまざまな商品を提供する企業を私たちは目にするのである。

本章では，このように複数の事業を手掛ける企業に注目し，複数の事業から構成される事業ポートフォリオをマネジメントする方法を考える。事業ポートフォリオのマネジメントでは，どのような事業を新たに展開するかを考えるだけでなく，ひとたび始めた事業に対して経営資源をどのように配分するかも考えるため，新規事業への参入だけでなく既存事業の縮小や撤退についても検討することになる。

1 事業領域の拡大

成長マトリクス

1つの事業で競争優位を構築することに成功した企業は，新たに事業を展開することで事業領域を拡大させ，さらなる成長を目指すことがある。企業の成長に関する基本的な方針を策定する際に活用されるのが成長マトリクスである。成長マトリクスは，縦軸に市場（新市場を目指すか，既存市場での売上げの増加を目指すか），横軸に商品（既存商品のまま成長を目指すか，新商品を開発して成長を目指すか）を取り，それぞれを既存と新規に分けて，4つのセルを構成する（図10-1）。

市場浸透とは，既存の商品を使って既存の市場で成長する方針である。この方針を遂行するには，潜在顧客の獲得や既存顧客の利用頻度を高める施策が必要である。具体的には，試供品を配布して新しい顧客に商品を購入してもらう，ポイントカードを導入して週1回しか利用していない顧客に週2，3回とより多く利用してもらうようにする施策などがある。

新商品開発とは，新たな商品を既存市場に出すことで成長していく方針である。この方針では，これまでの商品と同じ役割を担う商品でも，これまでにできなかったことが新たにできるようになったり，これまでもできたことがより簡単にできたりするような特性の商品を開発していく必要がある。たとえば，食べ物を温めるという役割は変わらないが，新たな技術を用いることで，いままでよりもヘルシーな調理を可能とする新たなオーブンレンジの開発などが該

図 10-1 成長マトリクス

		商品	
		既存	新規
市場	既存	市場浸透	新商品開発
	新規	新市場開拓	多角化

当する。

新市場開拓とは，既存市場とは異なる新たな市場に，既存商品を出すことで成長する方針である。この際，新市場を開拓するために，商品に何らかの改良を加えることもある。新市場開拓には，地理的範囲の拡大と顧客層の拡大の 2 つの方針がある。地理的範囲の拡大とは，国内のみで販売していた商品の海外販売といったように，これまで商品を販売していない地理的に新しい市場を開拓することである。一方，顧客層の拡大とは，これまでは主に女性（男性）に購入されていた商品の男性（女性）への訴求といったように，ターゲットとする顧客層が異なる新しい市場を開拓することである。

多角化とは，既存の商品と市場から同時に離れて，新たな市場に新たな商品を出して成長する方針である。多角化には，垂直方向と水平方向の 2 つがある。垂直方向への多角化とは，同一商品で取引関係にある活動を取り込む事業領域の拡大のことで，垂直統合もしくは垂直的多角化と呼ばれる。具体的には，これまで衣料品の販売を手掛けていたセレクトショップが，自社ブランドの衣料品のデザインを始めるケースなどが該当する。

一方，水平方向の多角化とは，企業が提供する商品の多様性を高める事業領域の拡大のことで，水平的多角化あるいは単に多角化と呼ばれる。具体的には，これまで衣料品の販売を手掛けていたセレクトショップが，家具やインテリアの販売も手掛けるといったケースなどが該当する。多角化は，水平方向への事業領域の拡大のみを指すこともあるが，ここでは，とくに区別しない限り，垂直方向と水平方向の両方向の事業領域の拡大を指すことにする。

2つの動機

多角化は，既存の市場と商品に足掛かりがないため，相対的に高いリスクを伴う方針であるが，次のような動機で，従来の事業領域を越えて事業を拡大させていく企業も多い。第1に，経営資源の活用といった内的要因である。既存事業を遂行する中で蓄積される経営資源を他の事業でも活かすことができれば，1つの事業だけを展開する企業よりも有利な市場地位を期待することができる。そのため，自社の経営資源を活用できる事業領域に進出することで，企業はさらなる成長を目指す。

第2に，既存事業の成熟・衰退といった外的要因である。既存の事業において，市場全体が成熟・衰退していったり，新興国の追い上げによって国際的な競争力を失ったりする場合，企業は新たに事業を展開することでさらなる成長が可能となる。ただし，外的要因をきっかけに新たに事業を展開する場合でも，進出した事業において競争優位を構築するためには，既存事業で蓄積された経営資源の活用が必要となる。

コラム 28　SCP 理論

SCP 理論は，業界構造（Structure）・企業行動（Conduct）・企業成果（Performance）という 3 つの要素の関係性を考える。ここで，業界構造はその業界で競合する企業の数や参入・退出にかかる費用などの業界の特徴，企業行動は商品展開や価格政策などの個別企業のアクション・プラン，企業成果は利益などの個別企業のパフォーマンスをそれぞれ指している。SCP 理論では，ある業界における企業の平均的な収益性は企業行動に規定されるものの，その企業行動は企業を取り巻く市場構造に制約されることが主張される。つまり，ある業界が儲かるか否かという業界ごとの収益性の違いは，その業界の構造によって決まるということである。こうした SCP 理論の主張を逆読みして作られた分析枠組みがファイブ・フォーシーズ分析（第 9 章第 1 節参照）である。

一般的に，1 社が市場を支配する独占的な業界と多数の企業がしのぎを削る競争的な業界を比較したとき，独占的な業界は儲かりやすい一方で，競争的な業界は非常に儲かりにくい。つまり，独占的な業界に属する企業の平均的な収益性は，競争的な業界に属する企業のそれに比べて高いのである。これは，競争的な業界では，独占的な業界と比べて，価格設定などの企業がとれる行動の選択肢が制約されるためである。このように，業界構造が企業の平均的な収益性を規定するのであれば，企業が事業領域を拡大する際には，儲かりやすい業界構造となっている事業領域を目指すべきとなる。

垂直統合

垂直統合は，いま手掛けている活動と取り込む活動との関係によって 2 つに分けられる。具体的には，原材料の調達から顧客への販売までの活動の流れを，上流から下流に流れる川になぞらえて，ある活動を手掛けていた企業がそれよりも上流の活動を取り込むことを川上統合，下流の活動を取り込むことを川下統合と呼ぶ。ただ

ケース　ファイターズ スポーツ＆エンターテイメント

2023 年 3 月 14 日，プロ野球チーム・北海道日本ハムファイターズ（以下，球団）が，北海道北広島市に新たに建設された本拠地・エスコンフィールド HOKKAIDO（以下，エスコンフィールド）で，初めてのオープン戦となる埼玉西武ライオンズ戦を行った。エスコンフィールドは，球団などが出資するファイターズ スポーツ＆エンターテイメントが総工費約 600 億円をかけた大型施設・北海道ボールパーク F ビレッジ（以下，F ビレッジ）内にある日本初の開閉式屋根付き天然芝球場である。

©H.N.F

球団は前年まで，札幌市にある札幌ドームを本拠地とし，その運営会社に年間十億数円の球場使用料を支払っていた。しかし，札幌ドームはサッカーやコンサートなどにも使う多目的施設のため，球団主導の改修をすることはできず，また，広告看板や飲食物販の収入は球団に配分されなかった。そのため，札幌ドームを本拠地としたままでは，さらなるファンサービスの充実や収入の拡大は難しく，また，観客動員数も 2009 年の 199 万人をピークに頭打ちになっていた。

そこで，自ら球場を建設し，球団と一体的に運営することで，ファンサービスの充実に加え，物販や飲食などでの収入の拡大を目指したのであった。新球場は，屋根を開閉式にしたり，座席にゆとりをもたせたりすることで，球場としての魅力を高めるだけでなく，クラフトビール醸造所，サウナ，温泉，ホテル，子どもの遊び場などの施設が多数揃えられている。野球を中核に据えつつも，野球観戦以外にも，別の目的で球場を訪れたくなるように工夫し，多様な観戦環境を提供することで，ファンの裾野を広げている。

こうした取り組みの結果，移転初年度となる 2023 年の F ビレッジ年間来場者数は約 346 万人を記録し（試合観戦なしの来場者も含む），営業利益は 36 億円と移転前の数億円〜10 億円の水準から大幅に増加した。

し，顧客に近い活動を前方，原材料の供給元に近い活動を後方と捉え，川下統合を前方統合，川上統合を後方統合と呼ぶこともある。

他社に任せていた活動を自社が手掛けることで，これまで他社に支払っていた委託料を支払わずに済むだけでなく，その事業に関する情報やノウハウが社内に蓄積したり，そこで作られる商品を社外にも提供したりすることで，新たな収益源の育成にもつながる。しかし，自社が他社よりもうまくその事業を手掛けることができなければ，他社に支払っていた額より多くの費用を負担しなければいけなくなるし，社外に提供しても十分に収益を上げることは難しい。そのため，企業は，垂直統合を通じて組織の経済性を実現できるかを踏まえたうえで，自社で担うか他社に任せるかを判断しなければならない。そして，組織の経済性の実現が期待されるときに，企業は垂直統合を通じて事業領域を拡大させるのである。

多 角 化

ここでの多角化は，水平的多角化のことを指し，既存事業との関連性によって、関連型多角化と非関連型多角化の 2 つに分けられる。関連型多角化は，企業に蓄積された経営資源を活用して，既存事業とは異なる分野に進出する多角化を指す。一方，非関連型多角化とは，直接的な関連性をもたない新たな事業に進出する多角化を指し，こうした互いに関連性をもたない多種多様な事業を有する企業はコングロマリットと呼ばれる。

企業は多角化を通じて，これまでに提供していなかった商品を提供することで，新たな収益源を育てることができる。しかし，競合相手よりもその新しい事業をうまく手掛けることができなければ，競争に打ち勝つことはできない。そのため，企業は，多角化を通じ

コラム29　コングロマリット・ディスカウント

Column 29

コングロマリット・ディスカウントとは，多角化企業の企業価値（株式時価総額と負債額の合計）が，各事業の企業価値の総和よりも小さい現象のことをいう。つまり，単独で各事業を営む場合と比較したときに，複数の事業を営む多角化企業の企業価値が低く評価されている状況である。コングロマリットとは通常，多角化している企業の中でもとくに関連性の弱い事業を抱える企業のことを指すが，ここでは多角化企業一般を指している。

コングロマリット・ディスカウントが生じる理由は大きく2つある。1つ目は，不振事業の温存である。事業領域の拡大は常に成功するわけではなく，ときには多角化で参入した事業が不振に陥ることもある。しかし，企業の存続が危ぶまれるような状況でもなければ，そうした不振事業は整理されることなく企業に温存されてしまうことがある。そうした一部の不振事業が多角化企業全体の企業価値を損ねてしまうのである。

2つ目は，事業内容の不透明性である。多角化企業が公開する情報は，各事業に関する情報を集計したものであり，そのような集計された情報に基づいて個々の事業を適切に評価するのは投資家にとっても難しい。その結果，たとえ各事業が高い実力を備えていたとしても，その不透明さゆえに投資が手控えられてしまい，企業価値は実力を下回ってしまうのである。

このようなコングロマリット・ディスカウントの存在は，多角化の難しさを物語っている。多角化企業の経営者は，不振事業の整理や事業内容の情報開示などに積極的に取り組むことで，コングロマリット・ディスカウントを回避し，コングロマリット・プレミアム（多角化企業の企業価値が，各事業の企業価値の総和よりも大きい現象）を実現していかなければならない。

て範囲の経済性を実現できるかを踏まえたうえで，新たな事業に進出するかを判断しなければならない。そして，範囲の経済性を期待できる新たな事業機会を見出したときに，企業は多角化を通じて事業領域を拡大させるのである。

経営資源の調達

垂直統合にせよ，多角化にせよ，新たな事業を始める際に，必ずしも社内に必要な経営資源があるとは限らない。もし事業領域の拡大に必要な経営資源が社内になければ，経営資源を自社で構築したり，あるいは他社から購入したり借用したりして調達しなければならない。

構築とは，これまでに蓄積した企業内部の経営資源を活用し，自ら新たな経営資源を開発することで，内部開発とも呼ばれる。企業は新たな経営資源の構築を通じて，自社の経営資源を拡大させることができ，その拡大プロセス自体から得られる知見も社内に蓄積することができる。また，開発プロセスのすべてを自社でコントロールできるため，環境の変化に柔軟に対応することもできる。ただし，企業が保有していない経営資源を自ら構築することになるので，結果として開発に失敗するリスクを負うことになる。また，時間のかかるプロセスになるため，芽が出るまで継続する忍耐強さが求められる。

購入では，新たに必要となる経営資源を既に保有する他社から取得することで，その経営資源を自社に取り込む。その代表的な方法がM&Aである（コラム30参照）。購入では，時間をかけずに自社が保有していない経営資源を手に入れることができる。また，既に存在するものを他社から購入するので，開発に失敗するリスクを負うこともない。ただし，取得する経営資源の価値を事前に適切に評価することは容易ではなく，本来の価値よりも過大に評価してしま

コラム 30　M&A

M&Aとは，他社を自社に取り込むために行われるものであり，合併（Mergers）と買収（Acquisitions）の頭文字を取ったものである。合併とは，2つ以上の企業を1つの企業に統合することで，両者の経営資源を1つの企業の支配下に置く方法である。そのため，合併では少なくとも1つの企業が法人として存在しなくなる。合併には，一方がもう一方の一部となる吸収合併，新設された企業に両社が吸収される新設合併の2つの方式がある。たとえば，A社がB社を吸収合併した場合，B社は消滅しA社の一部となる一方，A社とB社が新設合併した場合，両社は消滅し新設されたC社の一部となる。

一方，買収とは，他社を子会社化し支配下に置くことで，他社の経営資源を自社が利用できるようにする方法である。買収後においても，被買収企業が買収企業とは別の法人として残り続けるため，両者の内部組織を維持したままにすることもできる。たとえば，A社がB社を買収した場合，B社はA社の子会社となるが，A社とは別の法人のまま存続することになる。

さらに，合併と買収の中間的な方法である経営統合が用いられることもある。経営統合とは，統合する複数の企業が，共同で持株会社を新たに設立して，その子会社となり，両者の経営資源を同じ企業グループ内で用いることができるようにする方法で，広義にはM&Aに含まれる。経営統合では，統合される企業間に親子関係が生まれないという点で（新設）合併に似ている一方で，統合後も両者が別の法人として存続し続けるという点では買収に似ている。たとえば，A社とB社が経営統合した場合，両社は新たに設立したX社の子会社として存続することになる。

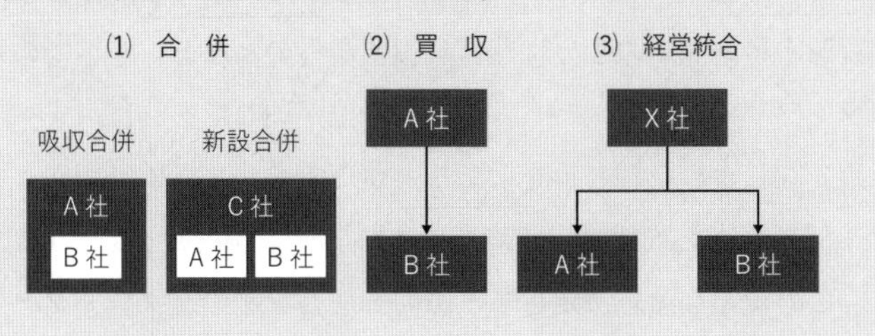

Column 30

い，投資に見合ったリターンを得ることができないこともある。また，段階的に購入を進めるなどができないわけではないものの，相手の意向も踏まえる必要があり，構築のような柔軟性を確保することは難しい。

借用では，新たに必要となる経営資源を既に保有する他社と契約を結ぶことで，その経営資源を自社で利用する。契約の内容はライセンシングや戦略的提携など多様であるが（第8章参照），どのような場合であれ，構築と購入の短所を避け，それぞれの長所を得られるように設計される。借用では，購入と同じように，時間をかけずに自社が保有していない経営資源を，開発に失敗するリスクを負わずに利用できるようになる。また，特定の経営資源を共有したり相互利用したりするため，単独で調達する場合に比べて，投資の負担が軽減される。一方で，階層関係や支配関係はなく，それぞれの企業は独立しているため，相手との兼ね合いで，自社の思い通りにできないこともある。

2 事業ポートフォリオのマネジメント

PPM

ひとつの企業が複数の事業を手掛けるようになると，限られた経営資源の事業間での配分は非常に複雑なものとなる。すべての事業のライフサイクルのステージや市場地位が同じであれば，すべての事業で同じような打ち手をとることができるが，各事業が異なるステージや地位であれば，事業ごとに異なる打ち手が必要となってくる。この複雑な意思決定をする際の一助となるのがプロダクト・ポ

図 10-2 プロダクト・ポートフォリオ・マネジメント

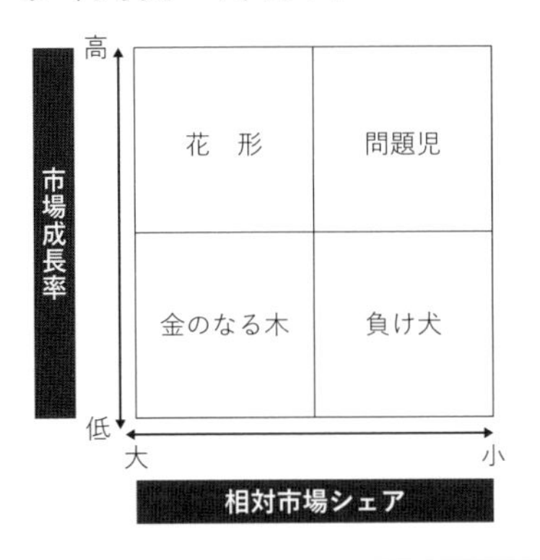

ートフォリオ・マネジメント（PPM）である。

PPM では，市場成長率と相対市場シェア（自社を除く同業他社のうち最大手と自社の市場シェア比）の 2 軸を用いて，問題児・花形・金のなる木・負け犬という 4 つのセルをつくり，各事業を当てはめたうえで，セルごとに資源配分の方針を考えていく（図 10-2）。

市場成長率が高ければ，拡大する需要に対応するための投資に多くの資金が必要となるため，市場成長率は各事業の資金需要を示している。このとき，市場成長率は，商品ライフサイクルが示唆するように，時間の経過に従い自然と低下していき，ある時点では高い成長率を誇っている事業であってもいずれは成熟する。

一方，相対市場シェアが高ければ生産量も多くなり，規模の経済性や深さの経済性を通じて費用を低下させることができ，多くの資金を生み出すことができるようになるため，相対市場シェアは各事業の資金創出力を示している。

ケース　トヨタ自動車

世界最大の自動車メーカーであるトヨタ自動車の源流は，豊田佐吉が設立した豊田紡織に遡る。1911 年，機械が自動で織物を織る自動織機の発明を目指していた佐吉は，その足場を築くために，豊田自動織布工場を設立した。同工場には，200 台の織機が導入され，うち 8 台は試験用の自動織機であった。佐吉は，同工場で自動織機を研究する中で，他社から供給される糸の品質に問題があることを突き止め，自動織機の完成には良質の紡績糸が必要であると考えるようになった。そこで，1914 年，同工場に紡績設備を導入し，豊田自動紡織工場へと改組した。その後，この紡績・織布事業が拡大したために再び改組し，1918 年に豊田紡織が設立されるに至った。

1926 年，豊田紡織は，佐吉が発明した「G 型自動織機」を生産するための自動織機製造会社として，豊田自動織機製作所を設立した。このとき，佐吉の長男で，佐吉ともに自動織機の開発に取り組んでいた豊田喜一郎は，すでに将来的な自動車事業への進出を想定して，機械加工設備や鋳造設備の計画を立案していたという。しかし，自動車の開発には多額の資金が必要であることに加え，高い技術力を誇るアメリカの自動車メーカーが市場を支配していたことから，社内には反対意見も多かった。

それにもかかわらず，当時の繊維事業は多くの利益を上げていたものの，将来的な伸びを期待することはできず，さらなる発展のためには新たな事業が必要であるという強い危機感から，1933 年，豊田自動織機製作所は正式に自動車部を開設した。その後，織機製作で培った技術を活かし，喜一郎は，1935 年にトラック，翌年には量産乗用車を発表した。1937 年に，豊田自動織機から独立してトヨタ自動車工業が設立され，1982 年にはトヨタ自動車販売と合併し，現在の社名であるトヨタ自動車へと改称されている。

資源配分の基本方針

第 1 に，問題児とは，稼ぐ資金は少ない一方で，多額の投資を必要とする事業を指す。問題児の事業では，需要に見合うだけの資金を自ら賄うには至っていないため，他の事業からの資金の融通を必要とする。成長率が高い市場なので，育成の仕方次第では将来の主力事業になる可能性を秘めており，たとえ短期的には成果が出なくても長期的な視点に立って積極的に投資することが求められる。一方，そのような投資を行うつもりがなければ，中途半端に事業を続けるのではなく，撤退を検討すべき事業となる。

第2に，花形とは，多くの資金を稼ぐことができると同時に，投資に多くの資金を必要とする事業である。今後の投資に必要な資金を自らで賄うことはできており，事業として独り立ちできているため，拡大する市場において，市場地位を維持・拡大するための投資を継続していくことが求められる。

第3に，金のなる木とは，市場リーダーのポジションにあり稼ぐ資金が多い一方で，投資に必要な資金は少ない事業である。成熟した市場のリーダーの地位にあるため，事業規模も大きく，企業の主力事業となっていることが多い。投資を抑えつつ，現在の市場シェアを維持するために事業の効率化を進め，生み出された資金を再投資に回すのではなく，将来の主力事業になりそうな他の事業へ振り向けることが求められる。

第4に，負け犬とは，稼ぐ資金も投資に必要な資金も少ない事業である。市場シェアを高めるために，競合他社から顧客を奪うには，大規模な投資が必要となるが，市場の成長率が低いことを考えると，市場シェアを高めるための投資を正当化することは難しい。そのため，投資を抑えつつ事業を継続することで残存者利益（生き残った少数の企業のみが市場を寡占することで得られる利益）を享受するか，そうでなければ撤退を検討すべき事業となる。

ケース　カシオ計算機

写真提供　カシオ計算機株式会社

市場の縮小が続く電卓市場において，台数ベースで約 5 割の市場シェアを誇るのが，カシオ計算機である。電卓は，かつて一家に 1 台ある商品だったが，パソコンやスマートフォンなどの代替機器の普及により，使用される機会が少なくなった。それに伴い，電卓市場は，縮小が続き，1998 年に 228 億円（1419 万台）あった国内市場規模は，2023 年には 40 億円（330 万台）にまで縮小している。ピーク時には，30 社を超えるメーカーがしのぎを削り，電卓戦争が日本国内で勃発したが，競争による価格下落が進むにつれ，家電メーカーなどは徐々に電卓事業から撤退していった。いまでは，世界でも数社しか電卓を開発していない寡占市場となっている。

カシオ計算機の 2024 年 3 月期の関数・一般電卓事業は，全体の売上高に占める割合は 2 割に満たないものの，営業利益率は 16.5% と全社平均の 5.3% を大きく上回っている。同事業の稼ぎの中心は，簡易な計算用の電卓ではなく，三角関数や複素数など一般の電卓より複雑な演算が可能な関数電卓である。関数電卓を使えば，複雑な計算が省け，多くの問題をこなせるようになるため，近年，東南アジアやアフリカなどの学校では，数学の授業で関数電卓を採用する動きが広がっている。同期の関数電卓の販売台数は 2203 万台にのぼり，その 9 割以上が海外向けというグローバル商品になっている。

PPM の役割

まったく性質の異なる複数の事業を市場成長率と相対市場シェアという 2 つの物差しで測る PPM は，複数の事業への資源配分に関する意思決定を行う上での有益な示唆を与えてくれる。第 1 に，PPM は，各事業が稼いだ資金をすべて再投資するのではなく，将来に資金を稼げそうな事業に投資するという事業ポートフォリオのマネジメントの基本論理を教えてくれる。第2に，PPMでは，将来の主力事業となり得る問題児を抱えることを奨励しており，短期的には成果が出ない将来性ある事業への投資の必要性を教えてくれる。

しかし，その簡便さゆえに限界も存在する。まず第1に，PPMは企業の内部で投資資金をやりくりすることを前提としているが，実際には金融機関などの外部から資金を調達することができる。内部調達のみを前提としていると，縮小均衡に陥るおそれがあるため，ときには外部調達を活用し大胆な投資を検討する必要もある。

第2に，PPMでは個々の事業を互いに関係ない独立したものと見なしているが，事業間に組織の経済性や範囲の経済性が働いている場合に，個別に事業を評価することは危険である。たとえば，ある企業が花形と負け犬の2つの事業を抱えているとき，負け犬の事業から撤退し花形の事業に投資を集中させることは一見妥当に思えるが，これら2つの事業が互いに関係する場合，負け犬の事業から撤退することで花形の事業の競争力が削がれるおそれがある。そのため，4つのセルの配置から機械的に各事業を評価するのではなく，事業間の関係性に配慮して1つひとつの事業を精査していく必要がある。

事業ポートフォリオの変革

垂直統合や多角化を通じて事業領域を拡大させる企業は，そのすべての事業において競争優位を構築することを目指してはいるものの，いくつかの事業ではうまくいかずに，競合他社の後塵を拝すこともある。その際に，競争力のない事業を維持することに多くの経営資源が割かれることになれば，他の事業の競争力もおぼつかなく

ケース　TDK

1935 年，日本で生まれた磁性材料であるフェライトの事業化のために設立された TDK（設立時の社名は東京電気化学工業）は，85 年を超える歴史の中で，事業ポートフォリオを大きく転換させてきた企業である。

設立当初は，フェライトをベースに，磁石やインダクター，コンデンサーなどの受動部品を手掛けていた。その後，録音して音楽を持ち歩ける時代が到来すると，1966 年にはカセットテープを発売し，また，映像を録画する時代が到来すると，1978 年にはビデオテープを発売するなど新たな事業を育てた。その後，磁気を使うテープ事業が縮小しても，1990 年代のパソコン市場の勃興に合わせ，創業以来の磁性材料の技術を活かし，データを保存する記録装置であるハード・ディスク・ドライブ（HDD）用の磁気ヘッドを開発し，収益源にまで育て上げた。

2005 年に香港のリチウムポリマー電池企業・ATL, 2008 年にはモバイル機器などに使われる高周波部品企業のドイツのエプコスを買収した。これらの事業はその後，スマートフォン市場の拡大に伴い，収益源へと成長した。しかし，2017 年，アメリカの半導体大手のクアルコムに，全社利益の約 3 割を稼いでいた高周波部品事業を事実上売却している。同事業は，単品販売では好採算であったものの，複数の部品を組み合わせるモジュールでは赤字が続いており，今後強まるモジュール化のニーズに応えきれないと判断したのであった。

高周波部品事業の売却で得た約 3000 億円の資金は，次の収益源として期待されるセンサー事業への投資に活用されている。センサー市場は，指紋認証や自動運転など用途が拡大しており，高い成長性が見込まれている。HDD 用の磁気ヘッドの自社技術を転用して，2009 年から社内で開発に取り組み，2015 年から 18 年にかけては海外企業 5 社を総額 2000 億円で買収するなどして，センサーをテープ，磁気ヘッド，電池に次ぐ新たな柱に育てることを目指している。

なる。そのため，競争力のない事業を抱える企業は，それらを精査したうえで，必要であれば縮小・撤退を行う一方で，集中すべき事業を選択し重点的に資源を配分することで，事業ポートフォリオを変革していくことが求められる。

こうした事業ポートフォリオの変革は，1つの事業のみを手掛ける企業においても必要となる。たとえある事業で競争優位を構築することができても，環境変化に伴い市場全体が縮小してしまえば，縮小均衡は避けられない。企業として長期的に成長していくためには，時代に合わせて事業の新陳代謝を進めていかなければならない。そのためには，既存事業の縮小・撤退と新規事業への参入を同時に進め，事業ポートフォリオを転換していくことが求められる。この意味で，1つの事業のみを手掛ける企業においても，事業ポートフォリオの変革は重要な経営課題となり得るのである。

企業が持つ事業の組み合わせや直面する課題は多様であるため，目指すべき事業ポートフォリオの変革のあり方は企業ごとに大きく異なる。既存事業の縮小・撤退といっても，段階的に事業を縮小し数年かけて撤退していくこともあれば，事業全体を他社に売却して一気に撤退することもある。また，意図的に既存事業を縮小・撤退していなくても，選択した事業に集中的に投資した結果，ほとんど事業ポートフォリオを転換したかのようになることもある。このように，事業ポートフォリオの変革は一様ではない。とはいえ，自社の事業ポートフォリオを見直し，必要であれば変革していくこと自体は，長期的な成長を目指すあらゆる企業において必要とされることである。

Book guide 文献案内

- 菅野寛（2019）『全社戦略がわかる』日本経済新聞出版社。
  ➡全社戦略を豊富な事例とともに学べる一冊。全社戦略と事業戦略とでは，いかに視点が違うかを気付かせてくれる。

- 牛島辰男（2022）『企業戦略論：構造をデザインする』有斐閣。
  ➡全社戦略の基礎から応用までを網羅的に学べる一冊。全社戦略と組織デザインのつながりを豊富な事例とともに教えてくれる。

- ウルリッヒ・ピドゥン（2022）『全社戦略：グループ経営の理論と実践』（松田千恵子訳）ダイヤモンド社。
  ➡全社戦略にかかわるトピックが体系的にまとめられている一冊。全社戦略の理論のみならず実務への示唆も充実している。

Bibliography 参考文献

Ansoff, H. I.（1957）"Strategies for Diversification," *Harvard Business Review*, 35⑸, 113-124.（「多角化戦略の本質」『DIAMOND ハーバード・ビジネス・レビュー』2008 年 4 月号，138-154）

Ansoff, H. I.（1965）*Corporate Srategy: An Analytic Approach to Business Policy for Growth and Expansion*, McGraw-Hill.（広田寿亮訳『企業戦略論』産業能率短期大学出版部，1969）

Capron, L., and Mitchell, W.（2012）*Build, Borrow, or Buy: Solving the Growth Dilemma*, Harvard Business Press.

Hofer, C. W., and Schendel, D.（1978）*Strategy Formulation: Analytical Concepts*, West Publishing.（奥村昭博訳『戦略策定：その理論と手法』千倉書房，1981）

Penrose, E. T.（1959）*The Theory of the Growth of the Firm*, 3rd ed., Oxford University Press, 1995.（日高千景訳『企業成長の理論（第 3 版）』ダイヤモンド社，2010）

Rumelt, R. P.（1974）*Strategy, Structure, and Economic Performance*, Harvard University Press.（鳥羽欽一郎・山田正喜子・川辺信雄・熊沢孝訳『多角化戦略と経済成果』東洋経済新報社，1977）

吉原英樹・佐久間昭光・伊丹敬之・加護野忠男（1981）『日本企業の多角化戦略：経営資源アプローチ』日本経済新聞社。

海外へ進出する

第 11 章 Chapter

写真提供　キッコーマン株式会社

Quiz クイズ

しょうゆなどの調味料や加工食品の開発・生産・販売を行うキッコーマンの売上高に占める海外の売上高の比率として最も近いものはどれか。

a. 25%
b. 50%
c. 75%

Answer　クイズの答え

c. 75%

キッコーマンの本格的な海外進出は，1957 年にアメリカ・サンフランシスコに販売会社を設立したことに始まる。1961 年には，日本にある「照り焼き」を由来とした「Teriyaki」を楽しめるソースを開発し，アメリカ向けに販売を開始すると，アメリカの食文化に定着するまでになった。1973 年にはアメリカ・ウィスコンシン州に海外工場を建設している。2024 年 3 月期の売上高 6608 億円のうち，海外での売上高は 77%（5090 億円）を占め，北米における売上高は 3561 億円にのぼり，日本国内の売上高 1575 億円を大きく上回る。

Chapter structure　本章の構成

企業は，新たに事業を展開して複数の事業を手掛けるようになるだけでなく，国境をまたいで複数の国（および地域）で事業を展開するようにもなる。これまで日本でのみ販売していた商品を米国に売り出したり，商品の生産に必要な部品の調達を日本からベトナムに切り替えたりするだけでなく，そもそもは日本にあった商品の開発拠点をドイツに置くこともある。このように，企業が国境を越えて海外の市場に進出していく結果，私たちは，日本で海外企業の商品を目にしたり，海外で日本企業の商品を目にしたりするのである。

国際戦略では，国境を越えて展開される事業をマネジメントする方法を考える。企業はさらなる成長を求めて国際化していくものの，本国とは異なる不慣れな環境下で，様々な障壁に直面する。そのため，国際化を通じて成長を実現することは容易ではない。国際戦略では，国境を越える際に企業が直面する課題を考え，どのようにその課題を克服して国際化を推進していくかを検討する。

1 国際化の障壁・動機・形態

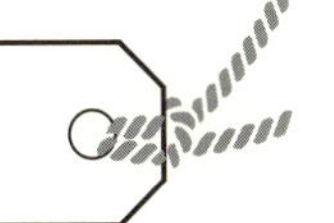

国際化とグローバル化

企業は，国境をまたいで複数の国（および地域）で事業を展開することもある。企業にとっての販売市場や調達市場が国境を越えたり，活動拠点が国境を越えたりすることは国際化（internationalization）と呼ばれる。国際化はしばしば，グローバル化（globalization）と同じ意味として使われることがあるが，これら2つは同じことを意味しているわけではない。

グローバル化とは，国境の垣根をできる限り引き下げて，国境を越えた経済活動が活発になるプロセスのことである。したがって，国境の垣根がまったくなく，経済活動が自由に国境を越えて行き来できるようになり，地球全体があたかも1つの地域のようになれば，世界は完全にグローバル化したといえる。したがってグローバル化は，国境の存在を前提に，国境を越えて国と国の経済的な関係が活発になるプロセスを指す国際化とはやや異なるニュアンスを持っている。

グローバル化が大きく進展し始めたのは19世紀ごろである。金本位制が拡がりを見せ始める1880年から世界恐慌が発生する1929年までは第一次グローバル経済，第二次世界大戦およびその後の分断の時代を挟んだうえで，中国の改革開放政策が開始された1979年以降は第二次グローバル経済と呼ばれている。第二次グローバル経済でもとくに1990年代後半以降は，インターネットが普及してきたこともあり，ヒト・モノ・カネ・情報は容易に国境を越えられるようにはなってきた。そうではあるが，世界にはいまだに国ごとの独自性が残っており，現在において完全にグローバル化した世界がすでに実現されているわけではない。

このように，グローバル化は進展しつつも完全には世界が1つにはなっていない状態は，セミ・グローバリゼーション（semiglobalization）と呼ばれる。セミ・グローバリゼーション下では，国境を越えて事業を展開する企業は，国ごとに存在する隔たり（distance）に直面する。こうした隔たりには，地理的（geographic）に離れているというだけではなく，文化的（cultural）・制度的（administrative）・経済的（economic）な違いも含まれ，その頭文字をとってCAGEと総称される。グローバル化は進展し続けているものの，こうした隔たりが様々な次元で依然として残っているために，企業は国境を越えて事業を展開するときに困難に直面することになるのである。

よそ者の不利益

企業が国際化を通じてさらなる成長を実現するためには，各国の市場ですでに事業を展開している競合相手との競争に打ち勝たなければならない。しかしながら，本国以外において事業を展開する企業は，現地の競合相手は負担しない追加的な費用を負担しながら競争しなければならない。たとえば，本国では当たり前の商習慣が現地では通用しない場合など，現地の商習慣に適応するために様々な費用が発生するが，現地の競合相手にとっては当たり前の商習慣であるため，そのような費用が発生することはない。

こうした追加的な費用はよそ者の不利益（liability of foreignness）と呼ばれる。具体的には，空間的な距離に直接関係する費用（たとえば，移動，輸送，時差に伴う調整など)，現地の環境に不慣れなために生じる費用（たとえば，現地調査への投資など)，現地の環境特性から生じる費用（たとえば，海外企業への不信，市場の閉鎖性など)，本国の環境特性から生じる費用（たとえば，輸出規制など）が該当する。

海外進出する企業は，よそ者の不利益のために，現地の競合相手に比べて不利な環境の下で，競争することになる。ただし，こうした費用はグローバル化が進展するにつれて，近年では大幅に低下している。たとえば，インターネットやビデオ会議の普及に伴い，地理的に離れていたとしても，コミュニケーションを密に取ることは格段に容易になった。しかしながら，完全にグローバル化して国と国との間の隔たりが消え去らない限り，海外へ進出する企業は，こうした追加的な費用から逃れることはできない。

3つの動機

こうした障壁が存在するにもかかわらず，企業が国際化する動機は，大きく分けて3つに分類することができる。第1に，新市場の開拓で，主に販売面での海外進出である。国内市場が飽和したり，衰退したりすると，それに代わる市場を見つけて，売上げの拡大を目指すのである。拡大する市場を求めて，国内市場の大幅な拡大を期待できない日本企業が成長著しい新興国に進出するケースなどが該当する。こうした海外進出は，海外で新規顧客の獲得を積極的に目指す企業だけが行うわけではない。グローバル化が進展する中で，既存顧客が海外進出することになれば，国内での関係を維持するためにも，顧客に追随する形で海外進出を迫られることもある。

第2に，経営資源の獲得である。ここでの経営資源にはヒト・モノ・カネ・情報のあらゆるものが含まれる。安価かつ優秀で豊富な労働力が提供される国に進出したり，国内では高価な原料や部品を安価に確保できる国に進出したりすれば，それらを活用してより効率的な生産が可能となる。また，資金供給が潤沢な国に進出すれば，より多くの資金を確保できるかもしれない。さらには，自社に欠けているノウハウの獲得を目指して，それを有する国へ進出するといったことも考えられる。

第3に，国際情勢への対応である。国同士の政治的な利害の対立によって企業活動が滞らないようにするために，海外進出をするというものである。貿易摩擦を回避するために，現地に工場を建設し生産を移管するケースが該当する。このように，政治的にやむにやまれない事情のために海外進出することもある。

3つの形態

企業が海外進出する際の形態は，大きく分けて3つに分類される。

第1に，輸出入である。輸出とは自国で生産した商品を海外に販売すること，輸入とは海外で生産された商品を国内に買い入れることである。輸出入では，販売市場や調達市場は国境を越えるが，商社などに輸出入に関わる実務を委託することもできるため，必ずしも活動拠点が国境を越えるわけではない。

第2に，海外直接投資である。海外直接投資とは，海外に拠点を構え，その拠点で商品を開発・生産・販売したり，原材料を調達したりする。拠点をゼロから設立する場合をグリーンフィールド（greenfield）投資という。グリーンフィールドとは，更地のことで，今までに手が付けられていないために整地から始めなければならない土地という意味合いがある。ゼロから始めるので，比較的に自由度が高い一方で，自らすべてやらなければならない苦労が伴う。

それに対し，現地企業を買収して既にある拠点を活用する場合をブラウンフィールド（brownfield）投資と呼ぶ。ブラウンフィールドとは，いまは使われていないが，建物などはあり，すでに手が付けられている土地という意味合いがある。自らすべてをやらなくてよくなる一方で，すでにあるものが制約となり，当初思い描いた通りに進められなくなることもある。

第3に，ライセンシングである（第8章コラム23参照）。ライセンシングとは，自社が保有する技術や商標，ブランドなどを使用する権利（ライセンス）を他社に供与することであり，特定の地域において商品を独占的に販売できる権利である独占販売権が代表的なライセンスである。ライセンシングでは，現地での活動はライセンスを供与された企業が担うことになる。そのため，海外企業にライセンスを供与する場合であっても，海外企業からライセンスの供与を受ける場合であっても，基本的に活動拠点が国境を越えることはない。

2 国際化の条件

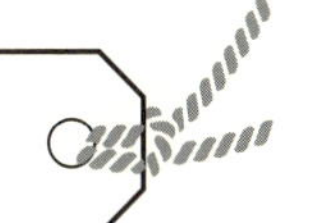

OLI フレームワーク

企業が国際化を推進してさらなる成長を実現するには，よそ者の不利益に代表される海外における諸々の不利な競争条件を克服できる優位性を有している必要がある。もしそのような優位性がなければ，現地の競合相手との競争に打ち勝つことはできず，成長はおぼつかない。それでは，企業はどのような優位性を有しているときに

ケース　カナダグース

2015年，保温性の高いダウンジャケットを主力商品とするカナダの高級ブランドであるカナダグースは，日本における独占販売契約をサザビーリーグと締結した。カナダグースの最も古い作品の一つである「スノーマントラ」は，カナダ北極圏で働く労働者のニーズを満たすために開発され，カナダ北極圏警備隊からファーストエア航空の地上職員まで，最も過酷な仕事のユニフォームとして使用されてきた。また，1957年の創業以来,「Made in Canada」にこだわり，ダウン入り商品の全てをカナダ国内の自社工場で生産している。

一方，サザビーリーグは，Afternoon teaなどのブランドで，アクセサリーや生活雑貨，衣料品などの企画・販売，飲食店の運営などを行っている。これまでに，1995年に展開を始めたアメリカのスターバックスを日本に根付かせるなど，衣食住に関わる海外ブランドを日本で独占的に取り扱い，実績を上げてきた。

両社は独占販売契約を締結し，日本での販売を一元的に管理できるようにすることで，ブランド・イメージを保ちながら事業を拡大することを目指す。それ以前まで，セレクトショップなどでカナダグースの商品は販売されていたものの，1つの商業ビルの中で5～6店が販売しているようなこともあり，ブランド・イメージを十分に消費者に伝えられているとは言い難かった。

そこで，680店あった取扱店をブランド・イメージに合う400店程度まで絞り込んだ上で，2017年には直営店を東京に開いた。直営店をショーケースとし，カナダグースのストーリーや機能性を消費者に伝えることで，ブランド・イメージを確立していくことを目指している。2022年には，両社で締結していた独占販売契約に基づく活動を，それぞれが50%ずつ出資するカナダグースジャパンに継承させ，カナダ本社との協力体制を強化している。

国際化するだろうか。この問いを考える際の一助となるのが，OLIフレームワークである。

OLIフレームワークは，企業による海外進出の意思決定を説明する包括的な理論枠組みで，企業が海外進出の際に検討しなければならない要因を，所有の優位（Ownership-specific advantages），立地の優位（Location-specific advantages），内部化の優位（Internalization incentive advantages）という3つの要因に整理している。その呼称は，それぞれの要因の頭文字からとったものである。企業の海外進出を説明する諸理論を折衷，すなわち組み合わせた理論枠組みであるため，折衷理論とも呼ばれる。

3つの優位

まず所有の優位とは，企業が保有する経営資源の優位性のことである。企業は，現地の競合相手に対する所有の優位があってはじめて，海外における諸々の不利な競争条件を克服することができる。こうした経営資源の多くは，国内での事業を通じて蓄積されるもので，具体的には，優れた生産能力や革新的な商品開発能力，ブランドなどが含まれる。

内部化の優位とは，所有の優位を活用する際に，現地の企業に生産や販売を委託するのではなく，自社で内部化する優位性のことである。これは，現地の企業に任せることの費用が大きい場合，すなわち組織の経済性が存在する状態を指している。具体的には，取引相手の探索や交渉にかかる費用，契約の締結や監視にかかる費用などが含まれる。

立地の優位とは，進出する国が保有する相対的な優位性のことで，海外における諸々の不利な競争条件を受け入れてでもなお余りある見返りを得られる程度を指す。具体的には，希少な天然資源，安価かつ優秀で豊富な労働力，需要が大きい市場などが含まれる。

OLI フレームワークの役割

OLI フレームワークでは，所有・内部化・立地の優位という3つの条件から企業の海外進出を説明する。企業が海外直接投資を行うためには，現地の競合相手と競争する上での不利を克服するためにも，所有の優位がまず必要となる。所有の優位がなければ，海外直接投資はおろか輸出やライセンシングも行われない。

しかしながら，所有の優位は海外直接投資の必要条件ではあっても十分条件ではなく，所有の優位だけでは海外直接投資は行われない。したがって，海外直接投資を通じて企業が国際化するかは，優位を有する経営資源を自社で活用する優位（内部化の優位），それを自国内ではなく海外で活用することの優位（立地の優位）が存在するかにかかってくる。所有・内部化・立地の優位がすべてそろったときにはじめて，海外直接投資がなされ，企業の市場と活動は国境を越えて拡大していく。

一方，所有の優位はあるものの，内部化の優位や立地の優位を見出すことができなければ，必ずしも海外直接投資を通じて海外進出する必要はなく，輸出やライセンシングで海外進出しても良いことになる。

このように，OLI フレームワークでは包括的に企業が国際化する条件を説明するが，限界も存在する。そのひとつとして，OLI フレームワークでは，所有の優位，すなわち高い競争力ゆえの海外進出が前提になっているが，実際には，海外に通用するほどに十分な競争力を有していないにもかかわらず海外に進出する企業も存在する。たとえば，国内拠点の技術不足の克服を目指して，最先端の技術を学ぶために海外拠点を設置するといったケースである。そうした企業は，競争力があるから海外進出しているのではなく，むしろ，海

コラム 31　ボーン・グローバル企業

近年，創業して間もない新興企業が海外に進出するといった形の国際化が進展している。こうした企業は生まれながらのグローバル企業，ボーン・グローバル（born global）企業と呼ばれる。OLI フレームワークに代表されるように，企業の国際化は従来，海外における諸々の不利な競争条件を克服するために必要な経営資源を国内で蓄積した後に海外に進出するといった考え方が支配的であった。こうした段階的な国際化のプロセスに対して，ボーン・グローバル企業は，創業時からすぐさま海外の市場に商品を投入したり，海外に活動拠点を設置したりする。

ボーン・グローバル企業が登場した背景には，インターネットやスマートフォンなどの情報端末の普及がある。インターネットの普及に伴い，海外の企業との交渉や取引はメールやチャット，ビデオ会議などのコミュニケーション・ツールが発達した。これらのツールを用いれば，現地に物理的に行かずとも，海外の企業とコミュニケーションをとることができる。また，スマートフォンのアプリケーションなどの情報端末に関連する商品は，国が異なっても情報端末さえあれば同じように機能するため，情報端末を介すれば，海外市場へ比較的容易にアクセスできるようになったのである。

Column 31

外進出することで競争力の向上を狙っているといえる。このような海外進出は，たとえ所有の優位を現時点では有していなくても，企業が国際化する可能性を示唆している。

3 国際戦略の４類型

I-R フレームワーク

企業の国際化が進展し，さまざまな国に多くの海外拠点を抱えるようになると，それぞれ異なる環境に直面する拠点の運営は非常に複雑なものとなる。世界を１つの地域と捉えるのであれば，すべての海外拠点で同じ活動を行えばよいが，各国には依然として独自性が存在するため，多かれ少なかれ異なる活動が必要とされる。こうした問題を考える上で有用な分析枠組みが，統合・適応（integration-responsiveness）フレームワークで，その頭文字をとって I-R フレームワークとも呼ばれる。

I-R フレームワークは，国際的に事業を展開する企業が直面する統合（グローバル統合とも呼ばれる）と適応（ローカル適応とも呼ばれる）という２つの市場環境における圧力に注目する。グローバル統合とは，各国における活動を標準化することを指す。商品展開の統一や調達の一元化を通じて，あらゆる活動において規模の経済性を享受し，事業の効率化を実現することで，国際的に競争力ある価格で商品を提供する。あらゆる国の消費者に訴求できる商品の開発や販売が可能な市場環境において，グローバル統合への圧力は高くなる。

一方，ローカル適応とは，現地の市場環境に自社の活動を最適化することである。各国の市場ごとに存在する顧客のニーズに対して，その地域性に根差した解決策を提示することで，現地の顧客のニーズを満たし付加価値を創造することを目指す。現地の顧客の趣向や

図 11-1 I-R フレームワーク

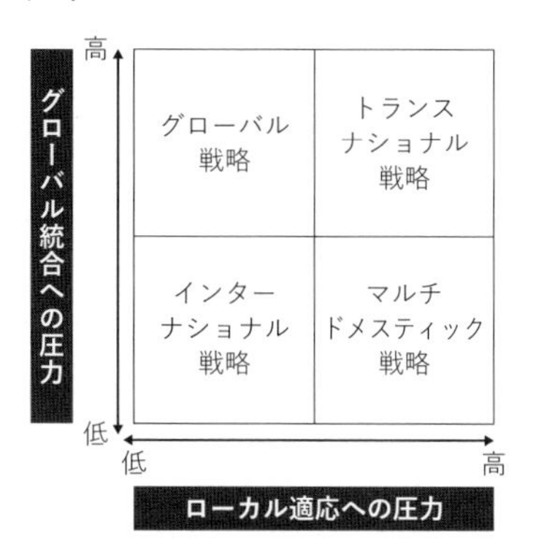

文化，慣習を反映させた商品の開発・販売が必要とされる市場環境において，ローカル適応への圧力は高くなる。

I-R フレームワークは，これら 2 つの圧力を 2 軸に用いて 4 つのセルをつくり，各市場環境に適した戦略の方向性を提示する（図 11-1）。世界には多様な市場環境があるために，グローバル統合による効率化だけでは現地の競合相手との競争には勝てないし，ローカル適応による最適化だけでは海外における諸々の不利な競争条件は克服できない。そのため，企業は自社が直面する市場環境に合わせて，各国における活動をグローバルに統合することでの競争力の向上と各国の市場環境に適応させることでの競争力の向上をどのように組み合わせていくかを考えなければならないのである。

4 つの基本類型

第 1 に，インターナショナル（international）戦略とは，グローバル統合への圧力も，ローカル適応への圧力も低い環境下に適した戦略である。この戦略では，本国市場でも海外市場でも同じ商品を販売するといったように，本国において構築した優位性をそのまま現地に持ち込むことで，本国での成功を現地で再現することを狙う。そのため，本国複製（home replication）戦略とも呼ばれる。

第2に，グローバル（global）戦略とは，グローバル統合への圧力が高く，ローカル適応への圧力が低い環境下に適した戦略で，グローバルに活動を統合することを重視する。商品の開発や生産は本国などの少数拠点に集約する一方で，商品は広く海外市場に販売するといったように，可能な限り商品や活動を標準化し規模の経済性を享受することで，コスト優位性を構築することを狙う。

第3に，マルチドメスティック（multidomestic）戦略とは，グローバル統合への圧力が低く，ローカル適応への圧力が高い環境に適した戦略で，各国の環境への適応を重視する戦略である。各国を異なる特性をもつ市場と捉え，国ごとに対応した商品の開発・生産・販売を行うことで，現地の顧客のニーズに最適な商品を供給することを狙う。

第4に，トランスナショナル（transnational）戦略とは，グローバル統合への圧力も，ローカル適応への圧力も高い環境下に適した戦略である。各国における事業運営において，標準化できる部分は可能な限り標準化することで，コスト優位性の構築を狙うと同時に，各国特有の環境への対応が必要な部分では適切に対応することで，現地の顧客のニーズに最適な商品の供給も狙う。

I-R フレームワークの役割

I-R フレームワークは，市場における2つの圧力を用いて，企業が直面する市場環境を分類し，その市場環境ごとに適切な戦略の類型化を狙っている。そのため，企業は自社が直面する市場環境の特性に合わせて戦略を選択する必要がある。

パソコン業界のように国ごとに顧客のニーズが比較的に同質な市場は，グローバル統合への圧力が大きいために，企業はグローバル戦略を求められることになるであろうし，食料品業界のように国ごとに顧客のニーズが異質な市場では，ローカル適応への圧力が大きいために，企業はマルチドメスティック戦略を求められることになるであろう。また，自動車業界のように，国ごとに顧客のニーズは異なるものの，部品などを可能な限り標準化することで規模の経済を享受できるような市場では，トランスナショナル戦略が求められるであろう。

今後，グローバル化の進展に伴い，グローバル統合とローカル適応への圧力があらゆる市場で高まるようなことがあれば，多くの企業でトランスナショナル戦略を求められることになるかもしれない。ただし，トランスナショナル戦略の実現は容易ではない。各国の活動を単一の仕組みに集約し複雑性を低下させれば，効率化を通じた競争力を獲得できる一方で，各国の市場環境に適応することは難しくなる。逆に，活動を各国の拠点ごとに分散させれば，現地の顧客のニーズへの最適化を通じた競争力の獲得を期待できる一方で，各国の活動を標準化できずに規模の経済性を享受できなくなる。グローバルに統合しようすると，ローカルに適応することは難しくなり，その逆もまた然りである。そのため，トランスナショナル戦略では，グローバル統合による効率化とローカル適応による最適化の組み合わせを適切にマネジメントすることが求められる。

ケース　ダイキン工業

世界最大の空調メーカーであるダイキン工業は，世界 170 カ国以上で事業を展開し，2024 年 3 月期の売上高 4 兆 3953 億円，従業員 9 万 8162 人のうち，海外が占める割合はともに 8 割を超える。同社の海外展開は，1950 年代からアジア地域への輸出という形で始まり，1973 年には，部品を輸送して現地で組み立てるノックダウン方式の生産工場をベルギーに竣工させ，海外生産を開始した。

1985 年のプラザ合意後に円高が進行すると，海外市場において競争力を確保するために，1990 年にタイに工場を新設し，1991 年には，日本からベルギーへの生産移管を始め，ヨーロッパにおける現地生産を進めた。1950 年代から輸出を始め，1990 年代前半には現地生産も行っていたものの，1990 年代中頃における海外売上高比率は 10% 程度であり，その海外展開が積極化したのは 1990 年代後半以降のことであった。

1995 年，改革開放政策により成長し始めた中国市場に，現地のミシンメーカーである上海協昌と合弁企業を設立し，ベルギー，タイに次ぐ 3 番目の海外生産工場の建設を決定した。当時，中国市場は急速に拡大し，経済が過熱化している時期で，400 社以上といわれるメーカーが低価格品を供給し，激しい価格競争が繰り広げられていた。そうした中で，先進性と信頼性を重視した高級なブランド・イメージの確立を目指し，そのために必要となる販売網の整備や品質管理の徹底に注力した。現地生産の開始以降，着実に販売を伸ばし，リーマン

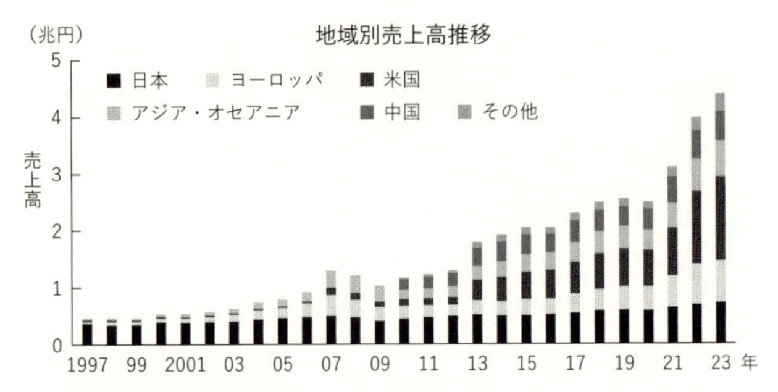

出所：有価証券報告書。

ショック後に一時伸び悩みを見せるが，その後再び拡大軌道に乗っている。

ヨーロッパ市場においては，販売力の強化と現地生産の拡大が図られた。ヨーロッパ市場は，地域ごとに気候や国柄，生活・商習慣が異なり，画一的な方法での販売は難しいため，進出当初は，それぞれの地域の代理店に販売を委託していた。しかし，代理店経由での販売では，独自の販売戦略を展開することが難しいという課題があった。さらなる成長のためには，それぞれの市場で独自の販売戦略を展開する必要があると判断し，1990 年代後半から 2000 年代前半にかけて，既存の代理店を買収する形で自前の販社を設立していった。

加えて，労働コストの高いベルギーでの生産拡大は難しく，また，アジアの生産拠点から輸送するには，柔軟な生産・供給が難しかったため，2003 年，ヨーロッパ市場の要求に応えるための新しい生産拠点をチェコに建設することにした。こうした取り組みが功を奏し，2004 年には，ヨーロッパ市場においてトップのポジションを獲得するに至った。

世界最大の空調市場であるアメリカには，1981 年と 98 年の 2 度に挑んだものの，失敗に終わっていた。日本市場では，室内機と室外機が分かれているダクトレス方式が一般的であるのに対し，アメリカ市場では，室内機と室外機を一体とし，ダクトで各部屋をつなぎ空気を送るダクト方式が一般的であり，ダクトレス方式を得意とするダイキン工業にとっては難しい市場であった。

そうした中，ダイキン工業は 2006 年に，マレーシアに本社を置き，北米や中国，ヨーロッパで空調事業を展開している OYL を買収した。買収金額は，当時の営業利益の 3 倍に匹敵する 2320 億円であったが，OYL は大型業務用空調市場で北米 4 位のシェアを有するマッケイを傘下に有しており，アメリカ市場への足がかりを築くためには必要とされた。加えて，2012 年には，北米住宅用空調分野でトップシェアを誇るグッドマンを 2960 億円で買収した。その結果，住宅から大型ビルの空調までを揃える総合空調メーカーとして，アメリカ市場でトップの座を狙えるポジションを獲得するに至った。

成長著しい新興国であるインドへは，2000 年に地元財閥シュリラムグループと合弁企業を設立して本格的に進出した。当時，インドの経済成長が加速し始める時期であり，現地メーカーや韓国のLGなどがひしめいていた。その中で，当初は，中国での経験を踏まえ，ブランド価値を高める方針をとっていたものの，2010年頃に，低価格帯のボリュームゾーンをターゲットとする方針に転換した。

2009年に業務用空調工場，2012年には住宅用空調工場を建設するなど，輸入販売から現地生産へ移行した。生産コストや関税を抑えることで，低価格帯のボリュームゾーンで勝負できるようになったことが功を奏し，2015年には，競合他社を抑え，売上高でトップのポジションを獲得するに至った。また，インドはアラビア海を挟みアフリカにも近いため，ケニアやタンザニアなどに家庭用空調を輸出するなど，アフリカ市場を攻略する拠点としても活用されており，日本に次ぐ規模の戦略拠点になることが期待されている。

Book guide 文献案内

- 吉原英樹（2021）『国際経営（第5版）』有斐閣。
  - 企業が国際化する中で直面するさまざまな問題を網羅的に取り上げている一冊。4度の改訂を重ねる国際経営学のロングセラーテキスト。

- ジェフリー・ジョーンズ（2007）『国際経営講義：多国籍企業とグローバル資本主義』（安室憲一・梅野巨利訳）有斐閣。
  - 多国籍企業の誕生から繁栄を歴史的視点から分析した一冊。グローバル資本主義において企業が果たしてきた役割を知ることができる。

- パンカジ・ゲマワット（2009）『コークの味は国ごとに違うべきか：ゲマワット教授の経営教室』（望月衛訳）文藝春秋。
  - 原題は，*Redefining Global Strategy: Crossing Border in a World Where Differences Still Matter*。経済のグローバル化が進む一方，国・地域ごとの隔たりは依然として重要であることを改めて気づかせてくれる一冊。

Bibliography 参考文献

Bartlett, C. A., and Ghoshal, S. (1989) *Managing Across Borders: The Transna-*

tional Solution, Harvard Business Press.（吉原英樹監訳『地球市場時代の企業戦略：トランスナショナル・マネジメントの構築』日本経済新聞社，1990）
Dunning, J.（1995）"Reappraising the Eclectic Paradigm in an Age of Alliance Capitalism," *Journal of International Business Studies*, 26(3), 461-491.
Ghemawat, P.（2007）*Redefining Global Strategy: Crossing Borders in a World Where Differences Still Matter*, Harvard Business School Press.（望月衛訳『コークの味は国ごとに違うべきか：ゲマワット教授の経営教室』文藝春秋，2009）
Jones, J.（2005）*Multinationals and Global Capitalism: From the Nineteenth to the Twenty-first Century*, Oxford University Press.（安室憲一・梅野巨利訳『国際経営講義：多国籍企業とグローバル資本主義』有斐閣，2007）
Prahalad, C. K.（1987）*The Multinational Mission: Balancing Local Demands and Global Vision*, Free Press.
Zaheer, S.（1995）"Overcoming the Liability of Foreignness," *Academy of Management Journal*, 38(2), 341-363.

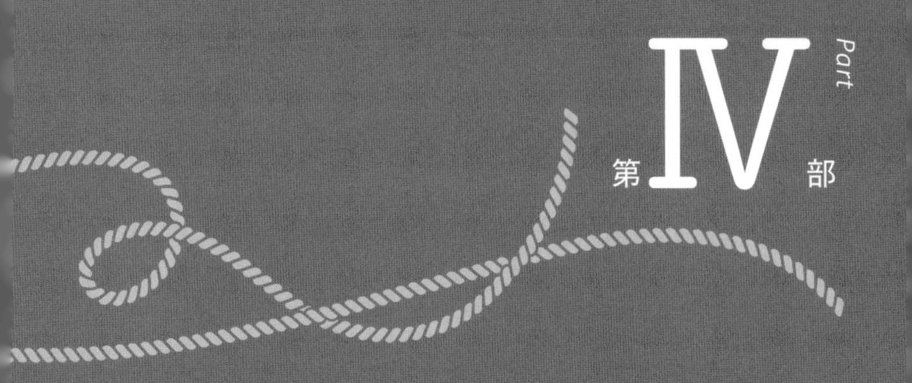

第IV部 Part

ステークホルダーの関与

Chapter

イントロダクション

経営者は，株主・債権者・従業員・サプライヤー・顧客・地域社会といったステークホルダーが関与することではじめてビジネスを営むことができる。このとき，ステークホルダーは，何かしらの対価を期待してビジネスに関与しており，経営者はその期待に応える責務を負っている。しかし，経営者が必ずしもステークホルダーの期待通りにビジネスを営むとは限らない。期待に応えようと努力はしているものの，期待される水準に成果が達しなかったり，そもそも充分な努力さえしていなかったりすることもある。そのような懸念をステークホルダーが抱けば，ビジネスへの関与を躊躇するようになり，経営者はビジネスを営むことはできなくなってしまう。そこで，こうした懸念を和らげ，ステークホルダーが安心してビジネスに関与できるようにするためには，経営者を規律付ける仕組み，いわゆるコーポレート・ガバナンス（企業統治）が必要になる。

第Ⅳ部では，ステークホルダーがどのように経営者が営むビジネスに関与し，どのような対価を期待しているか，また，そうした関与を安心して行えるように，どのような規律付けの仕組みが存在するかを説明する。第 12 章では株主・債権者といった投資家，第 13 章では従業員・サプライヤー・顧客・地域社会といった多様なステークホルダーにそれぞれ注目して，これらを検討していく。

第Ⅳ部の全体像

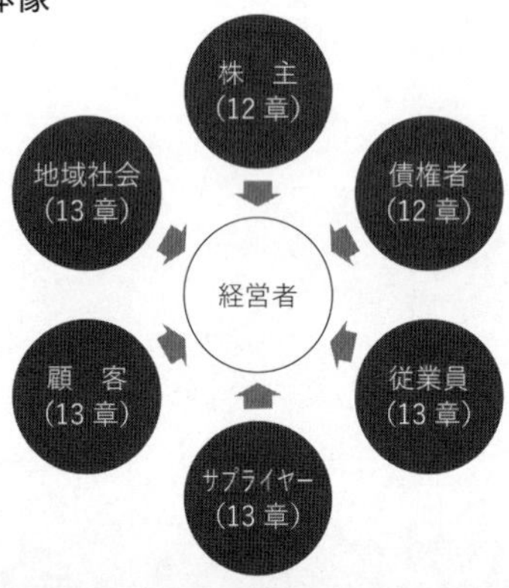

第12章 投資を呼び込む

Chapter

写真提供　日本マクドナルド株式会社

Quiz クイズ

ハンバーガーレストランチェーンを展開する日本マクドナルドホールディングスの株主になることで受け取れる優待食事券で引き換えられる商品はどれか（複数回答可）。

a. ビッグマック
b. マックフライポテト（L サイズ）
c. コカ・コーラ（L サイズ）

Answer クイズの答え

a. ビッグマック，**b.** マックフライドポテト，**c.** コカ・コーラ

日本マクドナルドホールディングスは，6月・12月末日時点で株主名簿に記載のある株主に，優待食事券を配布している。同社の株式100株を所有する株主は各時点で，バーガー類・サイドメニュー・ドリンクそれぞれと無料交換できる引換券を各6枚，合計18枚を受け取ることができる。ただし，継続保有期間の条件が設けられており，配布時点において1年以上の保有が必須とされている。

Chapter structure 本章の構成

経営者がビジネスを始めるには，商品を開発・生産・販売するための資金が必要となる。多額の資金が必要となるビジネスでは，経営者自らがすべての資金を賄うことは難しく，他者から資金を調達しなければならない。株式会社の経営者は，株式を発行して資金を調達することができ，株式と引き換えに資金を提供する者は株主と呼ばれる。また，経営者は，金融機関からの借入や社債の発行を通じて債権と引き換えに資金を調達することもでき，債権を所有する者は債権者と呼ばれる。このように，経営者は，株主や債権者からの投資を呼び込むことで，ビジネスを行えるようになるのである。

本章では，資金を提供する株主や債権者に注目して，コーポレート・ガバナンスを考える。株主は，株式会社という組織形態に特有な資金の提供者であるため，まず，株式会社について説明する。そのうえで，株主や債権者はどのような資金を提供し，どのような対価を期待しているか，そして，株主や債権者が安心してビジネスに関与できるようにするために，どのように経営者が規律付けられているかを考える。

1　株式会社

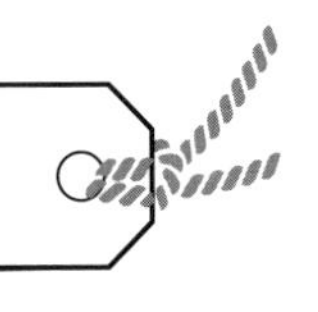

企業・会社・株式会社

企業とは，営利を目的とする主体である。ここで，営利とは，ビジネスを通じて利益を上げ，それを構成員に分配することを指す。企業は，法人格を有さずに個人が経営する個人企業と法人格を有する法人企業に大別され，さらに法人企業は，会社と会社以外の法人（監査法人や弁護士法人など）に分けられる（図 12-1）。

会社とは，営利を目的とする社団法人（人の集まりに対して法人格が付与された存在のこと）である。会社は，合名会社・合資会社・合同会社・株式会社の 4 つに分けられる。そのうち，株式会社は 9 割程度を占め，国の経済において果たす役割は極めて大きい。このように現代社会において株式会社が盛んに利用されているのは，ビジネスの継続性・多額の資金調達・適材適所の実現という 3 つの特徴を有しているためである。

図 12-1　企業の種類

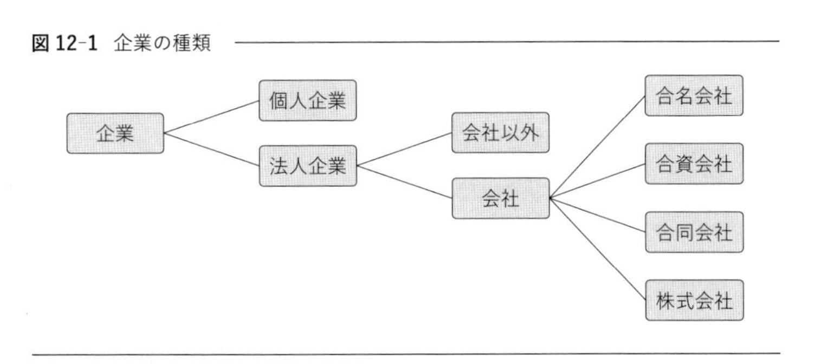

図 12-2 株式会社における所有関係

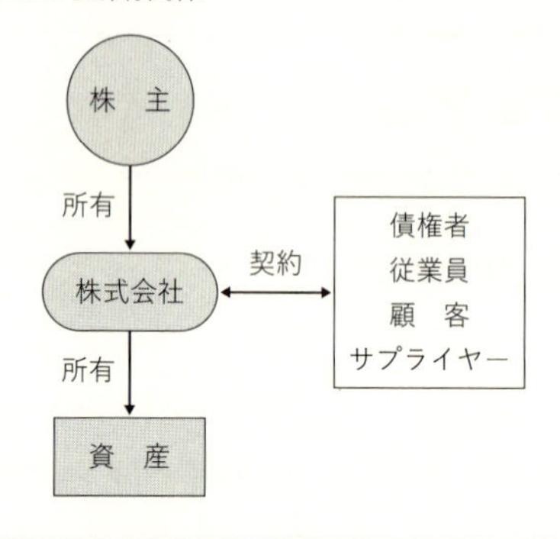

ビジネスの継続性

株式会社は，法人格（その名において権利を有し義務を負う資格）を有するため，代表者が契約を結ぶことで，株式会社が契約の当事者になれる。そのため，法人である株式会社は，個々の株主とは別人格となり，債権者や従業員，顧客，サプライヤーなどと契約を結び，資産を所有する。このとき，株式会社が所有する資産を所有するのは，株主ではなく法人としての株式会社となる（図 12-2）。

株主は，株式会社の資産を直接的に所有するのではなく，株式会社が発行する株式を所有する。その結果，株式会社は，株主から切り離され，株主個人の寿命に制約されることなく存在できるようになる。また，株式会社において株主は，退出する際に資金の返還を求めることは原則できない。そのため，ひとたび出資を通じて提供された資金は，株主の退出にかかわらず，ビジネスのために使用し続けることができ，株式会社は継続的にビジネスを行えるようになるのである。

コラム32　株式会社の誕生

株式会社の起源は，大航海時代と呼ばれた1602年に設立されたオランダ東インド会社に遡ることができる。当時のヨーロッパでは，インドの胡椒が高値で取引されるなど，アジアとの香辛料貿易で莫大な利益を得ることができた。しかし，アジアへの航海は，大型の船舶や乗組員への報酬など膨大な資金が必要なだけでなく，悪天候による沈没や海賊の襲撃などのリスクもあり，きわめてリスクの高いビジネスでもあった。

こうしたリスクの高いビジネスを営むために設立されたオランダ東インド会社は，1799年まで約200年間にわたり存続した。出資は10年間固定され，この間に株主の退出は許されなかったが，10年後には希望者の入退出が許されていた。オランダ東インド会社は，株主総会に相当する機関を備えていなかったため，中心的な人物たちにより専制的な支配がなされるといった株式会社として未完成な点があったものの，1657年には，株主総会を備えた民主的な株式会社としてイギリス東インド会社が登場している。

株式会社に対しては当初，懐疑的な見方が多かったこともあり，その誕生後すぐに普及が進んだわけでなかった。しかし，18世紀後半にイギリスで産業革命が起こり，大規模な資金を必要とする産業が勃興すると，株式会社の普及は急速に進展した。19世紀中頃には鉄道業において株式会社が定着し始め，そうした動きを受けて，欧米各国で規制緩和がなされた。その結果，それ以前は株式会社の設立に必要であった国王の特許状による認可が不要になり，法律の規定さえ満たせば誰でも設立できるようになった。明治政府による殖産興業政策の下，欧米の株式会社制度を輸入した日本では，1873年に渋沢栄一が日本で最初の株式会社である第一国立銀行を設立している。

多額の資金調達

株式会社では，すべての株主は有限責任（出資した資金を限度にしか責任を負わないこと）である。あくまで契約主体は株主ではなく法人としての会社であるため，会社が倒産した場合の差し押さえの対象は会社資産に限られ，株主は投資額以上の責任を負わない。有限責任でなければ，会社が倒産した場合，株主は出資した資金を失うだけでなく，巨額の債務を抱え込むおそれさえあり，会社への投資を躊躇するかもしれないが，有限責任であれば，そのような心配はしなくてもよくなる。

加えて，株主は，退出する際に，出資した資金の返還を求めることはできないものの，原則として自由に株式を他者に譲渡して換金することはできる。出資した資金を回収する手段がなければ，多くの人は出資しようとしないが，株式の譲渡が自由にできれば，株主は必要に応じて株式会社から退出し，出資した資金を回収できる。しかし，たとえ株式の自由な譲渡が許されていても，譲渡する相手を見つけることができなければ，実際に株式を譲渡することはできない。そこで，株式の譲渡を円滑にするために欠かせないのが，株式の上場である。

株式の上場とは，株式を証券取引所で売買できるようにすることである。証券取引所は，株式を取引する場を提供することで，公正な株価を形成し，株式の売買を活発にする。株式の売買が証券取引所を介してなされることで，新たに株式を発行したい企業や保有する株式を他者に譲渡したい株主は，自ら相対で取引相手を探す必要はなくなり，投資先を求めて証券取引所に集まる多くの投資家の中から取引相手を探すことができるようになる。このとき，株式会社であれば必ず上場できるというわけではない。証券取引所は，投資家を保護する立場から，その株式が様々な投資家が売買を行う対象としてふさわしいかを上場時に審査し，上場後には継続的に財務状

コラム 33　情報開示

情報開示とは，企業が投資家等のステークホルダーの判断に影響に与え得る情報を開示することで，ディスクロジャーとも呼ばれる。企業に関する情報の多くは社内にあるため，ステークホルダーが企業の情報を適切な時期に適切な方法で得るためには，企業が自ら情報を開示する必要がある。情報開示は，企業の情報を衆目にさらすことで，ステークホルダーのビジネスへの関与を促すだけでなく，開示された情報に基づく社外からの評価に経営者をさらすことで，経営者を規律付ける役割も担う。

情報開示には，任意開示・法定開示・適時開示という 3 つの種類があり，それぞれ目的や提出手段が異なる。任意開示とは，会社が自らの情報発信を目的として自らの判断で主体的に行う情報開示のことである。法律などに基づいた強制的な開示ではなく，ステークホルダーに対して，事業活動の説明や宣伝を積極的に発信することで，自社への関与を引き出すことを目的とする。

法定開示とは，金融証券取引法（以下，金商法）や会社法などの法律によって義務づけられている情報開示のことである。金商法に基づく法定開示は，投資家と発行者との間の情報の非対称性の緩和を主たる目的とする一方，会社法に基づく法定開示は，株主と債権者の権利行使保護を主たる目的としている。

適時開示とは，金融商品取引所に株式を上場させている会社が義務付けられている重要な会社情報の開示のことである。有価証券上場規程によって義務付けられており，投資家の意思決定に必要な会社情報を，迅速・正確・公平に提供することを目的としている。

Column 33

態や経営成績，その他の企業情報を開示するよう求めている。

このように，株式の上場は，その売買を格段に容易にし，多くの投資家に株式を取得する機会を与える。しかし，たとえ容易に売買ができるとしても，株式会社について十分な情報を入手できなければ，投資家は株式会社の良し悪しを事前に判断することはできず，株式を取得しようとするものはいないであろう。そこで必要とされるのが，投資を判断するに足る情報開示（ディスクロージャー）である（コラム 33）。株式会社の情報が適切に開示されることで，投資家は躊躇せずに投資を行えるようになり，結果として株式の譲渡性は高まるのである。

適材適所の実現

株式会社では，資金を提供する株主が，株式会社の経営を担うことを前提にしておらず，その経営機構は資金を提供する株主から分離されている。このように，資金提供者と経営者が別人格であることは，所有と経営の分離と呼ばれる。そのため，経営者が株主である必要はなく，才覚ある者に経営を任せることができる。その結果，経営に精通している人が経営を担う一方で，財務リスクを負える人が資金を提供するという適材適所が実現されるのである。

しかし，株式会社の経営を任せられる経営者は，株主とは別人格となるため，株主のためではなく，自身のために株式会社を経営するおそれがある。もちろん，必ずしも経営者が，そのような利己的な経営をするというわけではない。しかし，株主が直接的に経営者の行動を逐次監視するのは難しいため，経営者に不信を抱く株主も出てくるであろう。

こうした経営者への不信を払拭するために必要とされるのが，株主によって選任された取締役から構成される取締役会である（コラム 34）。取締役は，株式会社との間で委任の関係に立ち，株式会社のために経営者を監督する役割を担う（図 12-3）。株式会社は営利を目的としていることから，「株式会社のため」とは一般的に，株

図 12-3　株式会社の仕組み

主利益最大化の原則に従うことを指す。

ここで，株主利益最大化の原則とは，取締役は基本的に，株主の利益をなるべく大きくするように職務を行うべきという考え方である。ただし，あくまで原則であり，あらゆる状況で求められるわけではなく，合理的な範囲での制限や修正も認められている。株主利益最大化の原則の下，取締役会が経営者を監督することで，経営者に対する株主の不信は緩和されることになる。

このように，株式会社では，それぞれに適した者がそれぞれの役割を担うことが想定されており，1 人の個人が株主・取締役・経営者を担うことを前提としていない。しかし，株式会社が設立されるときには，構想するビジネスの実現を目指す 1 人の企業家が，他者から出資を募るだけでなく自らも出資し株主となると同時に，株式会社の取締役および経営者に選ばれることが多い。つまり，株式会社は往々にして，株主および取締役，経営者となる企業家を中心に設立され，設立当初は，所有と経営が十分に分離されていないの

コラム 34　取締役会

取締役会は，すべての取締役から構成される合議体で，株式会社の業務を決定し，業務の執行を委任する経営者を選解任し，経営者による業務の執行を監督する。ただし，取締役会がすべての業務を決定するわけではなく，一部の重要事項を除き，取締役会は多くの業務を経営者に委任し，その経営者の職務の監督に注力する。経営者はあくまで，取締役会の委任の下に職務を行うのであり，その経営が適切に行われているかは取締役会が監督する。経営者を選解任することができる取締役会は，経営者の人事権を有し，経営者を規律付けることになる。

取締役会が効果的な監督を行うには，経営者から独立した立場である（独立）社外取締役が必要とされている。社外取締役とは，取締役会における立場を超えて，株式会社あるいは経営者と重要な関係を持たない取締役のことである。また，社外取締役のうち，証券取引所が定める基準を満たし，一定の独立性を有する取締役を独立社外取締役と呼ぶ。

（独立）社外取締役は，社内出身の取締役（社内取締役）と比べれば，自社のビジネスに関する知見は必ずしも豊富ではない。しかし，経営者から独立した立場にあり，社内のしがらみにとらわれることなく，経営者の意思決定を客観的に評価できるため，効果的な監督を期待できる。このように，経営者の監督に重きを置く取締役会はモニタリング・ボードと呼ばれることがある。それに対して，業務の決定に重きを置く取締役会は，自社のビジネスに精通する社内取締役を中心に構成され，マネジメント・ボードと呼ばれる。

Column 34

である。しかしながら，成長のための資金が必要になり，上場などを通じて，多くの人から資金を調達するようになるにつれ，株主としての企業家個人の影響力は低下していく。

2　株主・債権者

株　主

株主は，株式会社の構成員たる資格である株式を保有する。株主は，設立時あるいは設立後に出資して，資金の提供と引き換えに，会社から株式を受け取ることもあれば，証券取引所での売買などを通じて，他の株主からその保有株式を譲渡してもらうこともある。出資された資金は原則として，株主に返還されることはないため，返さなくてもよい資金とも呼ばれる。ただし，株式市場などを通じて他者に株式を譲渡して換金することはできるため，出資した者は，他者への譲渡を通じて資金を回収することができる。

株主は，出資に対する対価として，自益権と共益権を得る。自益権とは，株主が会社から経済的利益を受ける権利のことで，剰余金の配当や残余財産の分配，株主優待などを受ける権利が該当する。こうした資産の保有中に得られる利益のことをインカム・ゲインという。

加えて，株主は株式を譲渡することでも経済的利益を得ることができる。ビジネスの成長が期待され，株式の価値が取得した時よりも高まれば，取得額と売却額の差額が株主の利益となる。こうした保有資産の売却で得られる利益のことをキャピタル・ゲインという。株主が得るキャピタル・ゲインは，株式会社が発行した株式（自己株式）を有償で取得する自社株買いでも増える。これは，自社株買いにより，市場に流通する株式数が減少し，株式の価値が相対的に高まるためである。

したがって，経営者が剰余金を配当したり，自己株式を取得したりすることで，株主は出資に対する金銭的な対価を得ることができる。ただし，自益権から得られる経済的利益は，事前に定められているわけでなく，剰余金や残余財産がなければ，受け取ることはできない。

一方，共益権とは，株主が会社の経営に参加し，会社の経営を監督・是正する権利のことであり，株主総会における議決権（取締役の選任などの議案に参加する権利），提案権（一定の要件のもとで，株主が議題・議案を提案する権利），質問権（特定の事項に関して，経営者に質問することができる権利）などが該当する。

株主は，剰余利益が最大化されるような経営を経営者に期待する。剰余利益とは，会社の売上げから費用を差し引いた残余部分，つまり他のステークホルダーへの支払いが終わった後に残った利益のことを指す。株主は，剰余利益が多いほど，得られる対価が多くなる一方で，剰余利益が残らなければ，配当を受け取ることはできないし，自社株買いも期待できない。また，もし倒産してしまったら，株式の価値はゼロになり，投資した資金すら回収できなくなる。

株主は，剰余利益が最大化されるように経営されていなければ，株主総会における議決権や質問権，提案権などを通じて，経営者を規律付けることができる。従来，株主の間では，ウォール・ストリート・ルール（投資先に不満がある場合，その株式を売却すればよいという考え）が支配的であったが，近年では，株式会社の経営に何らかの不満をもつときに，議決権の行使などを通じて経営者に影響力を行使し，変化をもたらそうとする株主が増えている。このように，経営者への影響力の行使に積極的な株主は，物言う株主あるいはアクティビストと呼ばれることがある。

コラム 35　エージェンシー理論

エージェンシー理論では，エージェンシー関係において生じる問題（エージェンシー問題）を考える。エージェンシー関係とは，プリンシパル（依頼人）がエージェント（代理人）に業務を委任する関係のことである。このとき，エージェントはプリンシパルのために行動することが期待されているが，両者は別人格であり，その利害は往々にして一致しない。また，プリンシパルがエージェントの行動を逐次把握することは難しく，両者の間には情報の非対称性（ある主体と他の主体の間に情報の格差があること）が存在する。

利害の不一致や情報の非対称性が深刻になれば，エージェントはプリンシパルの利益ではなく自己利益を追求するようになるかもしれず，プリンシパルはエージェントに不信感を抱くようになり，業務を任せることができなくなってしまう。そこで，こうした問題を解消するために，インセンティブとモニタリングという 2 つの方法が用いられる。インセンティブとは，プリンシパルと同じ目的を達成するようにエージェントを動機付けることで，利害の不一致の解消を目指す方法である。一方，モニタリングとは，プリンシパルがエージェントを監督する仕組みを取り入れることで，情報の非対称性の解消を目指す方法である。

エージェンシー問題は様々な関係において生じる問題であるが，その代表的な例が株式会社における株主と経営者の関係である。株主は経営者に会社の経営を任せており，本来であれば経営者は株主のために会社を経営すべきであるが，利害の不一致と情報の非対称性のために経営者はそのように行動しないかもしれない。そのようなことにならないように，株式会社社では，経営者の利益が株主の利益と連動するように経営者報酬が設計されたり（インセンティブ），議決権行使や取締役会を通じて経営者が監督されたりしている（モニタリング）。

ケース　キヤノン

2013年3月28日に開催された株主総会において，御手洗会長兼社長の取締役選任議案に対する賛成率は72％となり，前年の91％から大幅に低下した。同年2月に，アメリカの議決権行使助言会社（株主総会で提出する議案を分析し，その賛否を助言するサービスを提供する会社）であるISS（Institutional Shareholder Services）が同グラス・ルイスと足並みを揃え，社外取締役のいない企業の経営トップの選任議案に反対するよう呼びかけたところ，社外取締役を選任していなかったキヤノンに対して，反対票が増加したとされる。社外取締役は，経営者の監督を取締役会が効果的に果たすために必要とされており，株主は，社外取締役を選任していない企業の経営者の取締役選任議案に対して反対票を投じることで，取締役会による経営者の監督が効果的になされるように，経営者を規律付けたのである。

2014年3月28日に開催された株主総会において，キヤノンは元大阪高検検事長で弁護士の斉田国太郎と元国税庁長官の加藤治彦の2名を社外取締役として選任した。その選任は，M＆Aへの法的対応の強化，移転価格税制への対応という具体的な必要性が生じたためと説明されている。このことも影響して，同年の御手洗会長兼社長の取締役選任議案に対する賛成率は90％に上昇した。

ただし，株主の中には，剰余利益の最大化を経営者に期待しない者もいる。たとえば，投資先と営業上の関係を有する銀行や保険会社，事業法人などが該当する。こうした目的での株式の保有は，インカム・ゲインやキャピタル・ゲインを目的とした株式の保有である純投資と区別して，政策投資と呼ばれる。投資先との友好的な関係の構築を期待しているため，基本的に経営者の方針に従い，経営者を規律付けることはほとんどない。会社の業績や株価などに左右されず，長期にわたって株式を保有する傾向にあるため，安定株主とも呼ばれる。

債権者

債権者は，融資をしたり，社債を引き受けたりして資金を提供し，金銭債権を保有する。融資とは，主に銀行などの金融機関が資金を貸すことで，会社側からすれば，金融機関からの借入となる。社債は，金融機関などの特定少数者に対して発行されることもあるが，金融機関に限らず，一般の人々を含む多様な投資家を対象に発行されることもある。金銭債権とは，一定額の金銭の支払いを目的とする債権（債権者が，債務者に対して一定の行為をしてもらう権利）のことである。債権者から調達した資金は，株主から調達した資金とは異なり，返さなければならない資金である。

債権者は，金銭債権を保有する対価として，満期を迎えるまで定められた利息を受け取り，満期を迎えた際には貸し出していた資金である元本の返済を受ける。これらの対価は，企業が上げる利益にかかわらず，事前に契約で決められており，株主への支払いよりも優先される。そのため，たとえ利益が上がっていなくても元利金の返済を受け取ることはできる。ただし，債務者が債務不履行に陥ってしまえば，その全額の返済を受けることは難しくなる。また，多くの利益が上がったとしても，事前に決められた対価しか受け取れないため，元利金の返済が確実にできる水準の利益を上げていれば，それ以上の利益を経営者に期待するわけではない。

債権者は，元利金の支払いが確実になされるような経営を経営者に期待する。それを担保するための仕組みのひとつが財務制限条項である。財務制限条項とは，主に融資の際に，貸し手（銀行）が不利にならないよう借り手（企業）の行動を制約する条項のことである。財務制限条項に抵触すれば，貸し手は即時の返済を求めることができるが，実際には交渉で猶予や条件を緩めることが多い。

ケース　HIS

2022年8月30日，旅行大手のエイチ・アイ・エス（HIS）は，66.7%を出資するテーマパーク運営のハウステンボスの売却を発表した。1992年に開業後，2000年代に入り業績不振に陥ったハウステンボスを2010年に買収すると，新規ホテルの開業や園内の改築など設備投資を進めて経営を立て直し，一時は連結営業利益の半分近くを稼ぐ収益源にまで育てた。コロナ禍で訪日外国人需要が消失するなどにより来場者数が減少し，2021年10月期のハウステンボスを含むテーマパーク事業は35億円の営業赤字に陥ったものの，足元では国内客が一部戻り，2021年11月期から2022年4月期には1億円の営業黒字になるまで回復していた。

回復の兆しが見えていたにもかかわらず，売却を決断した背景には財務制限条項の存在がある。コロナ禍の影響で旅行需要は低迷し，2021年10月期の最終損益は過去最大の500億円の赤字となり（前期は250億円の赤字），コロナ禍前には15〜20%であった自己資本比率は，2022年4月末には6%まで低下した。銀行団から受けていた345億円のシンジケートローン（協調融資）では，2期連続の経常赤字とはしない，純資産が前期比75%以上の水準を維持するという2つの財務制限条項が設定されていたが，いずれも抵触しており，早急な財務改善が求められていた。

ハウステンボスの売却で408億円の売却益を計上した効果もあり，純資産の水準は達成できたものの，2022年10月期の最終損益は95億円の赤字で，3期連続の経常赤字に陥った。財務制限条項に抵触すると融資の即時返済を求められるとされるが，同期の決算説明会において矢田素史社長は「建設的に協議しており，今後も支援が受けられる」と話している。

債権者は，債権の安全性を確保すると同時に，債務者である企業の財務健全性を客観的に把握するために，財務制限条項を用いる。こうした条項を設けることで，財務制限条項への抵触を契機に交渉の場を設け，債務者が債務不履行に陥る前に，債権者は企業との交渉を通じて，融資条件を変更したり，その意思決定に影響を与える機会を得たりして，元利金の支払いが滞らないように経営者を規律付ける。

3 資本コスト

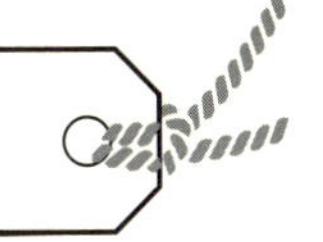

投資のリスクとリターン

株主は，株式を通じて返さなくてもよい資金を提供し，株主総会における議決権等を有する一方で，債権者は，融資や社債を通じて返さなければならない資金を提供し，株主総会における議決権を有してはいない。また，出資に対する対価は，利益に応じて変動する一方で，融資や社債に対する対価は基本的に利益にかかわらず固定されている。株主は，倒産しない限り，多くの利益が生み出され，株式会社の価値が高まるにつれ，より多くの対価を得られる一方で，債権者は，その価値にかかわらず，事前に契約で決められた対価を得る（図 12-4）。

図 12-4 株式会社の価値と投資への対価

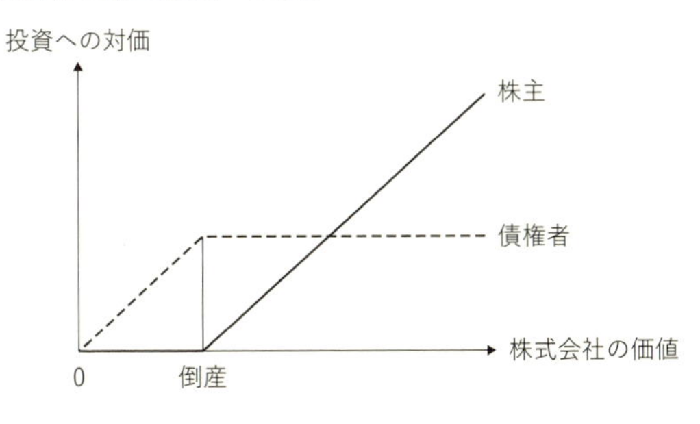

表 12-1　株主からの調達と債権者からの調達

	調達方法	元本の返済	議決権等	リスク	期待リターン
株主からの調達	株式	なし	あり	高い	高い
債権者からの調達	融資・社債	あり	なし	低い	低い

このように，株主と債権者は，どちらも資金を提供するという点では同じであるが，その提供する資金の性質は異なる。そのため，株主と債権者は異なるリスクを負い，異なるリターンを期待する（表 12-1）。投資家はリスク回避的であり，リスクがある投資に対して追加的な対価（リスク・プレミアムと呼ばれる）を求める。したがって，株式会社の価値に依存して受け取ることができる対価が変動するという意味で，債権者よりも高いリスクを負っている株主は，より高いリターンを期待するのである。

資本コストと ROIC

株主や債権者が期待するリターンは，経営者からすると資金の調達にかかるコストといえる。原材料の仕入れや人材の採用と同じように，資金の調達にもコストがかかるのである。資金の調達にかかるコストは資本コストと呼ばれ，WACC（Weighted Average Cost of Capital：加重平均資本コスト）を用いて計算される。WACC は，株式による資金調達にかかる株式コスト（株主が期待する利回り）と借入や社債による調達にかかる負債コスト（債権者が期待する利回り）を加重平均して，1 円調達するのにかかるコストを示す。通常，株主はより高いリスクを負い，高いリターンを期待するため，株式コストの方が負債コストよりも高くなる。

Column 36

コラム 36　株主資本コストと ROE

日本企業は歴史的に，借入を通じて資金を調達することが多かったため，債権者に比べて株主には目を向けず，株式コストに対する意識は希薄であった。そのような意識を大きく変える契機となったのが，2014 年に公表された伊藤レポートであった。伊藤レポートとは，会計学者である伊藤邦雄を座長とした経済産業省の「持続的成長への競争力とインセンティブ～企業と投資家の望ましい関係構築～」プロジェクトの最終報告書の通称で，企業が持続的に成長し企業価値を向上させていくための提言を行なっている。

その中の提言のひとつが，株主資本コストを上回る自己資本利益率（ROE：Return On Equity）の実現である。具体的には，日本企業への投資の際に多くの投資家が求める株式コストを上回る水準である 8% という数値目標が掲げられた。ROE は，当期純利益（企業が 1 年間の事業活動で株主全体にもたらした利益）を株主資本（株主が出資した資金など返済しなくてもよい資金）で割って算出され，株主が出資した資金を元手に，経営者がどれだけ効率的に利益を上げることができているか，つまり，株主資本から利益を生み出す効率性を示している。そのため，ROE と株主資本コストを比較することで，経営者による経営を評価できる。ROE が株主資本コストを上回る水準であれば，株主が期待する水準の利益を上げることができていると評価される。

株主や債権者から調達した資金を事業活動に投下して，どれだけ利益を生み出したかを示す指標は投下資本利益率（ROIC：Return On Investment Capital）と呼ばれ，税引後営業利益（Net Operating Profit After Tax：NOPAT）を投下資本（株主や債権者から調達して事業活動に用いた資金）で割って算出される。ROIC は投下資本から利益を生み出す効率性を示しているため，投下資本に支払うコストである資本コストと比較することで，経営者が株主や債権者の期待に応えることができているかを評価できる。具体的には，ROIC が資本コストを上回れば，資金の調達にかかったコスト以上の利益を上げているといえるのに対し，ROIC が資本コストを下回っていれば，経営者は株主や債権者の期待に応えることができていないことになる。

Book guide 文献案内

- 加護野忠男・砂川伸幸・吉村典久（2010）『コーポレート・ガバナンスの経営学：会社統治の新しいパラダイム』有斐閣。
  - ✏コーポレート・ガバナンスについて体系的に教えてくれる一冊。日本企業のコーポレート・ガバナンスの歴史や特徴をアメリカ企業との比較を通じて知ることができる。

- 岩井克人（2003）『会社はこれからどうなるのか』平凡社。
  - ✏株式会社の本質に迫る一冊。ヒトでもありモノでもある「法人」という概念を解き明かす。漫画版も刊行されている（『マンガ　会社はこれからどうなるのか』2023 年，平凡社）。

- 冨山和彦・澤陽男（2015）『決定版　これがガバナンス経営だ！：ストーリーで学ぶ企業統治のリアル』東洋経済新報社。
  - ✏日本企業におけるコーポレート・ガバナンス改革の背景と方向性を説き明かす一冊。後半はストーリー仕立てで書かれており，実務をイメージしながら読み進めることができる。

Bibliography 参考文献

Berle, A. A., and Means, G. C. (1932) *The Modern Corporation and Private Property*, McMillan.（森杲訳『現代株式会社と私有財産』北海道大学出版会，2014）

Hirschman, A. O. (1970) *Exit, Voice and Loyalty. Responses to Declines in Firms, Organizations and States*, Harvard University Press.（矢野修一訳『離脱・発言・忠誠：企業・組織・国家における衰退への反応』ミネルヴァ書房，2005）

岩井克人（2003）『会社はこれからどうなるのか』平凡社。

Monks, R. A., and Minow, N. (1995) *Corporate Governance*, Blackwell Business.
(ビジネスブレイン太田昭和訳『コーポレート・ガバナンス』生産性出版，1999）
田中亘（2023）『会社法（第4版）』東京大学出版会。
Zattoni, A. (2020) *Corporate Governance: How to Design Good Companies*, Bocconi University Press.

社会に報いる

第13章 Chapter

写真提供　伊藤忠商事株式会社

Quiz　クイズ

大手総合商社の伊藤忠商事が 2020 年に新たに掲げたグループ企業理念である「三方よし」は，売り手と買い手に加え，世間の繁栄を願うある地域の商人の精神に起源がある。その地域として最も適切なものはどれか。

- **a.** 伊勢
- **b.** 近江
- **c.** 大阪

Answer クイズの答え

b. 近江

三方よしとは，売り手よし，買い手よし，世間よしという近江商人の経営哲学である。商売において，売り手と買い手だけでなく，世間（社会）の満足まで見据える三方よしの精神は，すべてのステークホルダーへの責任を考える企業の社会的責任（CSR）の源流とされる。江戸時代から明治にかけて活躍した，近江に本宅を置き，他国へ歩いて行商していた近江商人は，大坂商人や伊勢商人と並ぶ日本三大商人の１つとされ，伊藤忠商事の創業者である初代伊藤忠兵衛もその１人である。三方よしという言葉自体は，近江商人の中で代々伝承されてきたわけでなく，近江商人の家訓などの解釈を元に後世に作られたものであるが，そのルーツは，伊藤忠兵衛の発した「商売は菩薩の業，商売道の尊さは，売り買い何れをも益し，世の不足をうずめ，御仏の心にかなうもの」とされる。

Chapter structure 本章の構成

経営者が行うビジネスに必要となるのは資金だけではない。経営者は，株主や債権者といった投資家に加えて，従業員やサプライヤー，顧客，地域社会からの関与を得てはじめてビジネスを継続できるのである。この意味で，経営者は１人でビジネスを行っているわけではなく，社会の中に生きており，社会に報いることを期待されているのである。

本章では，従業員・サプライヤー・顧客・地域社会といったステークホルダーはどのようにビジネスに関与し，どのような対価を期待しているか，そして，こうしたステークホルダーが安心してビジネスに関与できるようにするために，どのように経営者が規律付けられているかを考える。その上で，ステークホルダー間の利害の対立に目を向け，株式会社という組織形態の限界とビジネスを営む新たな組織形態の可能性を考える。

1 従業員・サプライヤー・顧客・地域社会

従業員

従業員は，経営者の指示の下で労働サービスを提供する。ビジネスが拡大したり複雑になったりすると，経営者が1人ですべての業務を担うことは難しくなり，従業員が業務の一部を分担していく必要が出てくる。経営者にとって従業員は，自身に代わって業務を担う存在であり，従業員にいかに働いてもらうかが，企業の経営において重要な課題となる（第7章参照）。

従業員は，労働サービスへの対価として，雇用契約で定められる給与を受け取る。契約は当事者の自由な意思に基づいて結ぶことができるという民法の契約自由の原則に基づけば，雇用契約は本来，個々の従業員と企業との間の自由な交渉によって決まる。しかし，契約自由の原則の前提となる契約の当事者間の対等な関係は，企業と従業員の関係において必ずしも満たされるわけではなく，有利な立場にある企業の都合が優先されるおそれがある。そのため，雇用契約に関しては，契約自由の原則の例外として，当事者たちに任せきりにするのではなく，不利な立場にある従業員を保護する観点から，労働基準法や最低賃金法といった法律で，最低賃金や労働時間の最長限度などが規制されている。

賃金や労働時間などに関して最低限のルールは定められているものの，個々の従業員が単独で，それ以上の条件を企業から引き出すために労働条件を交渉することは難しい。そこで，従業員は，雇用の維持や賃上げ，労働環境の向上などの労働条件について，労働組

ケース　西武・そごう百貨店

2023年8月31日，西武・そごうの労働組合が西武池袋本店でのストライキを決行した。同社の親会社であるセブン＆アイ・ホールディングス（HD）は2022年11月に，米投資ファンドのフォートレス・インベストメント・グループ（以下，フォートレス）へ百貨店子会社のそごう・西武を売却することを発表していた。当初は2023年2月1日までに売却を完了させる予定であったが，フォートレスが家電量販店のヨドバシホールディングスと手を組むことがわかると，ヨドバシカメラの出店に伴い百貨店の売り場が減り，雇用が奪われる懸念から労働組合が反対していた。

セブン＆アイHDに対し，売却後の事業計画や雇用継続についての情報開示などに不満を募らせていた労働組合は，セブン＆アイHDが8月1日にヨドバシ出店の改装案に反対していた当時の社長を解任するなど強硬な姿勢を見せると，8月28日にストライキの実施を会社側に通知した。その3日後，大手百貨店のストライキとしては，1962年の阪神百貨店の梅田本店で実施されて以来，61年ぶりの百貨店業界でのストライキが決行された。

合を結成し共同で交渉する。

労働組合とは，従業員が，経済的・社会的地位の向上のために自主的に組織する団体のことである。労働組合を組織することで，本来，個人としては企業に対して弱い立場に立たざるを得ない従業員が，集団としての力を背景に，企業と対等な立場で交渉することが可能となる。交渉において合意が得られないことがあれば，労働組合が主導して従業員が一斉に休業するストライキが実施されることもある。

また，従業員は，その上司の指示命令の下に働くために，たとえ不正なことであっても，その指示命令に従わざるを得ないことがあるかもしれない。しかし，従業員は不正に加担するために企業で働くわけではない。そこで，従業員は，内部通報を行うことで，こうした不正を明るみにし，止めることができる。

内部通報とは，社内の法令違反や不正行為を社内の窓口に匿名で通報する仕組みのことで，対象となる問題は，パワハラやセクハラ，不正会計など多岐にわたる。内部通報を通じて不正が把握されたら，経営者は組織としての自浄作用を働かせることが期待される。加えて，こうした窓口が，抑止力として機能し，不正そのものを未然に防ぐことも期待される。内部通報が機能せず，不正が社内に放置され続けると，マスコミなどの社外の第三者に不正に関わる情報を提供する内部告発を通じて，不正が明るみになることもある。

サプライヤー

サプライヤーは，ビジネスに必要な原材料や部品，サービスなどを供給する。商品を提供するまでに必要となるあらゆるものを社内で用意するのは現実的ではない。経営者にとってサプライヤーは，自身に代わってビジネスに必要な原材料などを用意してくれる存在であり，サプライヤーといかに適切な関係を築くかが，企業の経営において重要な課題となる（第8章参照）。

サプライヤーは，企業に原材料などを供給する対価として，売買契約で定められる代金を受け取る。契約自由の原則に基づき，取引に関する契約は基本的に，当事者の自由に委ねられている。とくに，企業同士で行われる企業間取引（B to B：Business to Business）は，両当事者が商品や取引についての知識等の点で，基本的に対等と考えられるため，取引条件の決定は，当事者同士の交渉に任せられている。

しかし，企業間の取引においても，当事者間が対等な関係にない

ケース　日産自動車

2024 年 3 月 7 日，公正取引委員会は日産自動車に対して，下請企業との取引で不当な減額を行っていたとして再発防止を求める勧告を出した。日産は完成車部品の製造委託先 36 社に，発注時に決めた金額から割戻金として一部を差し引いた代金を支払っていた。減額は 2021 年 1 月から 2023 年 4 月までに約 30 億円にのぼり，下請法違反にあたるとされ，日産自動車は全額を下請け企業に支払った。

取引の打ち切りを恐れる下請企業は減額を断れず，こうした慣習は長年にわたり続けられてきたとされる。同年 5 月 31 日，日産自動車は，下請企業との取引改善に向けて，下請法違反の要因となった割戻金を廃止し，体制を強化するための社長直轄の改革推進室の設置を発表した。匿名を含めた相談や通報を受け付ける専用窓口を設け，取引先を個別訪問するなどして要望を吸い上げる体制の構築を目指すという。

場合には，有利な立場にある企業の都合が優先され，不公正な取引がなされることもある。たとえば，サプライヤーが特定の会社に売上げを依存している場合には，相対的に弱い立場になりやすく，その立場を利用して，企業が不利益をサプライヤーに押しつけることがあるかもしれない。そこで，不利な立場にあるサプライヤーを保護する観点から，下請代金支払遅延等防止法（下請法）などの法律が定められている。

また，サプライヤーは，不公正な取引がなされたときには，サプライヤー・ホットラインなどを通じて，それを是正することもできる。サプライヤー・ホットラインとは，取引において供給先の従業員による不正があった場合に，特定の窓口へ匿名で相談・通報できる仕組みのことである。法令違反ではなくても，企業が定める取引ガイドラインに違反するような行動であれば，通報の対象となる。

サプライヤー・ホットラインを通じて不正が把握されたら，経営者は組織としての自浄作用を働かせることが期待される。加えて，こうした窓口が，抑止力として機能し，不正そのものを未然に防ぐことも期待される。サプライヤー・ホットラインが機能せず，不公正な取引が放置され続けると，下請法違反等で公正取引委員会による指導・勧告を受けることもある。

顧　　客

顧客は，代金を支払って企業の商品を購入する。経営者は顧客が抱える課題の解決に役立つ商品を提供することを目指しており，顧客が価値あると感じる商品を提供することに企業の存在意義がある。一方，顧客が商品にその価値を見出さなくなったとき，商品は売れなくなり，ビジネスは存続できなくなる（第9章参照）。

顧客は，自身の課題を解決する商品を購入するために，売買契約で定められる代金を支払う。契約自由の原則に基づき，取引に関する契約は，基本的に当事者の自由に委ねられている。しかし，企業と一般消費者の取引（B to C：Business to Commerce）では，大きな情報格差が存在するため，有利な立場にある企業の都合が優先され，不公正な取引がなされることもあるかもしれない。こうした関係において，契約自由の原則を貫くと，消費者が十分に理解しないままに契約を締結したり，企業が半ば強制的に消費者に契約を締結させたりすることで，トラブルが生じるかもしれない。そこで，このような当事者間の情報格差から生じる問題を緩和するために，消費者基本法や消費者契約法などの法律が定められている。

顧客は，自身の困りごとを解決するために商品を購入しても，必ずしも期待通りとは限らず，商品に不満をもつかもしれない。近年

ケース　カルビー

2016年，カルビーは「かっぱえびせん塩分50%カット」を発売した。かっぱえびせんは，「やめられない，とまらない！」のフレーズでお馴染みのロングセラー商品のひとつであった。しかし，ある時期から「しょっぱい」「塩分を減らしてほしい」といった声がお客様相談室に数多く届くようになった。当時，お客様相談室に寄せられる顧客の声は年間で3万件を超え，その内訳はクレームや苦情などが約3割であるのに対し，意見や要望などが残りの約7割を占めたという。

カルビーでは，クレームや苦情に対応するだけではなく，意見や要望に対しても真摯な姿勢で向き合うようにしており，こうした声を受けて，減塩のかっぱえびせんの開発が社内で提案され，発売されるに至った。この商品が発売されると，「うす味なので，いくらでも食べられる」「あっさりとした味で，とってもおいしい」などの反響があったという。

では，SNSにより，顧客は商品の品質や不適切な広告などに対する自身の不満を簡単に表明することができ，短時間のうちに世間に広まることもある。こうした顧客の不満を汲み取るために，企業は顧客とのコミュニケーション・チャネルとなるカスタマー・センターを設置することがある。カスタマー・センターを通じて得られた顧客の声は，商品の改善や開発を促し，顧客の期待に応える商品が提供されるようになることもある。

しかし，こうした不満が解決されることがなければ，顧客は商品の購入をやめることになる。顧客が商品にその価値を見出さなくなり，顧客にとってかけがえのない存在でなくなったとき，商品市場において競争優位を失い，そのビジネスは継続できなくなる。

地域社会

地域社会とは，企業活動によって影響を受ける特定の地理的領域のことである。企業は，地域社会とのつながりの中で活動しており，存在するだけで地域社会に影響を与えると同時に，その影響を受けている。企業は，個人と同じく地域社会における一市民であり，企業市民（corporate citizen）と呼ばれることもある。

憲法において経済的自由が保障されており，原則として経営者は，あらゆる地域社会で自由にビジネスを行うことができる。しかし，企業の活動が，地域社会の存続を脅かす環境問題などの外部性（コラム 37 を参照）を引き起こすことがある。外部性の問題が深刻になれば，地域社会は企業の活動を許容できなくなる。そこで，地域社会の環境を保護するために，環境基本法や廃棄物処理法などの法律で企業の活動が規制されていたり，外部性の問題一般に対応するために，法人税法などを通じて企業から税を徴収し，外部性の緩和に資するような公共サービスが提供されたりしている。

地域社会は，企業の活動を通じて地域社会が発展することを期待している。企業が新たに工場や店舗，支店などの拠点を構えると，その拠点で生まれる仕事がその地域の人々の雇用となり，その人々の生活のために必要なサービスやインフラがさらなる仕事を生む。加えて，企業がビジネスを通じて得る利益が増えれば，企業が支払う法人税だけでなく，従業員が支払う所得税や住民税なども増え，それは地域社会を発展させるための原資となる。

しかし，外部性の問題が深刻になれば，企業の活動は地域社会を発展させるどころか，衰退させてしまうかもしれない。そのような事態にならないように，地域社会は外部性を緩和するために，環境基本法や廃棄物処理法といった法律を制定したり，国連による持続

コラム 37 外 部 性

外部性とは，ある主体が他の主体に影響を及ぼす行動を起こすにもかかわらず，その影響に対する対価を後者が支払うことも受け取ることもない場合に生じる問題のことである。他の主体に悪影響を及ぼす場合は負の外部性，好影響を及ぼす場合は正の外部性と呼ばれる。売り手と買い手は，需要量と供給量を決める際に外部性を考慮しないため，市場均衡は社会全体の総利益を最大化できず，経済的非効率の原因になるおそれがある。このとき，負の外部性は財の過剰生産，正の外部性は過少生産をもたらす。

負の外部性として代表的な例が環境汚染である。企業が生産する商品は，その過程で多かれ少なかれ環境に負荷をかけている。それにもかかわらず，その負荷に対する対価が支払われることがなければ，企業は，その負荷が考慮されていない相対的に低い価格で，当該商品を販売するようになる。低価格で販売できれば，より多くの需要を期待できるため，企業は生産を積極的に行い，環境への負荷は過剰になってしまう。

一方，正の外部性の例には，教育があげられる。ある人が教育を受けた場合，その人自身の能力が高まるだけでなく，その人が社会で活躍するようになれば，その恩恵は社会全体にもたらされる。それにもかかわらず，その恩恵に対する対価が支払われることがなければ，その人は，社会全体への恩恵が考慮されていない相対的に低い報酬しか得られなくなる。低い報酬しか期待できないのであれば，教育を受けることに消極的になるため，個人による教育への投資は過少になってしまう。

このような外部性は，主に公共部門によって，市場メカニズムや規制を通じて解決される。市場メカニズムに基づく解決策では，効率的な結果を生むように経済的インセンティブに変えることで，外部性の解決を試みる。具体的には，汚染に対する課税や資格取得への補助金などが該当する。一方，規制では，特定の行動を要求あるいは禁止したり，特定の行動の状況を開示させたりすることを義務付ける。具体的には，有害な化学物質の排出禁止や気候変動リスクに関する開示の義務付け，小中学校における義務教育や人的資本に関する開示の義務付けなどが当てはまる。

コラム 38　気候関連財務情報開示タスクフォース（TCFD）

Column 38

環境問題に対する社会的関心が高まる中で近年，多くの企業が地域社会のサステナビリティ課題に取り組んでおり，そのひとつが気候関連財務情報開示タスクフォース（TCFD：Task Force on Climate-related Financial Disclosures）への賛同である。TCFD は，G20 の要請を受けて各国の中央銀行などから構成される金融安定理事会によって 2015 年に設置され，2017 年に最終報告書である TCFD 提言を公表した。そこでは，企業・機関に対して，気候変動関連リスクおよび機会に関して，ガバナンス・戦略・リスクマネジメント・指標と目標という 4 項目の開示を推奨している。

TCFD への賛同を表明した企業は，上記の項目に関する情報開示を行うことが求められる。こうした情報を企業に開示させることで，ステークホルダーはサステナビリティ課題に対する経営者の取り組みを評価できるようになる。そうした評価により，経営者が規律づけられ，サステナビリティ課題への取り組みが進展していくことが期待されている。2023 年 9 月までに，全世界で 4824 社が TCFD への賛同を表明しており，その中でも日本の TCFD 賛同企業・機関数は世界で最も多く，1454 社に上っている。

可能な開発目標（SDGs）や気候関連財務情報開示タスクフォース（TCFD）（コラム 38）による提言といった企業が遵守すべき行動規範を提示したりしている。

こうした法律や規範に対応するために，企業は環境や社会問題に関する事柄を取り扱い，環境問題や人権問題といったテーマについて審議する，サステナビリティ委員会を設置することがある。企業は，社会的に不適切な行動をとり，地域社会からの信頼を失うようなことがあれば，持続的な成長を期待することはできないし，究極的にはその地域社会においてビジネスを継続できなくなる。そのため，企業は地域社会と適切な関係を築かなければならないのである。

2 ステークホルダーへの責任

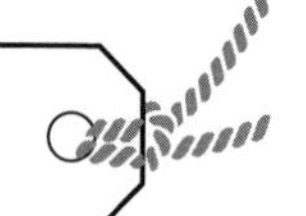

利益の分配

経営者は，事業を通じて得た利益を分配することで，ステークホルダーに報いる責任を負う。ただし，ステークホルダー同士は利益を得るまでは協力関係にあるものの，事業で得られた利益を分配する際には対立関係となる。これは，基本的に，あるステークホルダーに多く分配すれば，他のステークホルダーへの分配が減るためである。もちろん，協力の結果として全体の利益が拡大し，それぞれが受け取ることができる利益が増えることはある。しかし，そのときでも，どのようにその増えた利益を分配するかの問題は残されている。こうした関係は，損益計算書の売上高から当期純利益が算出されるまでの一連の流れから読み取ることができる（図13-1）。

まず，売上高から商品の提供に必要な人件費と材料費が従業員とサプライヤーに対価として支払われる。このとき，売上高は販売価格と販売数量を掛け合わせて算出される。同じ商品であれば，価格の安い方を顧客は好むため，値下げは顧客に報いることになる。次に，借入や社債で資金を調達していれば，債権者に利息を支払うことになる。そして，法人税等の税金を納めた後に残る利益が株主への配当の原資となる当期純利益である。

このとき，たとえば，他の条件が一定の中，従業員やサプライヤーへの分配を増やせば人件費や材料費が増加し，株主への支払いの原資となる当期純利益は減少する。また，当期純利益を減らさない

図 13-1 損益計算書にみる利益の分配

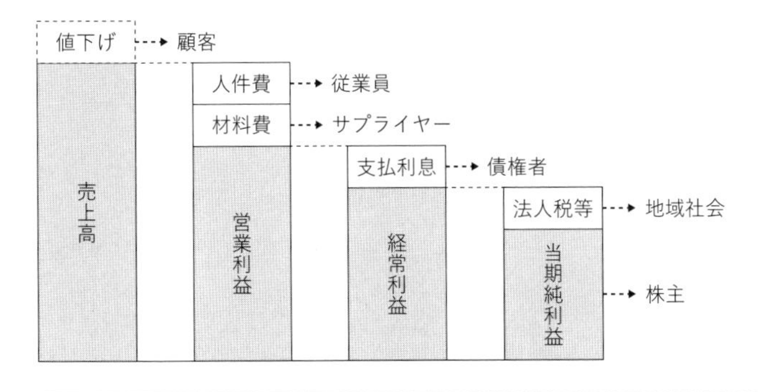

ように，こうした費用の増加を販売価格に転嫁すれば，支払う代金が増える顧客の不満は高まる。このように，利益の分配においてステークホルダー間の利害は対立するのである。

こうしたステークホルダー間の利害対立が解決されず，経営者の意思決定が停滞するようなことがあれば，その存続が危ぶまれる。そうした事態を回避するために株式会社には，株主利益最大化の原則，つまり剰余利益を最大化するように株式会社を経営すべきという規範が存在する。剰余利益とは，他のステークホルダーが対価を受け取った後に残った利益で，図 13-1 では当期純利益に相当する。剰余利益が生じるように企業が経営されれば，他のステークホルダーへの分配は既に済んでいることになるため，その最大化は，他のステークホルダーの利益を蔑ろにすることにはならない。

企業の社会的責任

そうではあるが，経営者は株主だけに目を向けて経営するわけにはいかない。他のステークホルダーへの対価の支払いを可能な限り

図 13-2　企業の社会的責任のピラミッド

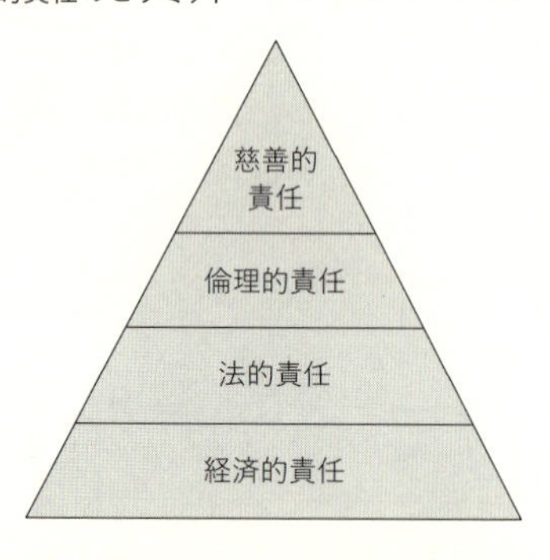

減らすことで，株主の利益を増やすことはできるが，そのような企業に対して他のステークホルダーが継続的に関与し続けるかは疑わしいし，他のステークホルダーが退出することになれば，長期的には株主の利益にもならない。そのために経営者は企業の社会的責任（CSR：Corporate Social Responsibility）を考えなくてはならない。

企業の社会的責任とは，企業が社会の期待に応える責任を有するという考えである。企業の社会的責任には多様な定義が存在するものの，いずれの定義においても，企業は，株主利益の最大化を超えた，社会の期待に応える責任を果たすべきであることが強調される。具体的には，経済的責任・法的責任・倫理的責任・慈善的責任の 4 つの要素から定義することができる。経済的責任とは，社会が必要とする商品を適正な価格で販売する責任であり，法的責任とは，法律を犯さずに企業が活動する責任である。倫理的責任とは，法律としては明文化されてはいないものの，社会から望まれる規範に沿って行動する責任である。慈善的責任とは，法的にも倫理的にも求められているわけではないが，社会が企業に担ってもらいたいと期待

ケース　富士メガネ

メガネの販売・加工・修理を手掛ける富士メガネは，海外難民視力支援ミッションを行っている。そこでは，紛争地域の難民キャンプに自ら赴いて検眼を行い，個々人の視力に合ったメガネを寄贈することで，難民の視力向上を支援している。家や財産を失い，命からがら逃げてきた避難民にとって，食料が第一で，視力は二の次になりがちである。しかし，メガネは学びの機会を広げることで，自立を助け，未来を切り拓く力を持っている。これまでに，1983 年のタイにおけるインドシナ難民への支援以降，2024 年までに 39 回のミッションを実施し，アルメニア，アゼルバイジャン，ネパール，タイなどに 18 万組を超えるメガネを届けている。

©UNHCR/Andrew McConnell

2006 年には，このような世界的にも類を見ない献身的な人道支援活動の功績が認められ，富士メガネの金井昭雄会長は，日本人として，そして企業経営者として初めて，「ナンセン難民賞」を受賞している。ナンセン難民賞は，1954 年に UNHCR（国際連合難民高等弁務官事務所）が創設した賞で，難民支援のノーベル賞として知られている。過去には，ドイツのヴァイゼッカー首相（1992 年）や国境なき医師団（1993 年）などが受賞している。

する役割に自発的に取り組む責任である。

これらの 4 つの要素の関係は，4 層から成るピラミッドのように示される（図 13-2）。企業は，利益を上げ，法律を遵守しすべての規制に従うだけでなく，問題がありそうな行動を避け，良き企業市民であることを求められる。企業の社会的責任は 4 つの要素から構成され，そのすべてが組み合わさってできているため，このピラミッドの下層から順に責任を果たすのではなく，すべての責任を同時に果たすことではじめて，企業は社会的責任を果たしていることになる。

責任投資

企業が社会的責任を果たすことは，株主のためになることもある。たとえば，2つの企業が同じ水準の利益を上げていても，一方が環境に配慮しつつ利益を上げているのに対し，もう一方は環境を破壊しながら利益を上げているとしよう。このとき，現在の企業価値は同じであるかもしれないが，将来の企業価値は異なり得る。なぜなら，環境を破壊しつつ利益を上げている企業は，ひとたび規制がかかれば利益を上げるのが難しくなりかねないが，環境に配慮している企業は，規制によりその競争力が高まり，さらなる利益を上げると考えられるためである。このように，企業の社会的責任が果たされることで，多くの株主利益を得られる可能性があるため，投資家は企業の社会的責任にも目を向けて投資先を選ぶことが求められる。

こうした考えは，国際連合の事務総長であったコフィー・アナンが2006年に提唱した責任投資原則（RRI：Principles for Responsible Investment）に代表される。ここで責任投資とは，投資家が環境（Environment）・社会（Social）・ガバナンス（Governance）要因を考慮して投資先を選定するアプローチのことで，各要因の頭文字をとってESG投資とも呼ばれる。責任投資原則では，こうしたESG要素を投資に反映させるための考え方が示されている。環境には気候変動や資源の枯渇など，社会には人権や児童労働など，ガバナンスには贈賄・腐敗や税務戦略などの社会的課題が含まれる。投資家は，こうした社会的課題に対する取り組みが優れた企業に投資するだけでなく，投資先に働きかけて改善を促すことで，長期的なリターンを期待できる。

3 株式会社を越えて

株式会社の限界

株式会社において経営者は原則として，株主利益を最大化することが求められる。もちろん，そこには裁量の余地があり，たとえ株主利益に直結しなくとも，経営者が企業の社会的責任に取り組むことは許容されている。しかしながら，原則として株主利益の最大化を求められる限り，企業の社会的責任への取り組みは大きく制約される。そもそも株式会社では，ビジネスを通じて得られた利益を株主に分配することを目的にしているため，経営者は，投資への対価を求める株主から株主利益最大化を求められ，株主への責任と社会への責任との板挟みになる。

また，責任投資が広まり，企業の社会的責任が投資家に評価されるようになっても，経済的リターンを伴わない責任投資を行うことは困難である。投資家は，資金提供者（受益者）のためにリターンを最大化することを求められるため，たとえ社会的にどんなに意義ある活動であったとしても，経済的リターンを得られないのであれば，そうした活動を支援することは難しい。投資家もまた，受益者への責任と社会への責任との板挟みになるのである。

ケース　年金積立金管理運用独立行政法人（GPIF）

2015年，日本の公的年金積立金の管理・運用を担い，134.7兆円（2015年度末時点）を運用する年金積立金管理運用独立行政法人（GPIF：Government Pension Investment Fund）は，PRIへの署名を発表した。当時，PRIに署名した年金基金や運用会社などは欧米を中心に世界で約1400，運用資産の2割以上を占める規模にあったものの，日本では33にとどまっていた。GPIFは数十年単位で資金を運用しており，ESGを重視することで，中長期で利回りの向上につながると判断した。2017年にESG指数に連動したパッシブ運用を開始した当初は1兆円程度の規模であったものの，年々ESG投資を拡大させ，2023年には，運用資産額245.98兆円のうち，ESG指数に連動する運用資産額は約17.8兆円に上っている。

ビジネスの新たなカタチ

株式会社は，現代社会において最も代表的な組織形態であるが，ビジネスを営む唯一の組織形態であるわけではない。経営者は，営利を目的とする株式会社でなく，営利を目的としない非営利組織（NPO：Non-Profit Organization）であっても，ビジネスを営むことはできる。ここで非営利とは，ビジネスを通じて利益を得ないという意味ではなく，ビジネスを通じて得られた利益を資金の提供者に分配しないという意味である。つまり，利益を得ることを禁止しているのではなく，利益を分配することを禁止しているのである。このとき，分配されずに残された利益は，さらなるビジネスの拡大のために，再投資されることになる。

近年では，営利を目的としつつも公益の追求も可能とする，株式会社と非営利組織の中間的な組織形態として，ベネフィット・コーポレーション（benefit corporation）が世界で広がりを見せている。ベネフィット・コーポレーションは，2010年にアメリカのメリー

コラム 39　B Lab

B Lab は，2006 年に発足したアメリカの非営利団体で，2007 年から B コープ（B Corp）認証を始めている。B コープ認証とは，環境や社会に配慮した公益性の高い企業に対して付与する国際認証制度のことで，2024 年 6 月末時点で，101 カ国・162 業種・約 9000 社が認証を取得しており，その中には日本企業 41 社も含まれる。スタートアップが多いものの，フランスのダノンやアメリカのパタゴニアといったグローバル企業も取得している。

B コープ認証を取得するためには，B インパクトアセスメント（以下，BIA）に基づき，B Lab が設定した厳しい基準をクリアしなければならない。BIA は，事業にかかわるすべてのステークホルダーへの影響を測定し，企業の社会的・環境的パフォーマンスを評価・管理するためのツールで，5 つの評価エリア（ガバナンス・従業員・地域社会・環境・顧客）から構成されている。

B Lab は，ベネフィット・コーポレーションの法制化に当たって，模範法案を作成し，各州に対してそれに即した内容のベネフィット・コーポレーション法を策定するように働きかけるなど，大きな役割を果たしたことで知られる。しかし，B コープ認証は民間の認証制度であるのに対し，ベネフィット・コーポレーションは法律で定められている組織形態であるという点で大きく異なる。また，ベネフィット・コーポレーションだからといって，B コープの認証を取得する必要はない。しかし，ベネフィット・コーポレーションの制度がある国・地域で，B コープ認証を取得する株式会社には，ベネフィット・コーポレーションになることが求められている。

Column 39

ランド州において初めて法律が整備された組織形態である。具体的な内容は州によって異なるが，株主の利益に加えて，株主以外の従業員・顧客・地域社会などのステークホルダーの利益や公益を追求することを目的とし，取締役は，株主の利益だけでなく，ステークホルダーの利益や公益に配慮しながら職務を執行する義務を負うといった特徴を有する。このとき，株主の経済的利益の追求も目的のひとつに含まれるため，あくまで営利組織という位置付けとなっている。ベネフィット・コーポレーションは2023年までに，アメリカ42州に加え，カナダのブリティッシュ・コロンビア州やイタリア，スペインほか6カ国において導入されている。

Book guide 文献案内

- 谷本寛治（2020）『企業と社会：サステナビリティ時代の経営学』中央経済社。
  - ✏企業と社会の関係，社会における企業の役割や機能を体系的に学べる一冊。複数の領域にかかわる多様なテーマが扱われているため，関心に合わせて章ごとに読み進めるのも一案。

- レベッカ・ヘンダーソン（2020）『資本主義の再構築：公正で持続可能な世界をどう実現するか』（高遠裕子訳）日本経済新聞出版。
  - ✏株主利益最大化は過去の考え方と喝破する一冊。株主利益最大化がもたらす問題を解決するために，私たちは何をすべきかを考えさせられる。

- クリストファー・マーキス（2022）『ビジネスの新形態：B Corp 入門』（土肥将敦監訳）ニュートンプレス。
  - ✏世界的に広がりを見せるBコープ認証の誕生の背景から制度の仕組みを説き明かす一冊。経済の新たな潮流を知ることができる。

Bibliography 参考文献

Carroll, A. B., and Brown, J. A.（2023）*Business & Society: Ethics, Sustainability, and Stakeholder Management*, 11th ed., Cengage.

軽部大・内田大輔（2018）「ビジネス・ケース（No. 142）富士メガネ：ビジョンが未来を切り拓く」『一橋ビジネスレビュー』65(4)，142-157。

Marquis, C.（2020）*Better Business: How the B Corp Movement is Remaking Capitalism*, Yale University Press.（土肥将敦監訳，保科京子訳『ビジネスの新

形態　B Corp 入門』ニュートンプレス，2022）
Yunus, M.（2010）*Building Social Business: The New Kind of Capitalism That Serves Humanity's Most Pressing Needs*, Public Affairs.（千葉敏生訳，岡田昌治監修『ソーシャル・ビジネス革命：世界の課題を解決する新たな経済システム』早川書房，2010）

索　　引

事　　項

アルファベット

50　音

●さ　行

組織・企業名

アルファベット

50 音

●あ～さ行

●た・な行

著者紹介　　軽部大（かるべ・まさる）
一橋大学大学院経営管理研究科・商学部・イノベーション研究センター教授
古瀬公博（ふるせ・きみひろ）
武蔵大学国際教養学部教授
内田大輔（うちだ・だいすけ）
慶應義塾大学商学部教授

【y-knot】
はじめよう！　経営学入門
Getting Started: A Beginner's Guide to Management Studies

2025年4月20日　初版第1刷発行

著　者　軽部　大
古瀬 公博
内田 大輔
発行者　江草貞治
発行所　株式会社有斐閣
〒101-0051 東京都千代田区神田神保町 2-17
https://www.yuhikaku.co.jp/
装　丁　高野　美緒子
印　刷　大日本法令印刷株式会社
製　本　牧製本印刷株式会社
装丁印刷　株式会社亨有堂印刷所

落丁・乱丁本はお取替えいたします。定価はカバーに表示してあります。

Printed in Japan. ISBN 978-4-641-20015-9